高等职业教育交通运输大类系列教材·城市轨道交通

城市轨道交通车辆电气系统
（第2版）

主　编：张庆玲　王新铭　韩玉辉
副主编：方振龙　范志丹　彭　晶　韩　冰
参　编：刘亚荣　吕　娜　王　洋　王　迪
　　　　潘宣伊　徐　博　代　兵　王一卉

北京理工大学出版社
BEIJING INSTITUTE OF TECHNOLOGY PRESS

版权专有　侵权必究

图书在版编目（CIP）数据

城市轨道交通车辆电气系统 / 张庆玲，王新铭，韩玉辉主编. -- 2 版. -- 北京：北京理工大学出版社，2021.8（2021.10 重印）

ISBN 978-7-5763-0244-8

Ⅰ．①城… Ⅱ．①张… ②王… ③韩… Ⅲ．①城市铁路 - 铁路车辆 - 电气设备 - 检修 - 职业教育 - 教材 Ⅳ．①U239.5

中国版本图书馆 CIP 数据核字(2021)第 176672 号

出版发行 / 北京理工大学出版社有限责任公司	
社　　址 / 北京市海淀区中关村南大街 5 号	
邮　　编 / 100081	
电　　话 /（010）68914775（总编室）	
（010）82562903（教材售后服务热线）	
（010）68944723（其他图书服务热线）	
网　　址 / http：//www.bitpress.com.cn	
经　　销 / 全国各地新华书店	
印　　刷 / 三河市天利华印刷装订有限公司	
开　　本 / 787 毫米 × 1092 毫米　1/16	
印　　张 / 19	责任编辑 / 孟祥雪
字　　数 / 452 千字	文案编辑 / 孟祥雪
版　　次 / 2021 年 8 月第 2 版　2021 年 10 月第 2 次印刷	责任校对 / 周瑞红
定　　价 / 54.00 元	责任印制 / 李志强

图书出现印装质量问题，请拨打售后服务热线，本社负责调换

前 言
PREFACE

随着我国城市化进程的加快，城市轨道交通以其大载客量，快捷、准时、环保等优点而成为解决日益严重的城市交通堵塞的最有效手段。历经多年发展后，城市轨道交通车辆电气技术日益成熟、安全可靠并且形式多样、用途广泛。

本书依据城市轨道交通类相关专业教学标准编写，编写模式突破了原来以学科为主线的课程体系，以应用为目的，以必需、够用为度，围绕职业能力和技能的培养来组织课程内容。教材以模块为中心整合相应的知识，技能，由任务引领，实现课程改革的宗旨。

本书是我国新兴的城市公共交通——城市轨道交通车辆相关专业的核心课程应用教材。书中主要以长春地铁、北京地铁、上海地铁、广州地铁、长春轻轨为例介绍城市轨道交通车辆电气设备的作用、结构、维护、检修等知识与技能，让学生较为全面地掌握车辆电气设备知识，并具备日后工作所需的操作技能。本书可供高职、高专、中等职业教育城市轨道交通车辆相关专业师生使用，也可供城市轨道交通运输等相关专业人员参考。

本书由长春职业技术学院的张庆玲、王新铭、韩玉辉主编，长春职业技术学院的方振龙、范志丹、彭晶、韩冰担任副主编，长春职业技术学院的刘亚荣、吕娜、王洋、王迪、潘宣伊、徐博、代兵、王一卉参与编写。由于编者水平有限，书中难免存在缺点和错误，恳请各位教师和读者给予批评指正。

编 者

目 录
CONTENTS

模块 1　城市轨道交通车辆电器基础知识 ……………………………… 001
　任务 1.1　车辆电器基础知识 …………………………………………… 001
　　1.1.1　电器安全 ……………………………………………………… 001
　　1.1.2　电弧及灭弧装置 ……………………………………………… 005
　　1.1.3　触头 …………………………………………………………… 011
　任务 1.2　车辆电气总体 ………………………………………………… 017
　　1.2.1　车辆电气系统 ………………………………………………… 017
　　1.2.2　车辆电路识图 ………………………………………………… 018
　　1.2.3　车辆常用电气符号 …………………………………………… 019
　　1.2.4　车辆电路图标注 ……………………………………………… 025
　　1.2.5　常用联锁方法 ………………………………………………… 027
模块 2　城市轨道交通车辆牵引系统主要设备构造与检修 ………… 030
　任务 2.1　受流器的构造与检修 ………………………………………… 030
　　2.1.1　受流器简介 …………………………………………………… 030
　　2.1.2　受电弓的结构 ………………………………………………… 031
　　2.1.3　受电弓的工作过程 …………………………………………… 031
　　2.1.4　技术参数（表 2-1-1）………………………………………… 032
　　2.1.5　检修方法与步骤 ……………………………………………… 032
　任务 2.2　高速断路器和灭弧装置的构造与检修 ……………………… 035
　　2.2.1　高速断路器的作用及其特性 ………………………………… 035
　　2.2.2　高速断路器的结构与原理 …………………………………… 036
　　2.2.3　高速断路器小型检查 ………………………………………… 039
　　2.2.4　灭弧罩检修 …………………………………………………… 040
　任务 2.3　调频调压牵引逆变器 VVVF 的构造与检修 ………………… 041
　　2.3.1　电压型三相逆变器原理 ……………………………………… 041
　　2.3.2　牵引逆变器模块介绍 ………………………………………… 045
　　2.3.3　主要参数 ……………………………………………………… 046
　　2.3.4　牵引逆变器的检修方法与步骤 ……………………………… 047

任务 2.4 列车牵引电动机的构造与检修 ·············· 051
　2.4.1 交流牵引电动机结构 ·············· 051
　2.4.2 交流牵引电动机的工作原理 ·············· 052
　2.4.3 异步电机的机械特性 ·············· 053
　2.4.4 技术参数 ·············· 053
　2.4.5 检修方法与步骤 ·············· 054

任务 2.5 制动电阻器的构造与检修 ·············· 059
　2.5.1 制动电阻器的结构 ·············· 059
　2.5.2 制动电阻器的原理及要求 ·············· 060
　2.5.3 制动电阻通风风扇 ·············· 060
　2.5.4 技术参数 ·············· 061
　2.5.5 检修方法与步骤 ·············· 061

任务 2.6 车辆电路图识读 ·············· 063
　2.6.1 车辆电路系统构成 ·············· 063
　2.6.2 电路图符号系统识读 ·············· 064

模块 3 城市轨道交通车辆牵引系统主要控制设备构造与检修 ·············· 068

任务 3.1 驾驶室控制设备构造与检修 ·············· 068
　3.1.1 主驾驶台 ·············· 068
　3.1.2 副驾驶台 ·············· 073
　3.1.3 门控面板 ·············· 075
　3.1.4 基准值转换器 ·············· 076
　3.1.5 电子柜 ·············· 077
　3.1.6 设备柜 ·············· 077

任务 3.2 接触器的构造与检修 ·············· 081
　3.2.1 接触器的作用与组成 ·············· 081
　3.2.2 直流电磁接触器 ·············· 081
　3.2.3 交流接触器 ·············· 084
　3.2.4 检修方法与步骤 ·············· 085

任务 3.3 认识继电器的组成及工作原理 ·············· 087
　3.3.1 概述 ·············· 087
　3.3.2 组成 ·············· 088
　3.3.3 工作原理 ·············· 088

任务 3.4 触头的结构与检修 ·············· 089
　3.4.1 触头的分类 ·············· 089
　3.4.2 触头接触形式 ·············· 090
　3.4.3 触头的主要参数 ·············· 090
　3.4.4 触头的接触电阻 ·············· 092
　3.4.5 触头的振动 ·············· 094
　3.4.6 触头的磨损 ·············· 096

  3.4.7　触头材料 …… 097
任务 3.5　电弧知识 …… 099
  3.5.1　电弧的产生与熄灭 …… 099
  3.5.2　交流电弧及其熄灭 …… 105
  3.5.3　熄灭电弧的基本方法及其装置 …… 109

模块 4　城市轨道交通车辆牵引系统的保护、监控构造与检修 …… 114

任务 4.1　主回路的过流保护实现与故障处理 …… 114
  4.1.1　常见电流故障 …… 114
  4.1.2　电流传感器工作原理 …… 115
  4.1.3　电流故障保护的实现机制 …… 115
  4.1.4　牵引控制单元对各类电流故障的判断和处理 …… 116
  4.1.5　检修方法与步骤 …… 117
  4.1.6　知识链接 …… 118

任务 4.2　主回路的电压保护与检修 …… 119
  4.2.1　常见的电压故障 …… 119
  4.2.2　电压传感器工作原理 …… 119
  4.2.3　主回路过压、欠压故障保护的实现机制 …… 120
  4.2.4　牵引控制单元对各类电压故障的判断和处理 …… 120
  4.2.5　检修方法与步骤 …… 121
  4.2.6　知识链接 …… 122

任务 4.3　主回路温度保护设备的构造与检修 …… 124
  4.3.1　温控开关 …… 124
  4.3.2　温度传感器 …… 124

任务 4.4　控制单元模块的构造与检修 …… 125
  4.4.1　中央控制单元（CCU） …… 125
  4.4.2　牵引控制单元 TCU …… 127
  4.4.3　制动电子控制单元（BECU） …… 128

模块 5　城市轨道交通车辆辅助系统的构造与检修 …… 131

任务 5.1　认识辅助系统供电网络 …… 131
  5.1.1　辅助系统的供电网络 …… 131
  5.1.2　辅助逆变器的负载 …… 133

任务 5.2　认识轨道交通车辆常用辅助逆变器电路 …… 133
  5.2.1　辅助逆变器主要部件 …… 133
  5.2.2　辅助逆变器的组成 …… 136
  5.2.3　辅助逆变器与低压电源的电路结构 …… 143

任务 5.3　辅助逆变器的构造与检修 …… 144
  5.3.1　A 车辅助逆变器高压回路（DBU15.1） …… 144
  5.3.2　B 车辅助逆变器高压回路（DBU15.2） …… 147
  5.3.3　控制单元 A101 …… 148

5.3.4　监控和保护 ··· 149
　　5.3.5　检修方法与步骤 ··· 151
　　5.3.6　AC03 辅助逆变器组成 ·· 157
　　5.3.7　检修方法与步骤 ··· 162

模块 6　城市轨道交通车辆蓄电池系统的构造与检修 ············ 169
任务 6.1　蓄电池检修 ··· 169
　　6.1.1　主蓄电池在车辆上的功能 ····································· 169
　　6.1.2　蓄电池的放电倍率 ·· 170
　　6.1.3　镍镉电池的性能特点 ··· 170
　　6.1.4　电池的失效 ··· 170
　　6.1.5　电池的保护 ··· 171
　　6.1.6　蓄电池检修方法与步骤 ·· 171
任务 6.2　蓄电池充电器检修 ··· 174
　　6.2.1　蓄电池充电器的电路结构 ····································· 174
　　6.2.2　蓄电池充电器检修 ·· 177

模块 7　照明系统操作 ·· 180
任务　列车照明系统操作 ·· 180
　　一、认识照明系统 ·· 180
　　二、外部照明的操作及电路分析 ······································ 182
　　三、内部照明的操作 ··· 185

模块 8　城市轨道交通车辆空调的构造与检修 ······················· 191
任务 8.1　空调通风系统的基本功能和特点 ··························· 191
　　8.1.1　空调通风系统的基本功能 ····································· 191
　　8.1.2　城市轨道车辆空调通风系统的特点 ························ 192
任务 8.2　空调制冷基本原理及系统布置 ······························ 192
　　8.2.1　空调系统制冷循环原理 ·· 192
　　8.2.2　城市轨道车辆空调通风系统基本布置 ····················· 193
任务 8.3　车辆空调系统部件 ··· 195
　　8.3.1　车辆空调系统主要部件 ·· 195
　　8.3.2　车辆空调系统辅助部件 ·· 198
任务 8.4　车辆空调系统控制 ··· 201
　　8.4.1　车辆空调系统控制基本形式 ·································· 201
　　8.4.2　车辆空调系统控制基本步骤 ·································· 202
　　8.4.3　车辆空调的运行 ··· 202
任务 8.5　空调系统控制 ··· 208
　　8.5.1　空调系统的操作 ··· 208
　　8.5.2　空调系统的控制 ··· 209

模块 9　列车信息控制系统 ·· 211
任务 9.1　列车信息控制系统 ··· 211

9.1.1　列车信息控制系统结构 ……………………………………………… 211
　　9.1.2　TCN 列车通信网络的相关概念 …………………………………… 214
　　9.1.3　主要功能 ……………………………………………………………… 216
　任务 9.2　车辆总线的安装与连接 …………………………………………………… 216
　　9.2.1　TCC 系统的关键设备的结构及用途 ……………………………… 216
　　9.2.2　车辆总线系统的连接 ………………………………………………… 224

模块 10　旅客信息系统 …………………………………………………………………… 229
　任务 10.1　认识旅客信息系统 ………………………………………………………… 229
　　10.1.1　旅客信息系统（PIS）构成 ………………………………………… 229
　　10.1.2　PIS 系统主要设备 …………………………………………………… 230
　　10.1.3　PIS 系统功能 ………………………………………………………… 241
　任务 10.2　旅客信息系统操作 ………………………………………………………… 243
　　10.2.1　系统初始化与优先级 ………………………………………………… 243
　　10.2.2　操作与监控 …………………………………………………………… 243

模块 11　MMI 操作 ………………………………………………………………………… 248
　任务　MMI 的构成与操作 …………………………………………………………… 248
　　一、彩色显示屏的组成 ……………………………………………………… 248
　　二、TMS - MMI（车辆屏）………………………………………………… 248
　　三、ATC - MMI（信号屏）………………………………………………… 252
　　四、MMI 的启动与关闭操作 ……………………………………………… 255

模块 12　城市轨道交通车辆电气典型故障案例 ………………………………………… 257
　任务 12.1　主电路系统故障案例 ……………………………………………………… 257
　　12.1.1　牵引逆变器故障（逆变器门驱单元故障）………………………… 257
　　12.1.2　一个牵引逆变器故障
　　　　　　（制动电阻风扇电机保护开关跳闸）………………………………… 258
　　12.1.3　一个牵引逆变器和辅助逆变器故障
　　　　　　（外部风扇接触器单元故障）………………………………………… 258
　　12.1.4　两个受电弓均降下，且无法再次升弓 …………………………… 259
　　12.1.5　一个 DCU（牵引控制单元）严重故障 …………………………… 260
　　12.1.6　一个 DCU 严重故障，高速断路器跳开 ………………………… 260
　　12.1.7　一个 MCM 故障（牵引电动机温度反馈故障）………………… 261
　　12.1.8　一个 DCU 故障（DCU 主板故障）……………………………… 262
　任务 12.2　牵引与制动控制系统故障案例 …………………………………………… 262
　　12.2.1　列车发生启动联锁，但没有任何故障信息 ……………………… 262
　　12.2.2　列车牵引力不足 …………………………………………………… 263
　任务 12.3　辅助系统故障案例 ………………………………………………………… 263
　　12.3.1　MMI 显示两个 DC/DC 为红色
　　　　　　（无高压输入及 PGU 单元无工作电压）………………………… 263
　　12.3.2　蓄电池充电机严重故障（代码为 -- ln）………………………… 264

12.3.3 一个辅助逆变器严重故障 ……………………………………… 264
12.3.4 蓄电池充电机严重故障（故障代码-14）…………………… 265
12.3.5 一个辅助逆变器故障（网压显示正常）…………………… 266
12.3.6 一个辅助逆变器故障（输出三相不平衡）………………… 266
12.3.7 一个辅助逆变器严重故障，MMI 显示网压为零 …………… 267

任务 12.4 列车信息控制系统案例 ……………………………………… 267
12.4.1 列车通信系统故障，显示 DX 模块超时 …………………… 267
12.4.2 TMS-MMI 黑屏 ……………………………………………… 268
12.4.3 TC 严重故障 ………………………………………………… 269
12.4.4 一个受电弓降下，MMI 显示单元车为问号，
　　　 同时显示启动连锁 …………………………………………… 270
12.4.5 车辆 MMI 显示启动联锁，同时多系统报故障，
　　　 且车辆 MMI 反复出现黑屏现象 ……………………………… 270
12.4.6 列车 TMS-MMI 显示出现大量故障信息，
　　　 只显示半节车 ………………………………………………… 271
12.4.7 TMS-MMI 显示"B 车通信严重故障" …………………… 271
12.4.8 TMS-MMI 黑屏，记录 A 车多个 DX 模块超时故障 ……… 272
12.4.9 DXB 模块超时故障 …………………………………………… 273
12.4.10 列车收不到速度码，气制动无法缓解 …………………… 273

任务 12.5 乘客信息系统 ………………………………………………… 274

附录 1 地铁专业术语 …………………………………………………… 275
附录 2 地铁车辆名称、主要部件含义 ………………………………… 283
附录 3 地铁设计规范术语大全 ………………………………………… 286
附录 4 地铁术语 ………………………………………………………… 291

模块 1
城市轨道交通车辆电器基础知识

(1) 掌握城市轨道交通车辆构造。
(2) 会拆卸、安装城市轨道交通车辆牵引系统。
(3) 会对城市轨道交通车辆牵引系统的主要设备进行日常维护。
(4) 会分解城市轨道交通车辆牵引系统主要设备的关键部件。

本模块导读

任务 1.1　车辆电器基础知识

1.1.1　电器安全

1. 安全用电原则

(1) 不靠近高压带电体（室外高压线、变压器旁），不接触低压带电体。
(2) 不用湿手扳开关，插入或拔出插头。
(3) 安装、检修电器应穿绝缘鞋，站在绝缘体上，且要切断电源。
(4) 禁止用铜丝代替熔断丝；禁止用橡皮胶带代替电工绝缘胶布。
(5) 在电路中安装漏电保护器，并定期检验其灵敏度。
(6) 功率大的用电器一定要接地。
(7) 不能用身体连通火线和地线。
(8) 使用的用电器总功率不能过高，否则引起电流过大而引发火灾。
(9) 任何电器线路、设备未经本人验电以前一律视为有电，不准触及。需接触操作时，应切断该处电源，并经验电（对电容性设施还应放电）确认，方能接触作业。对与供、配电网络相联系部分，除进行断电、放电、验电外，还应挂接临时接地线，开关上锁，防止停电后突然来电。
(10) 动力配电盘上的闸刀开关，禁止带负荷拉、合闸，必须先将用电设备开关断开方能操作。手工合（拉）闸刀开关时，应一次推（拉）到位。处理事故需拉开带负荷的动力配电盘上闸刀开关时，应戴绝缘手套和防护眼镜，或采取其他防止电弧烧伤和触电的措施。

2. 电工安全操作规程

(1) 电工必须熟悉车间的电气线路和电气设备的种类及性能；若对电气设备性能未充分了解，则禁止冒险作业。

(2) 电工每日应定期检查电缆、电机、电控制台等设备情况。检查中若发现问题，则需及时处理；检查电机温度时，先检查确认无电后，再以手背试验。

(3) 除临时施工用电或临时采取的措施外，不允许架临时电线，不允许乱挂灯、乱接仪表工具和电焊机等，操作中应使用安全的开关和插座，原电气线路不得擅自更改。

(4) 按规定，对电气设备需定期进行检修保养；不用的电气设备线路要彻底拆除。

(5) 部分停电作业，当临近有电体距检修人员 0.9 m 以下者，需用干燥木材、橡皮或绝缘材料作可靠的临时遮拦。

(6) 使用电动工具时，需有防触电保护。

(7) 发现设备任何导电部分接地时，在未切断电源前，除抢救触电者外，无关人员一律不允许靠近，离开周围 4 m 之外；室内离开 1.8 m 之外，以免受跨步电压损伤。

(8) 在修理设备时，拉下开关和闸刀，必须在开关和闸刀处挂上"禁止合闸，有人工作"的警示牌；在带电设备遮栏上和禁止通行的过道处，应挂上"止步，高压危险"的警示牌；在工作地点应挂上"正在工作"的警示牌。

(9) 电器操作人员应思想集中，在未经测电笔确定电气线路无电前，应一律视为"有电"，不可用手触摸，不可绝对相信绝缘体。

(10) 工作前，应详细检查自己所用工具是否安全可靠，穿戴好必需的防护用品，以防作业时发生意外。

(11) 维修电气线路时，应采取必要的措施，在开关手把上或线路上悬挂"有人工作，禁止合闸"的警示牌，防止他人中途送电。

(12) 使用测电笔时，要注意测试电压范围，禁止超范围使用。电工人员一般使用的测电笔只许在 500 V 以下电压使用。

(13) 工作中所有拆除的电线要处理好，带电线头应包好，以防发生触电。

(14) 所用导线及熔断丝，其容量大小必须符合规定标准；选择开关时，必须大于所控制设备的总容量。

(15) 工作完毕后，必须拆除临时地线，并检查是否有工具等物件遗忘在电杆上。

(16) 发生火灾时，应立即切断电源，用四氯化碳粉质灭火器或黄沙扑救，严禁用水扑救。

(17) 工作结束后，全部工作人员必须撤离工作地段，拆除警示牌；所有材料、工具、仪表等随之撤离，及时安装好原有防护装置。

(18) 操作地段清理后，操作人员要亲自检查。若要送电进行试验，则要与有关人员联系好，以免发生意外。

3. 人体触电方式

电流对人体的伤害可以分为两种类型，即电伤和电击。

电伤是指由于电流的热效应、化学效应和机械效应引起人体外表的局部伤害，如电灼伤、电烙印、皮肤金属化等。电伤在不是很严重的情况下，一般无生命危险。

电击是指电流流过人体内部造成人体内部器官的伤害。这是触电事故后果中最严重的，绝大部分触电死亡事故都是由电击所造成的。

人体触电方式主要分为单相触电、两相触电、跨步电压触电三种。

1) 单相触电

人体的某一部分与一相带电体及大地（或中性线）构成回路，当电流通过人体流过该回路时，即造成人体触电，这种触电称为单相触电，如图1-1-1所示。一般情况下，接地电网里的单相触电比不接地电网里的危险性大。

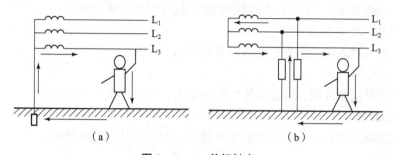

图1-1-1 单相触电

(a) 中性点直接接地；(b) 中性点不直接接地

2) 两相触电

人体两处同时触及同一电源的两相带电体，以及在高压系统中，人体距离高压带电体小于规定的安全距离，造成电弧放电时，电流从一相导体流入另一相导体的触电方式，称为两相触电，如图1-1-2所示。两相触电加在人体上的电压为线电压，因此不论电网的中性点接地与否，其触电的危险性都最大。

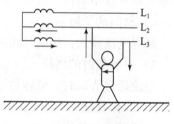

图1-1-2 两相触电

3) 跨步电压触电

所谓跨步电压，就是指电气设备发生接地故障时，在接地电流入地点周围电位分布区行走的人，其两脚之间的电压。电气设备碰壳或电力系统一相接地短路时，电流从接地极四散流出，在地面上形成不同的电位分布，人在走近短路地点时，两脚之间的电位差叫跨步电压。

当架空线路的一根带电导线断落在地上时，落地点与带电导线的电势相同，电流就会从导线的落地点向大地流散，于是地面上以导线落地点为中心，形成了一个电势分布区域，离落地点越远，电流越分散，地面电势也越低。如果人或动物站在距离电线落地点8~10 m以内，就可能发生触电事故，这种触电叫作跨步电压触电，如图1-1-3所示。人受到跨步电压时，电流虽然是沿着人的下身，从脚经腿、胯部又到脚与大地形成通路，没有经过人体的重要器官，好像比较安全，但是实际并非如此！因为人受到较高的跨步电压作用时，双脚会抽筋，使身体倒在地上。这不仅使作用于身体上的电流增加，而且使电流经过人体的路径改变，完全可能流经人体重要器官，如从头到手或脚。经验证明，人倒地后电流在体内持续作

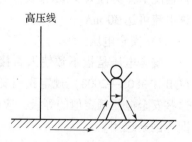

图1-1-3 跨步电压触电

用 2 s，这种触电就会致命。

  4）悬浮电路上的触电

  220 V 工频电流通过变压器相互隔离的原、副绕组后，从副边输出的电压零线不接地，变压器绕组间不漏电，即相对于大地处于悬浮状态。例如某些彩色电视机，它们的金属底板是悬浮电路的公共接地点，在检修这类电器的故障时，如果一只手接触电路的高电位点，另一只手接触低电位点，即用人体将电路连通造成触电，这就是悬浮电路触电。所以，在检修这类电器时，一般要求单手操作，特别是电位比较高时更应该如此。

  4. 电流伤害人体的因素

  触电时，电流对人体的伤害程度与以下几个因素有关。

  1）电流的大小

  人们通过大量试验证明，通过人体的电流越大，对人体的损伤越严重。

  2）电压的高低

  人体接触的电压越高，流过人体的电流越大，对人体的伤害越严重。

  3）频率的高低

  实践证明，40~60 Hz 的交流电对人体最危险；随着频率的增高，触电危险程度将下降。高频电流不仅不会伤害人体，还可以用来治疗疾病。

  4）时间的长短

  触电电流越大，触电时间越长，电击能量越大，对人体的伤害越严重。

  5）电流通过的路径

  电流通过心脏时，最容易导致死亡，因此电流从右手到左脚的危险性最大。

  6）人体状况、人体电阻的大小

  电流对人体的作用，女性较男性敏感；小孩遭受电击较成人危险；同时与体重有关。人体电阻因人而异，与人的体质、皮肤的潮湿程度、触电电压的高低、年龄、性别以及工种职业有关系，通常为 1 000~20 000 Ω；当角质外层被破坏时，则降到 800~10 000 Ω。人体电阻除人的自身电阻外，还应附加上人体以外的衣服、鞋、裤等电阻。影响人体电阻的因素有很多，如皮肤潮湿出汗、带有导电性粉尘等情况，均能使人体电阻降低。

  5. 安全电压等级

  1）人体允许电流

  人体允许电流，是指发生触电后触电者能自行摆脱电源，解除触电危害的最大电流。通常情况下，男性为 9 mA，女性为 6 mA。在设备和线路装有触电保护设施的条件下，人体允许电流可达 30 mA。

  2）安全电压

  安全电压是指不致使人直接致死或致残的电压。国家标准《特低电压（ELV）限值》（GB/T 3805—2008）规定我国安全电压额定值的等级为 42 V、36 V、24 V、12 V 和 6 V。这些安全电压额定值的等级，应根据作业场所、操作员条件、使用方式、供电方式、线路状况等因素选用。

  通常流经人体电流的大小是无法事先计算出来的。因此，为确定安全条件，往往不采用安全电流，而是采用安全电压来进行估算。一般情况下，即对于干燥而触电危险性较小的环境，安全电压规定为 36 V；对于潮湿而触电危险性较大的环境（如金属容器、管道内施焊检修；矿井、隧道等使用的手提照明灯），安全电压规定为 12 V。这样，触电时通过人体的电流被限制在较小范围内，可在一定程度上保障人身安全。根据生产和作业场所的特点，采用相应等级的安全电压，是防止发生触电伤亡事故的根本性措施。

1.1.2 电弧及灭弧装置

1. 电弧

电弧是一种气体游离放电现象。在大气中开断电路时，只要电压超过 10 ~ 20 V，被开断的电流超过 0.25 ~ 1 A，在触头间隙（也称弧隙）中会产生一团温度极高、亮度极强并能导电的气体，这就是电弧。

借助一定的仪器仔细观察电弧，可以发现，除了两个极（触头）外，电弧明显地分为三个区域，即弧柱区、阴极区和阳极区，如图 1–1–4 所示。

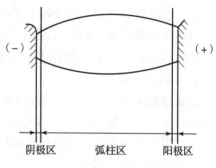

图 1–1–4 电弧组成

1）弧柱区

弧柱区的长度几乎与电极间的距离相同。它是电弧中温度最高、亮度最强的区域。因为在自由状态下近似圆柱形，故称弧柱区。弧柱区呈电中性，它是由分子、原子、受激的原子、正离子、负离子及电子所组成，其中带正电荷的离子与带负电荷的离子几乎相等，所以又称为等离子体。带电的粒子在等离子体定向移动，基本上不消耗能量，所以才能够在低电压条件下传输大电流。传输电流的主要带电粒子是电子，大约占带电粒子总数的 99.9%，其余为正离子。弧柱区的电场强度较低，通常只有 5 ~ 10 V/cm。

2）阴极区

阴极被认为是电子之源。它向弧柱提供 99.9% 的带电粒子（电子）。阴极发射电子的能力，对电弧稳定性影响极大。阴极区的长度为 $10^{-6} \sim 10^{-5}$ cm，如果阴极压降为 10 V，则阴极区的电场强度为 $10^6 \sim 10^7$ V/cm。

3）阳极区

阳极区主要是接收电子，但还应向弧柱提供 0.1% 的带电粒子（正离子）。通常阳极区的长度为 $10^{-3} \sim 10^{-2}$ cm，则阳极区的电场强度为 $10^3 \sim 10^4$ V/cm。阳极材料和焊接电流对阳极区压降影响很大，它可以在 0 ~ 10 V 之间变化。例如当电流密度较大，阳极温度很高，使阳极材料发生蒸发时，阳极压降将降低，甚至降到 0。

电弧按其外形分为长弧与短弧。长短之别一般取决于弧长与弧径之比。把弧长大大超过弧径的称为长弧。长弧的电压是近极压降（阴极压降与阳极压降）与弧柱压降之和。把弧长小于弧径、两极距离极短（如几毫米）的电弧称为短弧。此时两极的热作用强烈，近极区的过程起主要作用。电弧的压降以近极压降为主，几乎不随电流变化。

电弧还可按其电流的性质分为直流电弧和交流电弧。

由于电弧的高温及强光，它可以广泛应用于焊接、熔炼、化学合成、强光源及空间技术等方面。但是对于有触点电器而言，由于电弧主要产生于触头断开电路时，高温将烧损触头及绝缘，严重情况下甚至引起相间短路、电器爆炸，酿成火灾，危及人员及设备的安全。所以从电器的角度来研究电弧，目的在于了解它的基本规律，找出相应的办法，让电弧在电器中尽快熄灭。

2. 灭弧方法及装置

加速电弧熄灭有很多的方法，例如，拉长电弧、降低温度、将长弧变为短弧、将电弧放置于特殊介质中、增大电弧周围气体介质的压力等。为了减少电弧对触头的烧损和限制电弧扩展的空间，通常要将这些方法加以应用，为此而采用的装置称为灭弧装置。一个灭弧装置可以采用某一种方法进行熄弧。但在大多数情况下，则是综合采用几种方法，以增加灭弧效果。例如拉长和冷却电弧往往是一起运用的。

1）拉长电弧

电弧拉长以后，电弧电压就增大，改变了电弧的伏安特性。在直流电弧中，其静伏安特性上移，电弧可以熄灭。在交流电弧中，由于燃弧电压的提高，电弧重燃困难。

电弧可以沿电弧的轴向（纵向）拉长，也可以沿垂直于电弧轴向（横向）拉长，如图 1-1-5 所示。

（1）机械力拉长。

电弧沿轴向拉长的情况是很多的，电器触头分断过程实际上就是将电弧不断地拉长。刀开关中闸刀的拉开也拉长电弧，电焊过程中将焊钳提高可使电弧拉长并熄灭。

（2）回路电动力拉长。

载流导体之间会产生电动力，如果把电弧看作一根软导体，那么受到电动力就会发生变形，即拉长。如图 1-1-6

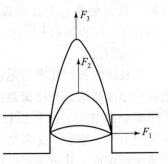

图 1-1-5 拉长电弧

所示，在一对桥式双断点结构型式的触头断开时，电弧受回路电动力 F 的作用被横向拉长，也就是图 1-1-5 中受 F_2 作用力的情况。横向拉长时电弧与周围介质发生相对运动而加强了冷却，这样就加速了电弧的熄灭。有时为了使磁场集中，在触头上添加磁性片 6，以增大吹弧力，如图 1-1-6（b）所示。

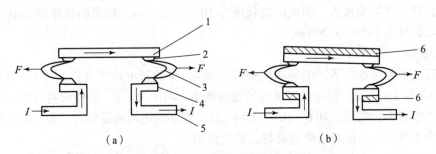

图 1-1-6 触头回路电动力吹弧

(a) 常用触头回路电动力吹弧；(b) 增磁型触头回路电动力吹弧

1—触头桥；2—动触头；3—电弧；4—静触头；5—静触头座；6—磁性片

因利用回路本身灭弧的电动力不够大，电弧拉长和运动的速度都较小，所以这种方法一般仅用于小容量的电器中。开断大电流时，为了有较大的电动力而专门设置了一个产生磁场的吹弧线圈，这种利用磁场力使电弧运动而熄灭的方法称为磁吹灭弧，如图 1-1-7 所示。由于这个磁场力比较大，其拉长电弧的效果也较好，如图 1-1-5 中 F_3 所示的情况。

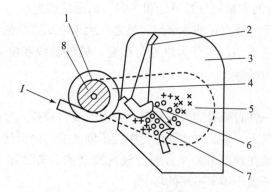

图 1-1-7 磁吹灭弧装置示意图

1—磁吹铁芯；2—导弧角；3—灭弧罩；4—磁吹线圈；
5—导磁夹板；6—静触头；7—动触头；8—绝缘套

磁吹线圈 4 是接在引出线和静触头 6 之间，通过绝缘套与磁吹铁芯绝缘，导弧角 2 和静触头 6 固装在一起。磁吹线圈 4 中的磁吹铁芯 1 两端各装有一片导磁夹板 5，导磁夹板 5 同时夹于灭弧室两侧，用来加强弧区磁场。设在灭弧室中的动静触头就处在磁板之间。

当触头分开有电弧燃烧时，磁吹线圈和电弧本身均在电弧周围产生磁场。由图可见，在弧柱下方一侧，磁吹线圈的磁通和电弧的磁通是相叠加的，而在弧柱上方一侧，两磁通是相互削弱的，因此就产生磁吹力。电弧在磁吹力的作用下发生运动，电弧被拉长，电弧的根部离开静触头而移到导弧角 2 上，进一步拉长电弧，使电弧迅速熄灭。

导弧角 2 是根据回路电动力原理设置的，用来引导电弧很快离开触头且按一定方向运动，以保护触头接触面免受电弧的烧伤。

由于磁吹线圈与电路的连接方式不同，有串激线圈和并激线圈之分。

上述所介绍的这种磁吹线圈和触头相串联的激磁方法称为串激法。它的优点是：电流流向改变但磁吹力方向不变，即磁吹方向不随电流极性的改变而改变。具有这种磁吹的电器称为"无极性电器"。同时因为是串激，通过磁吹线圈的电流与弧电流相同，所以弧电流越大则灭弧效力就越强；反之，弧电流小时，灭弧效力就弱。所以串激法适用于切断大电流的电器中。

在熄灭直流电弧时，外加磁场除了串激法外，还有并激法和它激法。它们的工作原理相同。

并激法的磁吹线圈不是和负载回路串联，而是直接跨接在电源上。它的优点是：可产生一个与回路电流无关的恒定磁场。这样，在一定的恒定磁场下，不论是开断大电流还是小电流，都可使电弧很快熄灭。但是由此产生的缺点是使电器的接线带有极性，即当触头上电流反向时，必须同时改变并激线圈的极性，否则磁吹力就会反向，所以使用中不太方便。

所谓它激法，就是用永久磁铁来代替并激法的磁吹线圈，它的磁吹特性和并激法相似。不同点是无须线圈和电源，因而结构更趋简单。

2）灭弧罩

灭弧罩是让电弧与固体介质相接触，降低电弧温度，从而加速电弧熄灭的比较常用的装置。其结构形式是多种多样的，但其基本构成单元为"缝"。我们将灭弧罩与壁之间构成的间隙称作"缝"。根据缝的数量可分为单缝和多缝。根据缝的宽度与电弧直径之比可分为窄缝与宽缝。缝的宽度小于电弧直径的称窄缝;反之,大于电弧直径的称宽缝。根据缝的轴线与电弧轴线间的相对位置关系,可分为纵缝与横缝。缝的轴线和电弧轴线相平行的称为纵缝,两者相垂直的则称为横缝。

(1) 纵缝灭弧罩。

图 1-1-8 所示为一纵向窄缝的灭弧情况,当电弧受力被拉入窄缝后,电弧与缝壁能紧密接触。在继续受力情况下,电弧在移动过程中能不断改变与缝壁接触的部位,因而冷却效果好,对熄弧有利。但是在频繁开断电流时,缝内残余的游离气体不易排出,这对熄弧不利。所以此种形式适用于操作频率不高的场合。

图 1-1-9 所示为一纵向宽缝的灭弧情况,宽缝灭弧罩的特点与窄缝的正好相反,冷却效果差,但排出残余游离气体的性能好。图 1-1-9 所示情况是在一宽缝中又设置了若干绝缘隔板,这样就形成了纵向多缝。电弧进入灭弧罩后,被隔板分成两个直径较原来小的电弧,并和缝壁接触而冷却,冷却效果加强,熄弧性能提高。此外,由于缝较宽,熄弧后残存的游离气体容易排出,因此这种结构形式适用于较频繁开断的场合。

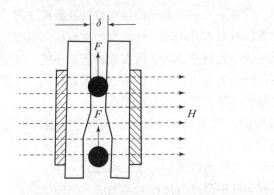 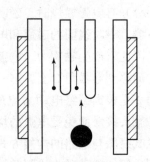

图 1-1-8 纵向窄缝式灭弧罩　　　　图 1-1-9 纵向宽缝式灭弧罩

图 1-1-10 所示为纵向曲缝式灭弧罩的灭弧情况。纵向曲缝式又称迷宫式,它的缝壁制成凹凸相间的齿状,上下齿相互错开。同时,在电弧进入处齿长较短,越往深处,齿长越长。当电弧受到外力作用从下向上进入灭弧罩的过程中,它不仅与缝壁接触面积越来越大,而且长度也越来越长。这就加强了冷却作用,具有很强的灭弧能力。但是,也正因为缝隙越往深处越小,电弧在缝内运动时受到的阻力越来越大。所以,这种结构的灭弧罩,一定要配合以较大的让电弧运动的力,否则其灭弧效果反而不好。

(2) 横缝灭弧罩。

为了加强冷却效果,横缝灭弧罩往往以多缝的结构形式使用,也就是称为横向绝缘栅片,如图 1-1-11 所示。当电弧进入灭弧罩后,受到绝缘栅片的阻挡,电弧在外力作用下便发生弯曲,从而拉长了电弧,并加强了冷却。为了分析电弧与绝缘栅片接触时的情况,以图 1-1-12 来放大说明:设磁通方向为垂直向里,电弧 AB、BC 和 CD 段所受的电动力都使电弧压向绝缘栅片顶部,而 DE 段所受的电动力使电弧拉长,CD 段和 EF 段相互作用产生斥力。这样一些力的作用,使电弧拉长并与缝壁接触面增大而且紧密,所以能收到比较好的灭弧效果。

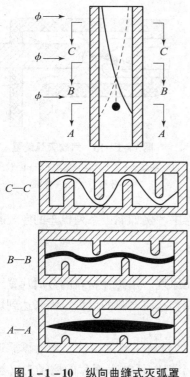

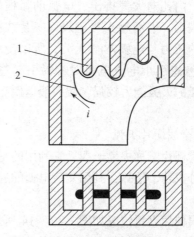

图 1-1-10　纵向曲缝式灭弧罩　　　图 1-1-11　横向绝缘栅片式灭弧罩

1—灭弧罩；2—电弧

由于灭弧罩要受电弧高温的作用，因此对灭弧罩的材料也有一定的要求，如受电弧高温作用不会因热变形而使绝缘性能下降，机械强度好且易加工制造等。过去灭弧罩材料广泛采用石棉水泥和陶土材料。现在逐渐改为采用耐弧陶瓷和耐弧塑料，它们在耐弧性能与机械强度方面都有所提高。

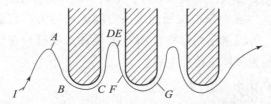

图 1-1-12　电弧在横向绝缘栅片灭弧罩中的放大图

3）油冷灭弧装置

油冷灭弧是将电弧置于液体介质（一般为变压器油）中，电弧将油汽化、分解而形成油气。油气中主要成分是氢，在油中以气泡的形式包围电弧。氢气具有很高的导热系数，这就使电弧的热量容易散发。另外，由于存在着温度差，因此气泡产生运动，又进一步加强了电弧的冷却。若再要提高其灭弧效果，可在油箱中加设一定机构，使电弧定向发生运动，这就是油吹灭弧。由于电弧在油中灭弧能力比大气中拉长电弧大得多，因此这种方法一般用于高压电器中，如油开关。

4）气吹灭弧装置

气吹灭弧是利用压缩空气来熄灭电弧的。压缩空气作用于电弧，可以很好地冷却电弧，提高电弧区的压力，很快带走残余的游离气体，所以有较高的灭弧性能。按照气流吹弧的方向，它可以分为横吹和纵吹两类。横吹灭弧装置的绝缘件结构复杂，电流小时横吹过强会引起很高的过电压，故已被淘汰。图1-1-13所示为纵吹（径向吹）的一种形式。压缩空气沿电弧径向吹入，然后通过动触头的喷口、内孔向大气排出，电弧的弧根能很快被吹离触头表面，因而触头接触表面不易烧损。因为压缩空气的压力与电弧本身无关，所以使用气吹灭弧时要注意熄灭小电流电弧时容易引起过电压。

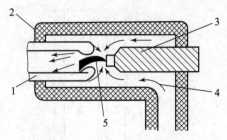

图1-1-13 气吹灭弧装置
1—动触头；2—灭弧室瓷罩；3—静触头；
4—压缩空气；5—电弧

由于气吹灭弧的灭弧能力较强，故一般运用在高压电器中，例如韶山系列机车的空气断路器（主断路器）。

5）横向金属栅片灭弧

横向金属栅片又称去离子栅，它利用的是短弧灭弧原理。用磁性材料的金属片置于电弧中，将电弧分成若干短弧，利用交流电弧的近阴极效应和直流电弧的近极压降来达到熄灭电弧的目的。

横向金属栅片灭弧情况如图1-1-14所示。栅片的材料一般采用铁。当电弧靠近铁栅片时，由于铁片为磁性材料，因此栅片本身就具有一个把电弧拉入栅片的磁场力（当电弧移近金属栅的上沿时，铁栅片又具有把电弧拉回的特性，可防止电弧逸出栅外，烧损它物）。当电弧被这个磁场力或外力作用刚进入铁栅片中时，由于磁阻较大，铁栅片对电弧的吸力不大。为了减小电弧刚进入铁栅片时的空气阻力，铁栅片做成楔口并交叉装配，如图1-1-14（b）所示，即只让电弧先进入一半铁栅片中以增大最初接触电弧的铁片片距。随着电弧继续进入铁栅片中，磁阻减小，铁栅片对电弧的拉力增大，足以使电弧进入所有的铁栅片中。电弧进入栅片后分成许多串联短弧，电流回路产生作用于各短弧上的电动力使短弧继续发生运动。此时应注意短弧被拉回向触头方向运动的力，它会使电弧重燃并烧损触头。为了消除这种现象，可以采用凹形栅片和O形栅片。铁栅片在使用时一般外表面要镀上一层铜，以增大传热能力和防止铁片生锈。

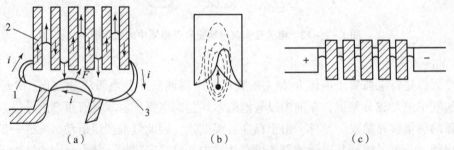

图1-1-14 横向金属栅片灭弧罩结构、原理示意图
(a) 电弧在横向金属栅中状况；(b) 横向金属栅对电弧的作用；(c) 横向金属栅灭弧原理
1—入栅片前的电弧；2—金属栅；3—入栅片后的电弧

横向金属栅片灭弧装置主要用于交流电器，因为它可将起始介质强度成倍地增长。对于直流电弧而言，因无近阴极效应，故只能靠成倍提高极旁压降来进行灭弧。由于极旁压降值

较小，要想达到较好的灭弧效果，金属栅片的数量太大，会造成灭弧装置体积庞大，所以直流电器中很少采用。

6）真空灭弧装置

真空灭弧是使触头电弧的产生和熄灭在真空中进行，它是依据零点熄弧原理，以真空为熄弧介质工作的。

在真空中气体很稀薄，电子的自由行程远大于触头间的距离。当真空度为 10^{-5} mm 汞柱时，电子的自由行程达 43 m。自由电子在弧隙中做定向运动时几乎不会和气体分子或原子相碰撞，不会产生碰撞游离。所以将触头置于真空中，断开时产生的电弧则是由于阴极发射电子和产生的金属蒸气被电离而形成的。当电弧电流接近零时，阴极发射的电子和金属蒸气减少，弧隙中残留的金属蒸气和等离子体向周围真空迅速扩散。这样，弧隙可以在数微秒之内由导电状态恢复到真空间隙的绝缘水平。因此，在真空中触头有很高的介质恢复速度、绝缘能力和分断电流的能力。

真空电弧按其电流的大小可分为扩散弧和收缩弧两种。扩散弧的电流较小（几百至几千安培），此时电弧分裂为许多并联的支弧。每一支弧有自己的阴极斑点和弧柱，阴极斑点互相排斥且均匀分布在阴极上。在电磁场的作用下阴极斑点不断地沿左旋方向运动，触头表面的平均温度较低且分布均匀。阳极此时不存在阳极斑点。阴极斑点既发射电子又产生金属蒸气。当电流接近于零值时，最终只剩下一个斑点。电流过零时，电弧自行熄灭。当扩散弧的电流增加到足够大时，阴极斑点相互聚成一团，运动速度很小甚至不再运动。阴极表面不但产生大量的金属蒸气，而且有一部分金属直接以颗粒或液滴的形式向弧隙喷射。阳极此时也出现炽热的阳极斑点且蒸发和喷射一定数量的金属，触头的电磨损迅速增加。当真空灭弧装置中出现收缩弧后，就不能再开断电路。电弧由扩散弧转变为收缩弧的电流，也就是该真空灭弧装置的极限开断电流，它随触头材料和直径大小而不同。

在开断交流电路时，当被开断的电流减小到某一数值时，扩散弧会发生电流突然被截断的现象，称之为截流。这样，在开断感性负载电流时，弧隙上将产生很高的过电压，这是使用真空灭弧装置应注意的问题。

1.1.3 触头

电路的通断和转换是通过电器来实现的，触头是有触点电器完成其职能的执行机构，是有触点电器极重要的组成部分。触头工作的优劣直接影响到电器的性能。但由于它经常受到机械撞击、发热及电弧等有害作用，极易损坏，因此它也是有触点电器的一个薄弱环节。

1. 概述

1）触头的分类

（1）按触头工作情况可分为有载开闭和无载开闭两种。前者在触头开断或闭合过程中允许触头中有电流通过；后者在触头开断或闭合过程中不允许触头中有电流通过，而在闭合后才允许触头中通过电流，如转换开关等。无载开闭触头，由于触头开断时无载，故无电流产生，对触头的工作十分有利。

（2）按开断点数目可分为单断点式和双断点式触头。

（3）按触头正常工作位置可分为常开触头和常闭触头。

（4）按触头结构形状可分为指形触头和桥式触头等。

（5）按触头的接触方式可分为点接触、线接触和面接触三种。

2）触头接触形式

触头接触形式有点接触、线接触和面接触三种，如图 1-1-15 所示。

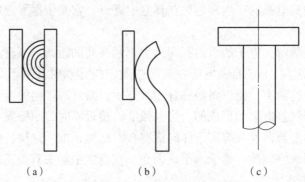

图 1-1-15　触头接触面形式
(a) 点接触；(b) 线接触；(c) 面接触

（1）点接触。点触头是指两个导体只在一点或者很小的面积上发生接触的触头（如球面对球面，球面对平面）。它用于 20 A 以下的小电流电器，如继电器的触头，接触器和自动开关的联锁触头等。由于接触面积小，故保证其工作可靠性所需的接触互压力也较小。

（2）线接触。线接触是指两个导体沿着线或较窄的面积发生接触的触头（如圆柱对圆柱、圆柱对平面）。其接触面积和接触压力均适中，常用于几十安至几百安电流的中等容量的电器，如接触器、自动开关及高压开关电器的触头。

（3）面接触。面接触头是指两个导体有着较广表面发生接触的触头（如平面对平面）。其接触面积和触头压力均较大，多用于大电流的电器，如大容量的接触器和断路器的主触头。

触头实现电连接，一般采用触头弹簧压紧，压力较小，并考虑到装配检修的方便和工作可靠，多采用点接触或线接触的形式。在近代高压断路器和低压自动开关中，有的采用多个线接触和点接触并联使用，以减小接触电阻，使得工作可靠，制造检修方便。

3）触头的参数

触头的参数主要有触头的结构尺寸、开距、超程、触头初压力、终压力和研距等。

（1）触头的结构尺寸。

触头的结构尺寸，主要是根据触头工作时的发热条件确定，同时也要考虑到它的机械强度与工作寿命等条件。

（2）触头的开距。

触头处于断开位置时，动静触头之间的最小距离 s 称为触头的开距（或行程），如图 1-1-16 所示。触头开距必须保证触头分断电路时能可靠地灭弧，并且有足够的绝缘能力。

从减小电器的尺寸和减小触头闭合时振动的观点出发，在可靠开断电路的原则下，触头开距越小越好。触头开距的大小与开断电流大小、线路电压、线路参数以及灭弧装置等有关。

（3）触头的超程。

触头的超程是指触头对完全闭合后，如果将静触头移开，动触头在触头弹簧的作用下继续前移的距离,如图 1-1-16 所示。触头超程是用来保证在触头允许磨损的范围内仍能可靠地接触。一般在计算时选取超程 $r=(0.6\sim0.8)t$,式中 t 为新触头的厚度。

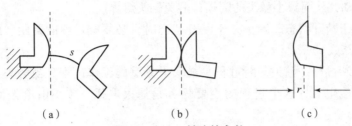

图 1-1-16 触头的参数
(a) 断开状态;(b) 刚接触时;(c) 闭合状态

(4) 触头初压力。

触头闭合后,其接触处有一定的互压力,称为触头压力。触头压力是由触头弹簧产生的。触头弹簧有一预压缩,使得动触头刚与静触头接触时就有一互压力 F_0,称为触头初压力,它是由调节触头弹簧预压缩量来保证的。初压力可以降低触头闭合过程的振动。

(5) 触头终压力。

动、静触头闭合终了时,触头间的接触压力称为终压力 F_z。它是由触头弹簧最终压缩量来决定的。它使触头闭合时的实际接触面积增加,使闭合状态时的接触电阻小而稳定。

(6) 触头的研距。

一般线接触触头的动、静触头开始接触时,其接触线在 a 点处(见图 1-1-17),在触头闭合过程中,接触线逐渐移动,最后停在 b 点处接触,以导通工作电流。由于在动触头上的 ab 和静触头上的 $a'b'$ 长度不一样,因此,在两者接触过程中,不仅有相对滚动,而且有相对滑动存在,整个接触过程称为触头的研磨过程。触头的滚动量与滑动量之和称为研距。触头表面有滑动,可以擦除触头表面的氧化层及脏物,减小接触电阻。触头表面有滚动可以使正常工作接触线(最终接触线)和开始接触线(最后分开线)错开,以免电弧烧损正常工作的接触线,保证触头接触良好。

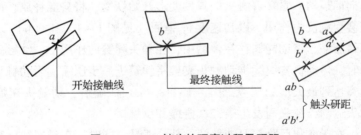

图 1-1-17 触头的研磨过程及研距

触头的开距、超程、初压力和终压力都是必须进行检测的重要参数。在电器的使用和维修中常用这些参数来反映触头的工作情况及检验电器的工作状态。

4) 触头的工作情况

触头有 4 种工作情况:

(1) 触头处于闭合状态。触头处于闭合状态时的主要任务是保证能通过规定的电流,且触头温升不超过允许值,主要问题是触头的发热及热和电动稳定性,触头的发热是由接触电阻引起的，故应设法减小接触电阻。

（2）触头闭合过程。触头在闭合过程中会因碰撞而产生机械振动，这个过程的主要问题是减小机械振动，从而减小触头的磨损，避免触头熔焊。

（3）触头处于断开状态。触头处于断开状态时，必须有足够的开距，以保证可靠地熄灭电弧和开断电路。

（4）触头开断过程。触头开断过程是触头最繁重的工作过程。当触头开断电路时，一般会在触头间产生电弧，这个过程的主要任务是熄灭电弧，减小由电弧而产生的触头电磨损。

5）对触头的基本要求

根据触头的工作情况，为了保证电器可靠工作和有足够的寿命，对触头有如下要求：

（1）工作可靠，接触电阻要小。

（2）有足够的机械强度。

（3）长期通过额定电流时，温升不超过规定值。

（4）通过短路电流时，有足够的热稳定性和电动稳定性。

（5）有足够抵抗外界腐蚀（如氧化、化学气体腐蚀）的能力。

（6）寿命长。

2. 触头的振动

1）产生振动的原因

触头在闭合过程中，触头间的碰撞、触头间的电动斥力和衔铁与铁芯的碰撞都可能引起触头的机械振动。

当触头闭合时，电器传动机构的力直接作用在动触头支架上，使得质量为 m 的动触头以速度 v_1 向静触头运动，在动、静触头相撞时动触头具有一定的动能，如图 1-1-18（a）所示。触头发生碰撞后，触头表面将产生弹性变形，此时，一部分能量消耗在碰撞过程中（因为触头不是绝对弹性体），而大部分能量转变为触头表面材料的变形势能。当触头表面达到最大变形 x_{SD} 时［见图 1-1-18（b）］，变形势能达到最大，而动触头的动能降为零，于是动触头停止向前运动。紧接着触头的弹性变形开始恢复，将势能释放，由于静触头固定不动，动触头应会受到反力作用，以初速度 v_2 弹回［见图 1-1-18（b）］，甚至离开静触头，并把触头弹簧压缩，将动能储存在弹簧中，在触头弹簧的作用下，动触头反跳的速度逐渐减小。与此同时，传动机构继续推动触头支架将弹簧进一步压缩。当动触头反跳的速度降为零时，反跳距离达到最大值 x_m［见图 1-1-18（c）］。随后，动触头在弹簧张力的作用下又开始向静触头运动，触头间发生第二次碰撞和反跳。

由于触头第一次碰撞和反跳都要消耗掉一部分能量，同时，在碰撞和反跳的过程中，传动机构使触头弹簧进一步压缩，因而动触头的振动时间和振幅一次比一次要小，直至振动停止，触头完全闭合［见图 1-1-18（d）］。

另外，在触头带电接通时，由于实际接触的只有几个点，在接触点处便产生电流线的密集或弯曲，如图 1-1-19 所示。畸变的电流线和通过反向电流的平行导体一样，相互作用产生斥力，使触头趋于分离，该电动力称为收缩电动力。收缩电动力也能引起触头间的振动，特别是在闭合大的工作电流或短路电流时，电动斥力的作用更为显著。

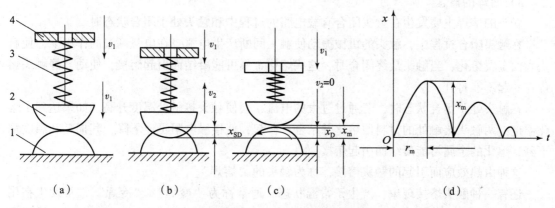

图 1-1-18 触头振动过程示意图
(a) 触头碰撞开始瞬间；(b) 触头碰撞后瞬间；(c) 触头振动变化过程；(d) 触头振动波形
1—静触头；2—动触头；3—触头弹簧；4—动触头支架；
x_{SD}—塑性和弹性变形量；x_D—弹性变形量；x_m—最大振幅

对于电磁传动的电器来讲，在触头闭合过程中，衔铁以一定的速度向静铁芯运动，当衔铁吸合时，同样会因碰撞而产生振动，以致触头又发生第二次振动。

在触头振动过程中（见图 1-1-18），如果 $x_m \leq x_D$，则碰撞后触头不会分离，这样的振动不会产生电弧，对触头无害，因而称之为无害振动。反之，若 $x_m > x_D$，则碰撞后动、静触头分离，形成断开电路的气隙，在触头间产生电弧，严重影响触头寿命，故称之为有害振动。两个触头在闭合时发生碰撞产生振动是不可避免的，所谓消除触头闭合过程中的振动，是指消除触头的有害振动。

2) 减小振动的方法

为了提高触头的使用寿命，必须减小触头的振动。减小触头振动有以下几种方法：

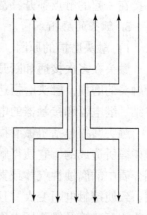

图 1-1-19 接触点电流线密集情况示意图

(1) 使触头具有一定的初压力。增大初压力可减小触头反跳时的振幅和振动时间。但初压力增大是有限的，如果初压力超过了传动机构的作用力（如电磁机构的吸力），则不仅触头反跳的距离增加，而且触头也不能可靠地闭合，反而造成触头磨损增加。

(2) 降低动触头的闭合速度，以减小碰撞动能。由实验可知，减小触头闭合瞬间的速度可减小触头振动的振幅。这要求吸力特性和反力特性良好配合。需要指出的是，当触头回路电压高于 300 V 时，若闭合速度过小，则在动、静触头靠近时，触头间隙会击穿形成电弧，反而会引起电磨损的增加。

(3) 减小动触头的质量，以减小碰撞动能，从而减小触头的振幅。但是，在减小触头质量时必须考虑触头的机械强度、散热面积等问题。

(4) 对于电磁式电器，减小衔铁和静铁芯碰撞时引起的磁系统的振动，以减小触头的二次振动。其方法是吸力特性与反力特性有良好的配合及铁芯具有缓冲装置。

3）熔焊的概念

触头的熔焊主要发生在触头闭合有载电路的过程中和触头处于闭合状态时。

在触头闭合过程中，触头的机械振动使触头间断产生电弧，在电弧高温的作用下，使触头表面金属熔化，当触头最终闭合时，这些熔化金属可能凝结而引起熔接，使动、静触头熔焊在一起不能打开。

在触头处于闭合状态时，若通过过大的电流，会使触头接触处温度升高，如果达到了熔化温度，两触头接触处的材料便熔化并结合在一起，使接触电阻迅速下降，其损耗和温度都下降，熔化的金属可能凝结而引起熔接。

这种由热效应而引起的触头熔接，称为触头的"熔焊"。

还有一种触头熔接现象，产生于常温状态，通常称为"冷焊"。"冷焊"常常发生在用贵金属材料（如金与金合金等）制成的小型继电器触点中。其原因为贵金属表面不易形成氧化膜，纯净的金属接触面在触头压力作用下，由于金属原子间化学亲和力的作用，使两个触头表面结合在一起，产生"冷焊"现象。由"冷焊"产生的触头间粘接力很小，但是在小型高灵敏继电器中，由于使触头分开的力也很小（一般小于 9.8×10^{-2} N），不能把冷焊粘接在一起的触点弹开，常常出现触头粘住不释放的现象。

3. 触头的磨损

1）触头磨损的原因

触头在多次接通和断开有载电路后，它的接触表面将逐渐产生磨耗和损坏，这种现象称为触头的磨损。触头磨损达到一定程度后，其工作性能便不能保证，此时，触头的寿命即告终结。继电器和接触器的电寿命主要取决于触头的寿命。

触头磨损包括机械磨损、化学磨损和电磨损。机械磨损是在触头闭合和打开时研磨和机械碰撞所造成的，它使得触头接触面产生压皱、裂痕或塑性变形和磨损。化学磨损是由于周围介质中的腐蚀性气体或蒸气对触头材料浸蚀所造成的，它使得触头表面形成非导电性薄膜，致使接触电阻变大，且不稳定，甚至完全破坏了触头的导电性能。这种非导电性薄膜在触头相互碰撞及触头压力作用下，逐渐剥落，形成金属材料的损耗。机械磨损和化学磨损一般很小，约占全部磨损的10%以下。

触头的磨损主要取决于电磨损。电磨损主要发生在触头的闭合和开断过程中，在触头闭合电流时产生的电磨损，主要是由于触头碰撞引起的振动所产生的；在触头开断电流时所产生的电磨损，是由高温电弧所造成的。

2）触头电磨损的形式

触头在分断与闭合电路过程中，在触头间隙中产生金属液桥、电弧和火花放电等各种现象，引起触头材料的金属转移、喷溅和汽化，使触头材料损耗和变形，这种现象称为触头的电磨损。电磨损直接影响电器的寿命。

触头的电磨损形式主要有两种，即液桥的金属转移和电弧的烧损。

（1）液桥的形成和金属转移。

触头在开断过程中，动、静触头间将形成熔化的液态金属桥，简称液桥。触头开断时，在从触头完全闭合到触头刚开始分离的时间内，先是触头的接触压力和接触点数目逐渐减小，接触电阻越来越大，这样就使接触点的电流密度急剧增加，由此产生的热量促使接触处的金属熔化，形成所谓的金属液体滴。触头继续断开时，将金属液体滴拉长，形成液桥。由于温度沿液桥的长度分布不对称，且其最大值是发生在靠近阳极的地方，因此使金属熔液由阳极转移到阴极。实践证明，由于液桥的金属转移作用，经过多次操作后，触头的阳极因金属损耗而形成凹坑，阴极则因金属增多而形成针刺，凸出于接触表面。

在弱电流电器（如继电器）中，液桥对触头的电磨损有着重要影响。

（2）电弧对触头的烧损。

电弧对触头的烧损十分严重，电弧磨损要比液桥引起的金属转移高出 5~10 倍。当电弧的温度极高，触头间距离又较大时，一般都有电动力吹弧，再加上强烈的金属蒸气热浪冲击，往往把液态金属从触头表面吹出，向四周飞溅。这种磨损与小功率电弧的磨损是不同的，金属蒸气再度沉积于触头接触表面上的概率已大大减小，使触头阴、阳极都遭到严重磨损，由于阳极温度高于阴极，因此阳极磨损更为严重。

3）减小电磨损的方法

减小触头的电磨损，提高触头的寿命，一般可从两方面着手，即减小触头在开断过程中的磨损和减小触头在闭合过程中的磨损。

（1）减小触头开断过程中的磨损，即减小触头在开断时的电弧，其方法如下：

①选择灭弧系统的参数，例如磁吹的磁感应强度 B。B 值过小，吹弧电动力小，电弧在触头上停留时间较长，触头的电磨损增加值过大，吹弧电动力过大，会把触头间熔化的金属液桥吹走，电磨损也增加，因此，有一个最佳的 B 值，在该值下电磨损最小。

②对于交流电器（如交流接触器）宜采用去离子栅灭弧系统，利用交流电流通过自然零点时不再重燃而熄弧，减小触头的电磨损。

③采用熄灭火花的电路，以减小触头的电磨损。这种方法就是在弱电流触头电路中，在触头上并联电阻、电容，以熄灭触头上的火花。这种火花熄灭电路对开断小功率直流电路很有效。

④正确选用触头材料。例如，钨、钢的熔点和气化点高，因此，钨、铂及其合金具有良好的抗磨损特性，银、铜的熔点与气化点低，其抗磨损性较差。

（2）减小触头闭合时的磨损。触头闭合时的磨损主要是由于触头在闭合过程中的振动所引起的，因此，为了减小触头的电磨损，必须减小触头的机械振动。

任务1.2　车辆电气总体

1.2.1　车辆电气系统

车辆电气系统包括车辆上的各种电气设备及其连接导线。按其作用和功能可分为三个系统，即主电路、辅助电路和控制电路。

1. 主电路系统

主电路系统（见图 1-2-1）由牵引电动机及与其相关的电气设备和连接导线组成。它是电传动车辆上高电压、大电流、大功率动力回路。主电路的作用：在牵引工况，将变电所传递的电能转变为车辆牵引所需的牵引力；在电气制动工况，将车辆的动能转变为电制动力，实现功率的转换和传递。主电路的电气设备主要包括：将电源引入车辆的受流装置、用以牵引车辆的牵引电动机、用以调整直流电机端电压的斩波器、用以接通和分断车辆主电路的高速断路器、用以列车电阻制动的制动电阻、使电动机电流平滑并减少车辆在牵引和电制动时对接触网不利影响的线路滤波器等。

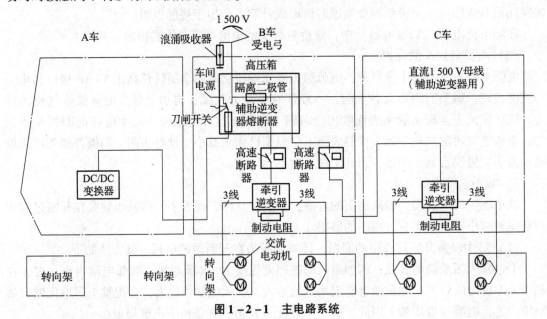

图1-2-1 主电路系统

2. 辅助电路系统

为了保证车辆正常运行和使客室具有一定的舒适性，车辆上需要许多辅助设备。例如，为了给斩波器箱、逆变器箱和制动电阻箱通风冷却而设置的通风机；为了列车制动、受电弓升降和开闭客室门等气动机械而设置的空气压缩机；为了调节客室内空气参数而设置的空调压缩机与各类风机；客室照明、蓄电池充电、控制电气、驾驶室取暖设备等。这些辅助设备和供应辅助用电的系统就构成了车辆的辅助电路系统。

3. 控制电路系统

轨道车辆的控制电路是低压小功率电路，分为有接点的直流电路和无接点的电子电路。有接点的直流电路由主控制器、继电器、控制电气的低压部分以及联锁接点组成；无接点的电子电路由微机及各种电子插板等组成，可分为列车牵引控制单元、制动控制单元、空调控制单元和逆变器控制单元等。

控制电路用以控制主电路与辅助电路各电器，通过驾驶员操纵主控制器各手柄和操纵按钮，使车辆按驾驶员意图或按列车自动运行控制系统的控制来运行。

车辆电气系统中的三个电路系统一般在电气设备方面互相隔离，分别装设在控制操纵台、电气箱及各种设备箱中，再通过电磁或机械方式相互联系协调动作，形成完整的车辆电气系统，控制操纵列车的正常运行。各种设备箱、电气箱安装在驾驶室、客室或悬挂在车体下部。

1.2.2 车辆电路识图

城市轨道交通车辆的电气系统错综复杂，为了将其中的逻辑关系和电气功能描述清楚，必须应用电路图。电路图是以电路的工作原理及阅读和分析电路方便为原则，用国家统一规定的电气图形符号和文字符号，按工作顺序用图形符号从上而下、从左到右排列，详细表示电路、设备或成套装置的工作原理、基本组成和连接关系的一种简图。只有掌握了车辆电路图的识读方法，才能完成车辆电路的分析、调试以及故障排除。

1.2.3 车辆常用电气符号

城市轨道交通车辆电气线路中常用的电气符号见表1-2-1。

表1-2-1 车辆常用电气符号

图形符号	描述
	单芯电缆
	导线组
	导线组（3根导线以上）
	屏蔽电缆
	多芯电缆
	同轴电缆
	导线终端（未连接）
	导线终端（未连接需进行专门绝缘处理）
	连接点
	端子
	端子排
	插孔
	插针
	插针和插孔
	多芯插针和插孔
	直流

续表

图形符号	描述
∼	交流
+	正极
-	负极
N	中性（N极）
↗	指示符号
⌐⌐	热效应元件
⌐⌒	漏电检测元件
⊃—	延时动作
—⊂	延时动作
⌄	自锁
⊢-----	操作件（一般手动操作）
⌐-----	操作件（旋转操作）
⊨-----	操作件（按动操作）
→-----	操作件（单向作用的气动或液压驱动）
↔-----	操作件（双向作用的气动或液压驱动）
⊟	操作件（电磁效应驱动）
⏚	接地符号

续表

图形符号	描述
	动合（常开）触点
	动断（常闭）触点
	由闭合位转打开位的转换触点
	延时闭合的常开触点
	延时断开的常开触点
	延时断开的闭合触点
	延时闭合的闭合触点
	手动操作开关
	自复位的按钮开关
	旋转开关
	接触器自闭合触点
	接触器自断开触点
	断路器

续表

图形符号	描述
	隔离开关
	一般继电器线圈
	断电延时继电器线圈
	通电延时继电器线圈
	交流继电器线圈
	熔断器
	避雷器
	灯
	电阻
	电容
	电感
	二极管
	三相鼠笼式感应电动机
	直流/直流变换器
	整流器

续表

图形符号	描述
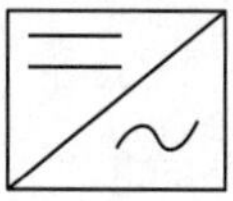	逆变器
	电压表
	速度传感器
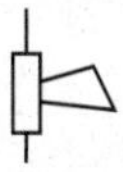	喇叭/电笛
	电铃
	蜂鸣器
	扬声器
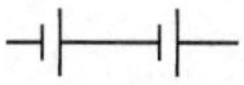	蓄电池
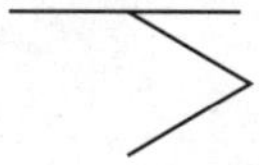	受电弓

（1）各电气设备在电气线路图中除按表内符号表示外，在符号旁边还应标明相应电气设备在电路中的代号，且在所有该设备的各联锁旁边也标注同一代号，说明是同一电器在电路中不同位置的控制关系，或在该电器线圈图形符号的下方，给出该电器所有联锁及其连接，如图1-2-2所示，=21-K01线圈下方列出了4组联锁，其中应用了2组联锁并标注了位置。

（2）导线也是电气线路图中的一部分，特别是一些重要的导线应在电路图中标明导线代号，不同类型和不同作用的导线可用不同字母或汉字表示，如图1-2-2所示，32100就是直流110 V电源负端线的线号。

（3）常开联锁、常闭联锁（也称正联锁、反联锁）是对电器的工作线圈未通电、电器处于释放状态时的触点位置而言，若其触点是打开的即常开联锁（正联锁），若其触点是闭合的即常闭联锁（反联锁）。当电器工作线圈通电，电器动作后，常开触点闭合，常闭触点则打开。

（4）并不是所有的电器联锁都有常开、常闭的状态。对于某些组合电器的联锁，除标出其所属电器的代号外，还应表明该联锁的接通位置，此类联锁又称位置联锁，如图1-2-2所示，=24-A01为驾驶控制器中的主控钥匙，图中用一个小矩形表示主控钥匙打到ON位置。

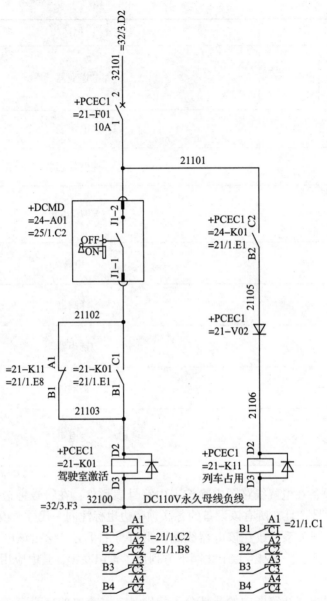

图 1-2-2 车辆电路图示例

(5) 还有一些多位的控制开关,在电路图中将这类触头闭合次序沿轴向展开为一个平面的触头闭合电路图,简称展开图。在某工作位置联锁是接通的,则在该位置相应的导线上以黑点(或黑线段)表示,如图 1-2-3 所示,当 =22-S05 升弓选择开关打到升 1 弓位置时,导线 22114A 导通。

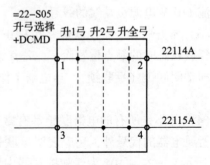

图 1-2-3 升弓选择开关展开图

1.2.4 车辆电路图标注

1. 功能组标注

城市轨道交通车辆的电路图依据图纸功能一般划分为 10 个主要组,并采用两位数字编号进行区分,如表 1-2-2 所示。而每个主要组又分为数个子组,如 =10 主电路又划分为 =11 高压电路、=12 牵引主电路,等等。

表 1-2-2 城市轨道交通车辆电路主要功能组

功能组编号	说明
=00	图纸说明
=10	主电路
=20	牵引/制动控制电路
=30	辅助供电与辅助电路
=40	检测和信息电路
=50	照明电路
=60	空调电路
=70	辅助设备电路
=80	车门控制电路
=90	特殊设备电路

2. 设备及元、器件标注

城市轨道交通车辆设备和元、器件的标注包含 4 个信息,即安装位置标识、子功能组编号、元件代号以及元件序号,如图 1-2-4 所示。

图 1-2-4 设备及元、器件标注规则

城市轨道交通车辆常见元件代号见表 1-2-3。

表 1-2-3 城市轨道交通车辆常见元件代号

代号	用途	举例
A	多功能	驾驶控制器
B	将输入变量转换为可处理的信号	传感器
E	提供光能或者热能	照明灯、加热器

续表

代号	用途	举例
F	电路保护器件	断路器、避雷器、熔断器
G	能量变换	电源变换模块
H	信号指示	指示灯
K	处理信号、控制电路	继电器、接触器
L	电感元件	电抗器
M	提供机械能量	牵引电动机、泵
P	呈现信息	电压表、速度表
S	将人工操作转换成可处理信号	按钮开关、转换开关
X	物体连接	插座、端子排

3. 电路图分区

为了查找方便，城市轨道交通车辆电路图借用屏幕坐标形式定位，横向用数字均分，纵向用字母均分，如图1-2-5所示。每张电路图有文字区描述电路功能，说明电路的类型、代号和页码，具体描述如图1-2-6所示。

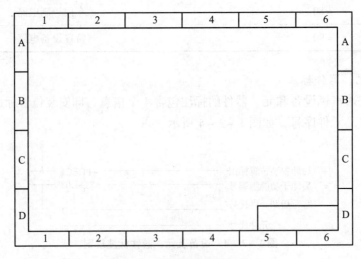

图1-2-5 电路图纸分区

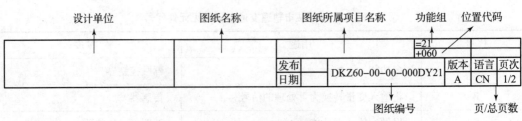

图1-2-6 图纸标题栏

4. 交叉引用标识

当图纸中某个器件有一些部分处于其他图纸中，或者某根导线连接到其他图纸中，就需要用到交叉引用标识，如图1-2-7所示，=21-K12继电器的线圈引用自=21功能组第1页图纸的E7图区，导线41427连接至=41功能组第4页图纸的C6图区。

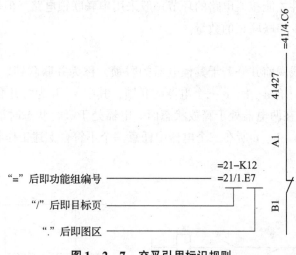

图1-2-7 交叉引用标识规则

1.2.5 常用联锁方法

控制线路必须满足主、辅线路的控制需求，如电器按一定次序动作，驾驶员按一定顺序操作，因此必须设置一些联锁来满足控制线路的逻辑要求。

在设置控制线路的联锁时，首先必须满足线路的控制要求，在此前提下应尽量减少联锁数目，因为多设一个联锁就增加了线路发生故障的可能性，同时也增加了分析处理故障的难度。另外，对于需要在列车有故障时维持运行的车辆，同样要在控制线路中做相应考虑。对于可能由于误操作造成事故的现象，也应在线路中予以避免或设法补救。因此在设置控制线路的联锁时应统筹考虑，权衡处理。

常用联锁方法有两大类，即机械联锁与电气联锁。

1. 机械联锁

为避免因驾驶员的误操作造成人身及设备不安全，需设置一些机械联锁。目前采用的机械联锁主要有：

(1) 驾驶控制器换向手柄与调速手柄间的机械联锁。

(2) 驾驶台上按键开关与电钥匙的机械联锁。

(3) 换向手柄及电钥匙与钥匙的机械联锁。

2. 电气联锁

电气联锁方法种类较多，下面仅介绍几种常用的联锁方法。

1) 串联联锁

在某电器的工作线圈前串联若干其他电器的联锁，称为串联联锁。如图1-2-8所示，在继电器K的线圈电路中串有a、b、c三个电器的联锁，其中a、b为常开联锁，c为常闭联锁。该电路要求在 a、b 所在两电器处于吸合状态而 c 所在电器处于释放状态时继电器 K 才能吸合，而 a、b、c 所在三个电器中任意一个不符合上述工作状态时，继电器 K 即失电释放。

串联联锁是多个条件使一个电器通电，而其中任一条件消失即使电器线圈失电。在电路中凡要求满足多个条件才能接通电路的环节一般采用串联联锁电路。但串联联锁越多，可靠性越低，故应尽量减少串联联锁的数量。

2）并联联锁

在某个电器工作线圈前并联若干其他电器的联锁，称为并联联锁。如图 1-2-9 所示，在继电器 K 的线圈前并有 a、b、c 三个电器的联锁，其中 a、b 为常开联锁，c 为常闭联锁。该电路要求在 a、b 所在两电器处于释放状态而 c 电器处于吸合状态时继电器 K 的线圈不通电处于释放状态，而 a、b、c 所在三个电器中任意一个不符合上述工作状态时，继电器 K 即得电吸合。

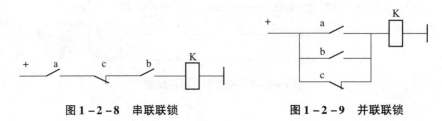

图 1-2-8 串联联锁　　　　图 1-2-9 并联联锁

并联联锁是多个条件中的任一条件成立则该电器线圈得电，只有全部条件消失该电器线圈才失电。这种联锁方法对电器的动作顺序没有固定要求，电路中常用这种联锁作为双重供电线路，以保证重要电路供电的可靠性。

3）自持联锁

在某电器工作线圈前的电路中并联有该电器本身的常开联锁，称为自持联锁。如图 1-2-10 所示，在继电器 K 的线圈电路中并联有 a、k 两个联锁，当 a 所在电器处于吸合状态时其常开联锁闭合，继电器 K 的线圈得电，该继电器吸合，其本身的常开联锁也闭合。此后，即使 a 所在电器释放，继电器 K 的线圈也仍可由自身的常开联锁供电保持吸合状态；只有在其常开联锁以外的电路断开时，继电器 K 的线圈才会失电。这种电路的特点是：电器吸合时需要一定的条件，在电器吸合后这种条件可能消失，但电器此时仍能保持吸合状态，只有在电路的其他部分断开时，才能使该电器释放。

自持联锁常用于电器工作的条件可能构成后又消失，但又需要在构成条件消失后必须保持该电器持续工作的场合。

4）延时联锁

延时联锁是指某电器的线圈得失电与其联锁动作不同步。其实现方法有多种，如采用在电器铁芯上加短路铜套，或在继电器本身某些联锁上加装钟表机构，二者的不同之处在于前者的所有联锁都具有延时性，后者仅加有钟表机构的联锁有延时而其他联锁不具有延时。在要求有短暂延时时，也可以在要求滞后动作的电器线路中多串一个要求先动作电器的常开联锁实现，或者在电器的工作线圈旁并联一电容，在线圈断电后，电容通过电器线圈放电，使线圈延时失电，电器延时释放。延时联锁有 4 种，表示方法如图 1-2-11 所示。

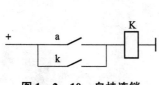
图1-2-10 自持连锁

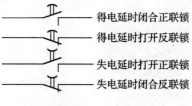
图1-2-11 延时连锁

模块 2

城市轨道交通车辆牵引系统主要设备构造与检修

学习目标

(1) 掌握城市轨道交通车辆牵引系统主要设备的作用与结构。
(2) 了解城市轨道交通车辆牵引系统主要设备的工作原理。
(3) 掌握城市轨道交通车辆牵引系统主要设备的检修要求。
(4) 会拆卸、安装城市轨道交通车辆牵引系统的主要设备。
(5) 会对城市轨道交通车辆牵引系统的主要设备进行日常维护。
(6) 会分解城市轨道交通车辆牵引系统主要设备的关键部件。

本模块导读

城市轨道交通车辆牵引系统的主要作用是完成列车的牵引、制动和控制,主要设备包括受流器、高速断路器、制动电阻器、牵引逆变器、牵引控制单元等。

城市轨道交通车辆在牵引状态时,由受流器从接触网上接收直流1 500 V电压,经过高速断路器、滤波器、牵引逆变器等设备进行电量变换后,驱动并联的4台三相交流牵引电动机工作,从而带动列车前进。

制动时,牵引电动机快速旋转产生的交流电,经过牵引逆变器变换为直流电,向接触网供电或消耗在制动电阻上,达到制动的目的。

任务2.1 受流器的构造与检修

2.1.1 受流器简介

受流器是车辆将外部电源平稳地引入车辆电源系统,为车辆的牵引设备和辅助设备提供电能的重要电器设备。根据线路供电方式的不同,受流器分为集电靴和受电弓两种形式。集电靴装置应用于第三轨方式供电的线路,而受电弓装置主要应用于以接触网方式供电的线路。由于接触网方式可以实现长距离供电,受线路变化影响较小,并且能适应列车高速行驶的需要,所以较多的地铁线路采用受电弓装置。受电弓一般分为两种:正弓受电弓和旁弓受电弓。正弓受电弓从上方取流,旁弓受电弓从侧面取流。正弓受电弓又分为两类:单臂弓和双臂弓。它们的主要区别是活动构架的形式不同。

城市轨道交通车辆多数使用的是单臂受电弓,它一般安装于车辆的B车车顶,有两种

状态，即升弓和降弓。车辆要正常运行时升起，与接触网接触取流，处于升弓状态。车辆要停运或维修时下降，脱离接触网，处于降弓状态。

2.1.2 受电弓的结构

城市轨道交通车辆使用的单臂受电弓外形，如图2-1-1所示。

受电弓主要由集电头、活动构架、带气动装置的底架和导流电缆等组成，如图2-1-2所示。

图2-1-1 单臂受电弓的降弓状态

图2-1-2 单臂受电弓的升弓状态

1—升弓气缸；2—上部导杆；3—集电头；4—上臂杆；5—支撑架；6—下臂杆；7—升弓弹簧；8—底架

集电头是受电弓与接触网线索接触的部件，通过与接触网的接触取得电能。列车运行时能自动调整与接触线索的位置，保持与接触网的稳定接触。

活动构架是钢管制成的铰接多边形，其作用是使受电弓保持在工作高度上，让滑板与接触线索保持一定的压力，不脱弓，不刮弓。它由上部导杆、上臂杆、支撑架、下部导杆、下臂杆和高度止挡组成。

底架由钢管和钢板焊接而成。底架上焊有支撑底座，连接下臂杆和下部导杆，此外还安装有升弓气缸、活塞杆、升弓弹簧（主拉伸弹簧）、手动锁钩等部件。升弓气缸内有降弓弹簧（反向弹簧）和活塞。

底架通过4个绝缘子固定在车顶上，绝缘子起电气隔离和机械支撑作用。

导流电缆安装在受电弓所有的铰接处。在受电状态下，电流会流经整个受电弓框架，导流电缆是为了防止电流流入轴承、损坏轴承而设的。

2.1.3 受电弓的工作过程

升弓时，当压缩空气经缓冲阀进入升弓气缸后，气缸内活塞移动带动活塞杆缩回，降弓弹簧受压。同时活塞杆拉动下臂杆下端，下臂杆上端向上升起，处于压缩状态的升弓弹簧释放压力，进一步推动下臂杆向上转动，带动活动构架升起。降弓时，升弓气缸内的压缩空气经缓冲阀排出，降弓弹簧释放压力，活塞带动活塞杆移动，推动下臂杆向下转动而使活动构架落下。升弓和降弓的速度通过气缸外的升弓和降弓节流阀调节。

2.1.4 技术参数（表2-1-1）

表2-1-1 受电弓的技术参数

项目	参数
网线额定电压	1 500 V（DC）
网线最大电压	1 000 V（DC）
连续集电容量	800 A（DC）
适用车辆速度	≤110 km/h
最低工作高度（不含绝缘子）	400 mm
最大升弓高度（不含绝缘子）	2 400 mm ± 50 mm
最大工作高度（不含绝缘子）	2 100 mm
折叠高度（不含绝缘子）	250~290 mm
升弓时间	≤8 s
降弓时间	≤7 s
额定工作气压	0.45 MPa
受电弓总长度	2 090 mm
受电弓总宽度	(1 700 ± 10) mm
受电弓质量	总质量≈170 kg（包括气源箱）

2.1.5 检修方法与步骤

1. 受电弓的检修

注意：下面所有的操作只允许在受电弓接地和无电状态下进行。

1）检修滑板

（1）检查滑板有无磨损和裂纹。有裂纹或局部磨损，剩余厚度为2~3 mm的滑板要及时更换。

（2）在安装新滑板时滑板和弓角必须符合要求。

（3）安装时要用预先装配好和调整过的集电头。

（4）检查所有集电头部件是否损坏，受电弓的集电头如图2-1-3所示。

图2-1-3 受电弓的集电头
1—导流电缆；2—弓角；
3—弹簧盒；4—滑板

(5) 检查弹簧盒是否弹性良好。

2) 检查导流电缆

(1) 在所有铰接点都有导流电缆，导流电缆必须始终处于良好状态。要确保连接螺栓的紧固。

(2) 导流电缆一般由多股铜导线编织而成，在检修中应检查连接线是否有断股现象。对于断股的导流电缆应予以更换。对于导流电缆的接线端子，需清洁并打磨接触表面。在安装导流电缆时，在接线端及框架上的安装区域涂抹含铜油脂，以保证接触面的导电性能。

(3) 在大修作业中，应更换所有的导流电缆，在更换导流电缆时，要确保清洁，金属抛光接触面必须涂铜接触油脂。

3) 检查升弓气缸

注意：缸内的降弓弹簧有很大的预拉伸力，在任何情况下都不允许打开升弓气缸。

(1) 检查升弓气缸的活塞、活塞杆有无卡滞。

(2) 检查节流阀和气路连接部分的气密性，更换损坏的部件。

4) 所有铰接点加油

对受电弓上所有的铰接点，用高压油枪加不含二硫化钼的润滑油。

5) 检查接触压力

季节性温度变化较大的情况下，必须检查和调整滑板相对于接触网的接触压力和弹簧拉伸力。

6) 检查所有螺栓和螺母

必须检查所有螺栓和螺母是否紧固。

2. 受电弓的拆卸与安装

注意：在对受电弓进行操作时应注意以下两点：

(1) 所有的操作只允许在受电弓接地和无电状态下进行，否则有致命伤害。

(2) 绝不允许打开升弓气缸。缸内的降弓弹簧有很大的预拉伸力，会突然释放，有致命伤害。

1) 拆卸

(1) 落弓并用手动锁钩将其固定在低位。

(2) 从电气接头上拆下电缆并拆下避雷器阴极。

(3) 拆下气路连接。

(4) 用起重装置的辅助机构固定受电弓以防止落下。

(5) 松掉固定底架的 4 个 M20×50 六角螺栓。

(6) 从车顶吊下受电弓，车辆顶部的受电弓如图 2-1-4 所示。

图 2-1-4 车辆顶部的受电弓

2）调试

（1）车顶受电弓固定螺栓的紧固。车顶受电弓的固定螺栓把受电弓固定在 B 车的车顶，在任何情况下都要保证受电弓的稳固，不能随着车辆的振动而松动，这样才能把受电弓的接触压力限制在所要求的范围内。

（2）受电弓的接触压力测试。受电弓的受电性能在很大程度上取决于接触压力，若压力太小，则接触电阻增大且易跳动，导致接触不良产生电弧；压力太大则摩擦加大，增加滑板和导线磨损。因此要求受电弓的机械结构能保证滑板在工作高度范围内具有相同的接触压力。测试步骤如下：

①将受电弓升至最大工作高度。
②在弓头横向管上放上测力计。
③慢慢地拉动测力计，使受电弓降弓。
④再升弓。
⑤读出这个过程的接触压力，若接触压力在（120±15）N 范围内，无须调节；否则必须转动连接片调节螺钉调节接触压力在正确的范围内。

（3）集电头的调节。集电头主要由滑板（碳条）和支座、转轴、集电头横管、弹簧盒组成。滑板通过螺栓固定在支座上，滑板两端向下弯曲的部分称为弓角，可以防止在接触网线分岔处线索进入滑板下方造成刮弓事故。集电头横管向下固定在活动构架上臂杆的上端，向上通过转轴固定在滑板上。转轴与弹簧盒相连，可以调节集电头的垂向自由度。通过调整集电头下两端弹簧盒的弹性可调节集电头的可动性，使滑板弹性均匀且上部边缘平行。

（4）气动升弓和落弓时间的调整。

①连接气路。
②调节安全阀，使气压达到 450 kPa。
③调节升弓节流阀，使升弓时间达到 7~8 s（在触网位置较低的情况下升弓时间相应减少）。
④调节降弓节流阀，使落弓时间达到 7~8 s。

3）安装

（1）吊起受电弓到车顶。
（2）安装底架上 4 个六角螺栓和弹簧垫圈。
（3）连接气路接头。
（4）连接电缆到电气接头。
（5）打开手动锁钩。

注意：当连接电气接头时，用防氧化接触清洁剂清洗金属抛光接触面，并注意端部螺栓的坚固安装。

3. 分解

在受电弓的日常维修中，需要把其分解到一定程度再进行修理和零部件的更换。

1）日常分解工作

（1）升弓。
（2）卸下底架上的两个升弓弹簧。注意不能打开弹簧压力制动缸，以免缸内高预伸弹簧突然释放伤人。

(3) 拆卸活动构架的导流电缆。

(4) 先把上臂导杆从集电头一端拆下,再拆下铰接处一端。

(5) 拆集电头上的导流电缆。

(6) 拧下固定集电头的连接螺栓。

(7) 取下集电头。

2) 更换滑块

滑块的更换必须两个为一组进行更换。

(1) 拆卸导流电缆。

(2) 拆卸滑块与弓角连接螺栓。拿下滑板,测量其厚度,有裂纹或局部磨损剩余厚度为 2~3 mm 的滑块要及时更换。

(3) 将更换好的滑块放在集电头的相应位置上。

(4) 安装滑块固定螺栓。

(5) 安装导流电缆。

(6) 调整螺栓的松紧度,使其紧固力矩平衡并达到要求。

3) 清洗

受电弓分解完毕后,应清洁所有部件。在清洁时要选择中性清洁剂,小心操作,避免部件损坏。

任务 2.2 高速断路器和灭弧装置的构造与检修

2.2.1 高速断路器的作用及其特性

1. 高速断路器的作用

高速断路器(High Speed Circuit Breaker, HSCB)作为列车主电路断路器(Line Circuit Breaker, LCB),用于主电路的供电与保护。当列车起动,升起受电弓,闭合高速断路器后,向主电路供给高压主电流;当主电路发生短路、过载、接地等故障时,高速断路器可快速断开主电路的高压供电电流,从而实现对主电路的保护。

2. 高速断路器的特性

Sécheron SA 公司的 UR6 – 31/32 型高速断路器是单极 DC 断路器,具有双向电磁控制,并且可以自然冷却,由于性能优良,国内多种车型使用了该型断路器。

1) 额定工作电压

UR6 – 31 的主电路额定电压为 1 000 V,适用于网压为 750 V 的车辆;UR6 – 32 额定电压为 2 000 V,适用于网压为 1 500 V 的车辆。

SZP1 列车使用的是 UR6 – 32 型高速断路器,使用工作电压为 110 V 的工作线圈,断路器总重 37 kg。

2) 额定工作电流

UR6 – 31/32 型高速断路器主电路设计用于 1 000 A 以内的额定电流。

断路器允许短时间过载,允许的瞬时过载电流值见表 2 – 2 – 1。

表 2-2-1 UR6 型高速断路器允许的瞬时过载电流值

序号	过载时间	过载电流/A
1	5 min	1 400
2	2 min	1 500
3	1 min	1 600
4	20 s	2 000

2.2.2 高速断路器的结构与原理

UR6-31/32 型高速断路器结构如图 2-2-1 所示。UR6-31/32 型高速断路器由主电路（6.100）、跳闸装置（6.200）、闭合装置（6.300）、辅助触点（6.400）和灭弧罩（6.600）5 个组件构成，每个组件由若干部件组成。

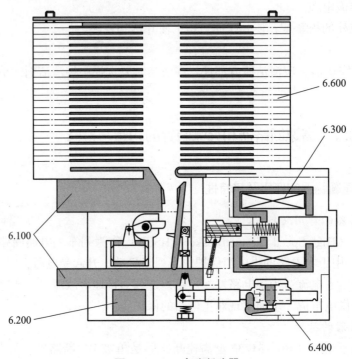

图 2-2-1 高速断路器

1. 主电路（6.100）

如图 2-2-2 所示，主电路（6.100）装配在坚硬的聚酯玻璃纤维绝缘框架（6.101）上，由下部连接（6.104）、动触头（6.102）、上部连接（6.103）和静触头组成。

闭合装置（6.300）通过叉（6.307）控制主电路的关闭。静触头和动触头的接触面，即上部连接（6.103）和动触头（6.102）为银合金制造。

动触头（6.102）枢轴和下部连接（6.104）之间的静触头构成动触头与下部连接之间的机械和电气连接，导块（6.110）上轴承（6.105）的弹簧（6.113）对动触头保持持久压力。

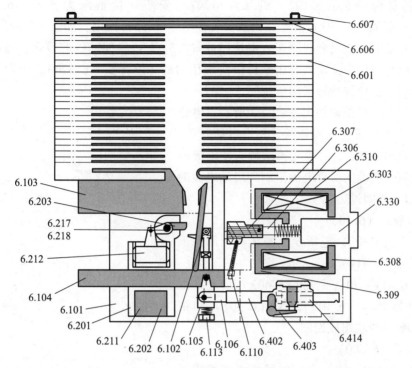

图 2-2-2 高速断路器的结构

当给断路器发出"关断"命令,或者过载电流导致断路器断路之后,轴承(6.105)的弹簧(6.113)保证动触头快速返回。

2. 跳闸装置(6.200)

跳闸装置(6.200)呈环状结构,安装在下部连接(6.104)周围。安装在箱(6.201)中的层压磁板(6.211)与动磁铁(6.212)形成磁路系统,它们与一个由两个弹簧(6.217和6.218)支撑的控制杆(6.203)一起构成跳闸装置。弹簧(6.217和6.218)可调整跳闸装置的跳闸电流值。

当过载(短路或过载)发生时,主电路形成的线圈在层压磁板(6.211)中产生的磁场使动磁铁(6.212)被上拉,松开控制杆(6.203),向下压叉,从而压迫动触头(6.102)松开。

一旦过载电流产生断路,辅助触头发出"分闸"指令,使叉(6.307)返回。箱的上部由盖(6.202)密封。动磁铁动作时,启动拉伸弹簧的控制杆(6.203),使主电路分闸。

跳闸装置上有一个旋钮,可用于调节过载响应值,通过刻度板上的刻度指示断路器的响应值。过载响应值可在 450~900 A,600~1 200 A,900~1 800 A,1 200~2 400 A 或 1 500~3 200 A 之间调整。

3. 闭合装置(6.300)

闭合装置(6.300)控制主电路(6.100)的闭合,闭合时,通过叉(6.307)把动触头(6.102)压向上部连接的静触头。

闭合装置(6.300)由一个含有闭合线圈(6.303)的磁路系统构成。磁路系统还包含由缸(6.310)、前板(6.308)、后板(6.309 或 6.349)构成的固定部分,带衬套的动铁芯

(6.330)。启动动触头(6.102)的叉(6.307)安装在接触压力弹簧(6.320)和杆(6.306)上。线圈(6.303)和磁路组成安装在箱体(6.301)内,加盖(6.302)密封。

闭合断路器时,给闭合线圈送入电流脉冲(0.5~1 s),使动铁芯吸合,通过叉驱动动触头闭合。闭合过程中,动铁芯压缩提供接触压力的压缩弹簧(6.320)。当发生过载或接到分闸指令时,回位弹簧把叉向后拉回。

闭合线圈的接线原理如图2-2-3所示。电路中,线圈两端子可任意方向连接,S为自动开关,当闭合指令发出0.5 s后,通过辅助触头使限流电流接入,将流过线圈的保持电流限制到启动电流的5%,从而避免线圈过热。

4. 辅助触点(6.400)

辅助触点(6.400)包括6个安装在辅助箱上的双触点开关(6.414)。

开关(6.414)由控制杆(6.403)启动,由动触头通过枢轴承(6.105)、叉(6.307)和销(6.402)构成的导块组成控制。

5. 灭弧罩(6.600)

灭弧罩(6.600)由一套抗电弧绝缘板组成的去离子器(6.602)、金属导流片(6.603)和上部导流片(6.604)构成,如图2-2-4所示。抗电弧绝缘板由顶板(6.606)封住并用螺杆(6.607)安装在灭弧罩板(6.601)上。

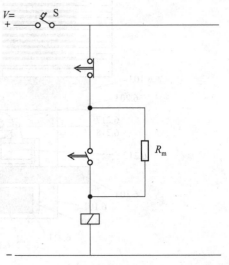

图2-2-3 高速断路器闭合线圈接线图

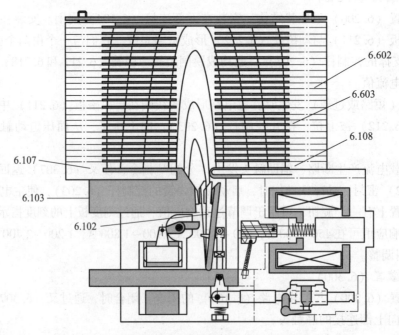

图2-2-4 高速断路器灭弧系统

灭弧系统的灭弧原理如图2-2-4所示。当主电路（6.100）断开时，静触头（上部连接6.103）和动触头（6.102）之间产生的电弧在电动力的作用下，系统迅速推入灭弧罩（6.600）。

当动触头（6.102）移位时，电弧从触头断开处反射到右连接（6.108）上，使右连接与左连接（6.107）之间通过电弧形成桥路。当电弧进入灭弧罩（6.600）时，电弧分散进入导流片（6.603），受到冷却而逐渐消失。去离子器（6.602）间的气体从灭弧罩（6.600）的四周散开。

2.2.3　高速断路器小型检查

根据使用时间与磨损程度，UR6断路器的检查与维修包括小型检查、主要检查、易损件更换、随机更换零件。检查与维修项目包括触头磨损检查，灭弧罩检查，左、右连接6.107和6.108检查等。

1. 触头磨损检查

触头磨损检查属小型检查，每10 000个循环或每隔18个月进行1次。

检查方法：使断路器处于闭合状态，按图2-2-5所示用磨损量规（又称深度尺）W6通过盖（6.302）插向螺丝（6.329），若深度尺标记（台阶处）外突，说明触头磨损未到限，处于正常状态。

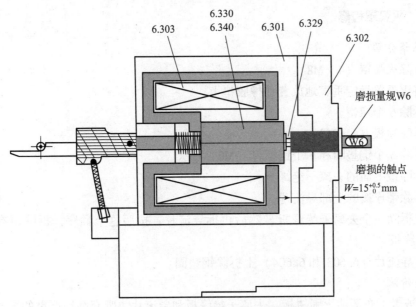

图2-2-5　高速断路器触头磨损检查

若深度尺标记与盖（6.302）前部齐平时，即$W=15^{+0.5}_{0}$ mm时，说明触头磨损已经到限，必须更换下列触头和连接：动触头（6.102）；上部连接（6.103）；左连接（6.107）；右连接（6.108）（图2-2-4）。

当检查发现触点磨损到限时，也必须进行灭弧罩检查。

2. 灭弧罩检查

灭弧罩检查每隔18个月进行1次，在更换触头时，也必须进行灭弧罩检查。

专用量规：壁厚 0.5~1 mm，大小为 80 mm×200 mm 的钢制塞尺。

操作：从灭弧罩板（6.601）上的两个去离子器（6.602）之间开始，量规插入每个导流片（6.603）之间约 100 mm。

磨损标准：

(1) 量规在前 2 个导流片（6.603）之间不符时，拆下灭弧罩，检查左连接（6.107）。

(2) 量规在灭弧罩前 5 个导流片之间不符时，拆卸灭弧罩，更换导流片。

3. 左、右连接 6.107 和 6.108 检查

检查步骤：

(1) 拆除框架（6.101）上边底部灭弧罩的 4 个锁紧螺母（M8）。

(2) 把灭弧罩倒置在工作台上。

(3) 刷净灭弧罩板（6.601）和导流片间的条带。

(4) 刷净连接（6.107 及 6.108）周围的框架（6.101）。

(5) 检查左连接（6.107）与连接（6.103）的紧固安装，当螺丝部分烧损磨耗到原来（20 mm×3 mm）的一半时，更换连接（6.107）和螺丝。

(6) 检查右连接（6.108），当连接区域是原来（20 mm×3 mm）的一半时，需更换右连接。

(7) 使用 15 N·m 的转矩扳手，拧紧 4 个螺丝，将灭弧罩固定在断路器上。

2.2.4 灭弧罩检修

1. 灭弧罩分解

(1) 拆除灭弧罩（4×M8）。

(2) 将灭弧罩稳定垂直地放置在橡胶垫上。

(3) 拆除 6 个螺帽。

(4) 拆除顶板（6.606）。

(5) 拆除 6 个钢垫圈和 6 个钢螺母（M6）。

(6) 拆除最上面的去离子绝缘板。

(7) 拆除带连接的上部导流片。

(8) 先拆除一个去离子绝缘板，然后再拆导流片，按照这个顺序，拆除所有的导流片与去离子绝缘板。

(9) 从导流片（6.603 和 6.604）上拆除钢垫圈。

2. 检查清洁

用刷子或者干布清洁灭弧罩板、去离子绝缘板和导流片，废弃磨损严重的导流片。去离子绝缘板和灭弧罩板不应有碳化现象。金属导流片不应有穿孔，厚度超过 0.5 mm 的沉积物，过度磨损，并且去离子器之间"消失"等现象。

3. 安装

(1) 先在灭弧罩板（6.601）上安装 2 个新的导流片。

(2) 将 1 个去离子绝缘板装入螺杆中。

(3) 重复上述操作，安装好所有的导流片与去离子绝缘板。

(4) 将连接（6.605）安装到上部导流片（6.604）上面。

(5) 使用 2.2 N·m 力矩拧紧全部 6 个螺母和垫圈。
(6) 安装顶板。
(7) 使用 1.5 N·m 力矩拧紧 6 个螺帽。

任务 2.3 调频调压牵引逆变器 VVVF 的构造与检修

2.3.1 电压型三相逆变器原理

1. 无源逆变的基本原理

基本的单相桥式无源逆变电路工作原理如图 2-3-1（a）所示。图中 U_d 为电流电源电压，R 为逆变电路的输出负载，$S_1 \sim S_4$ 为 4 个高速开关。该电路有两种工作状态：

(1) S_1、S_4 闭合，S_2、S_3 断开，加在负载 R 上的电压为左正右负，输出电压 $u_o = U_d$。
(2) S_2、S_3 闭合，S_1、S_4 断开，加在负载 R 上的电压为左负右正，输出电压 $u_o = -U_d$。

当以频率 f 交替切换 S_1、S_4 和 S_2、S_3 时，负载将获得交变电压，其波形如图 2-3-1（b）所示。这样，以周期 $T = 1/f$ 切换，就将直流电压 U_d 变换成交流电压 u_o。

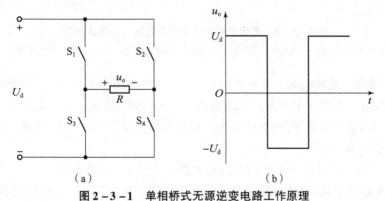

图 2-3-1 单相桥式无源逆变电路工作原理
(a) 电路原理图；(b) 电压波形图

2. 单相全桥逆变电路

用全控型器件（如 IGBT）取代图 2-3-1（a）中的开关后，就得到如图 2-3-2（a）所示单相全桥逆变电路，它是由两对桥臂组合而成。VT_1 和 VT_4 构成一对导电臂，VT_2 和 VT_3 构成另一对导电臂，两对导电臂交替导通 180°，其输出电压如图 2-3-2（b）所示，负载电流波形如图 2-3-2（c）、图 2-3-2（d）所示。下面分析单相全桥逆变电路在感性负载时的工作过程。

(1) $t = 0$ 时刻以前，VT_2、VT_3 导通，VT_1、VT_4 关断，电源电压反向加在负载上，$u_o = -U_d$。

(2) 在 $t = 0$ 时刻，负载电流上升到负的最大值，此时关断 VT_2、VT_3，同时驱动 VT_1、VT_4，由于感性负载电流不能立即改变方向，负载电流经 VD_1、VD_4 续流，此时，由于 VD_1、VD_4 导通，VT_1、VT_4 受反压而不能开通，负载电压 $u_o = +U_d$。

(3) 到 t_1 时刻，负载电流下降到 0，VD_1、VD_4 自然关断，VT_1、VT_4 在正向电压作用下开始导通，负载电流正向增大，负载电压 $u_o = +U_d$。

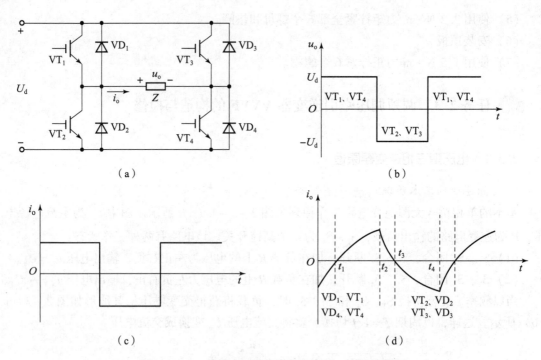

图 2-3-2 单相全桥逆变电路及电压、电流波形图
(a) 电路；(b) 负载电压波形图；(c) 电阻负载电流波形；(d) 感性负载电流波形

(4) 到 t_2 时刻，负载电流上升到正的最大值，此时关断 VT_1、VT_4，并驱动 VT_2、VT_3，同样，由于负载电流不能立即换向，负载电流经 VD_2、VD_3 续流，负载电压 $u_o = -U_d$。

(5) t_3 时刻，负载电流下降到 0，VD_2、VD_3 自然关断，VT_2、VT_3 开通，负载电流反向增大，负载电压 $u_o = -U_d$。

(6) 到 t_4 时刻，负载电流上升到负的最大值，完成一个工作同期。

可见，对于感性负载，$VD_1 \sim VD_4$ 起提供负载电流续流通道和反馈无功能量的作用。

由图 2-3-2 (b) 可知，单相全桥逆变电路的输出电压为方波，定量分析时，将 u_o 展开成傅氏级数，得

$$u_o = \frac{4U_d}{\pi}\left(\sin(\omega t) + \frac{1}{3}\sin(3\omega t) + \frac{1}{5}\sin(5\omega t) + \cdots\right)$$

其中基波分量的幅值 U_{o1m} 和有效值 U_{o1} 分别为

$$U_{o1m} = \frac{4U_d}{\pi} = 1.27U_d$$

$$U_{o1} = \frac{2\sqrt{2}U_d}{\pi} = 0.9U_d$$

3. 电压型三相桥式逆变器

电压型三相桥式逆变电路如图 2-3-3 所示。电路由 3 个半桥组成，开关管采用全控型器件，如 GTO、IGBT、GTR 等，$VD_1 \sim VD_6$ 为续流二极管。这是最基本的逆变电路，通常中、大功率的应用均要求采用三相逆变电路，当对波形有较高要求时，则采用此基本线路进行多重叠加或采用 PWM 控制方法，以抑制高次谐波。

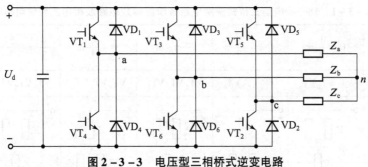

图 2-3-3 电压型三相桥式逆变电路

根据各开关管导通时间的长短,该电路可分 180°导电型和 120°导电型,其中常用的为 180°导电型。下面就 180°导电型进行分析。

在 180°导电型中,每个开关管的驱动信号持续 180°,同一相上下两个开关管交替导通,在任何时刻都有 3 个开关管导通。在一个周期内,6 个管子触发导通的次序为 $VT_1 \sim VT_6$,依次相隔 60°,导通的组合顺序为 $VT_1VT_2VT_3$、$VT_2VT_3VT_4$、$VT_3VT_4VT_5$、$VT_4VT_5VT_6$、$VT_5VT_6VT_1$、$VT_6VT_1VT_2$,每种组合工作 60°电角度。

180°导电型三桥式逆变电路的工作波形如图 2-3-4 所示。为分析方便,将一个工作周期分为 6 个区间,每区间占 60°。每隔 60°的各阶段等值电路图形及相电压、线电压的数值见表 2-3-1(表中负载为三相星形对称负载)。

$$Z_a = Z_b = Z_c$$

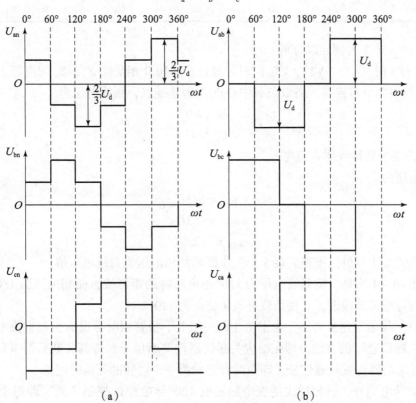

图 2-3-4 180°导电型三桥式逆变电路的工作波形
(a)相电压波形;(b)线电压波形

表 2-3-1 180°导电型三桥式逆变电路各阶段等效电路及相电压和线电压的值

ωt		$0 \sim \frac{1}{3}\pi$	$\frac{1}{3}\pi \sim \frac{2}{3}\pi$	$\frac{2}{3}\pi \sim \pi$	$\pi \sim \frac{4}{3}\pi$	$\frac{4}{3}\pi \sim \frac{5}{3}\pi$	$\frac{5}{5}\pi \sim 2\pi$
导通开关管		$VT_1 VT_2 VT_3$	$VT_2 VT_3 VT_4$	$VT_3 VT_4 VT_5$	$VT_4 VT_5 VT_6$	$VT_5 VT_6 VT_1$	$VT_6 VT_1 VT_2$
负载等效电路							
相电压	u_{AN}	$\frac{1}{3}U_d$	$-\frac{1}{3}U_d$	$-\frac{2}{3}U_d$	$-\frac{1}{3}U_d$	$\frac{1}{3}U_d$	$\frac{2}{3}U_d$
	u_{BN}	$\frac{1}{3}U_d$	$\frac{2}{3}U_d$	$\frac{1}{3}U_d$	$-\frac{1}{3}U_d$	$-\frac{2}{3}U_d$	$-\frac{1}{3}U_d$
	u_{CN}	$-\frac{2}{3}U_d$	$-\frac{1}{3}U_d$	$\frac{1}{3}U_d$	$\frac{2}{3}U_d$	$\frac{1}{3}U_d$	$-\frac{1}{3}U_d$
线电压	u_{AB}	0	$-U_d$	$-U_d$	0	U_d	U_d
	u_{BC}	U_d	U_d	0	$-U_d$	$-U_d$	0
	u_{CA}	$-U_d$	0	U_d	U_d	0	$-U_d$

下面以 0~π/3 为例加以分析。

在 0~π/3 时，VT_1、VT_2、VT_3 同时导通，A 相和 B 相负载 Z_a、Z_b 与电源正极连接，C 相负载 Z_c 与电源负极连接。若取负载中心点 N 为基准点，则线电压为

$$u_{AB} = 0$$
$$u_{BC} = U_d$$

式中，U_d 为逆变器输入侧直流电压。

输出电压为

$$u_{AB} = 1/3 U_d$$
$$u_{BN} = 1/3 U_d$$
$$u_{CN} = -2/3 U_d$$

用同样的方法，可以推得其余 5 个工作区间的相电压值与线电压值。

由图 2-3-4 可见，负载线电压为 120°正负对称的矩形波，而相电压为 180°正负对称的阶梯波，与正弦波接近，三相负载电压相位差为 120°。

对于 180°导电型逆变电路，为了防止同一相上下桥臂同时导通而引起直流电源的短路，要采取"先断后通"的方法。即先给应关断的器件关断信号，待其关断后留一定时间裕量，然后给应导通的器件发开通信号，即在两者之间留一个短暂的死区时间。

除 180°导电型外，三相桥式逆变电路还有 120°导电型的控制方式。即每个桥臂 120°，同一相上下臂的导通有 60°间隔，各相依次相差 120°。与 180°导电型相反，120°导电型的相电压为矩形波，而线电压为阶梯波。采用 120°导通方式时，由于同一桥臂上下两管有 60°的

导通间隙，对换流安全有利，但管子的利用率较低，且若电动机采用星形接法，则始终有一相绕组断开，在换流时该相绕组中会引起较高的感应电势，需要采用过电压保护措施。

改变逆变桥开关管的触发频率或者触发顺序，则能改变输出电压的频率及相序，从而可实现电动机的变频调速与正反转。

2.3.2 牵引逆变器模块介绍

1. A10、A20、A30 相模块

相模块由 GTO 晶闸管及其缓冲电路、门极电路组成，相模块的主要功能是将中间电路输出的直流电压转换为三相交流电压，如图 2-3-5 所示。

图 2-3-5 牵引逆变器相模块

2. A40 制动控制模块

制动控制模块由 GTO 晶闸管及其缓冲电路、门极电路组成。制动模块的主要功能是在车辆进行电制动时，将电动机产生的制动能量以热能形式消耗在制动电阻上。

3. A50 保护模块

保护模块的主要功能是保护逆变电路承受中间电路产生的过电压冲击。当中间电路电压超过限定值时，保护模块中的晶闸管将会被触发，通过制动电阻进行放电。

4. A100 牵引控制单元

牵引控制单元（TCU）的主要功能是控制主逆变器工作。

5. A130 门极电源单元

门极电源单元的主要功能是为 GTO 门极电路提供电源。

6. A200 电阻单元

电阻单元由放电电阻和缓冲组成。放电电阻主要用于中间电路电容的放电。在主电路与接触网断开，或者预充电接触器和线路接触器断开时，储存在电容中的能量可以通过放电电阻释放。电容两端的电压可以在 1 min 内下降到 50 V 以下。

7. C100、C200 直流中间电路电容

电容在直流中间电路中是一个能量储存元件，可以最大限度地吸收中间电路中的交流分量。电容还和线路电感一起组成线路滤波器。

8. E100 设备风扇

设备风扇主要为牵引逆变器提供冷却空气。在整个牵引逆变器工作时，相模块、制动模块、中间电路电容、线路电感及电阻单元需要冷却空气来降低元件温度。

9. PT100 电阻

PT100 电阻主要用来测量牵引逆变器内主要部件的温度。

10. K100 线路接触器

线路接触器安装在主电路输入端，通过控制线路接触器工作，可以控制主电路与电源的连接和隔离。

11. K110 预充电接触器

在牵引逆变器启动时，电源通过预充电接触器为线路电容充电。

12. L100 线路电感

线路电感和线路电容组成线路滤波器。在故障发生时，特别是有短路电流形成时，可以抑制电流的上升。

13. R100、R110 预充电电阻

预充电电阻与预充电接触器相连，可以限制充电电流及防止输入电压过高。

14. R140 接地电阻

接地电阻接在牵引箱与车辆之间，将牵引箱接地与车辆地隔离。

15. R150 终端电阻

终端电阻可作为保护单元的缓冲电阻。

16. T100、T110 电机电压互感器

电机电压互感器用于检测电机相电压。

17. U100 线路电流互感器

线路电流互感器用于检测线路电流。

18. U110 接地电路电流互感器

19. U120 – U140 电机电流互感器

电机电流互感器用于检测电机三相电流。

20. U150 线路电压互感器

线路电压互感器用于检测输入电压，并联在线路电容的两端。

21. U160 中间电路电压互感器

中间电路电压互感器用于检测中间电路的直流电压。

2.3.3 主要参数

调频调压牵引逆变器的主要参数见表2-3-2。

表2-3-2 调频调压牵引逆变器的主要参数

项目	参数
输入电压	DC 1 500 V +20% ~ 33%
输入电流	调查 550 A
最大输入功率	990 kW
输出电压	三相 0 ~ 1 150 V，可调
输出频率	0 ~ 128 Hz，可调
最大输出电流	580 A

续表

项目	参数
直流连接电路电压	1 500 V
线路电容	8 mF ± 10%
线路电感	5 mH
控制电压	DC 11 V + 25% ~ 30%，最大功耗 370 W
通风设备电压	三相 380 V/50 Hz ± 5%，功率 2.2 kW

2.3.4 牵引逆变器的检修方法与步骤

1. 牵引箱的拆卸与安装

1）拆卸

（1）打开牵引箱两侧和上底部的检修盖。
（2）从牵引箱背面拔出蓄电池电压的连接插头和控制电缆的连接插头。
（3）拆下牵引箱内所有供电电缆。
（4）拆卸设备风扇电缆。
（5）松掉牵引箱背面的 PG 密封板，把 PG 密封板的电缆固定在车上。
（6）拆下牵引箱所有的接地电缆。
（7）松掉 M12 六角螺栓，但不要完全拧下。
（8）把升降装置放在牵引箱下并升起，直到牵引箱坐落到升降装置上。
（9）从孔中拿出 M20 六角螺栓并升起牵引箱，使之不搁在支撑板上。
（10）松掉支撑板上的 M10 六角螺栓，并从托架上挪出支撑板。
（11）降低牵引箱。

2）安装

（1）用升降装置把牵引箱升到位。
（2）把支撑板放到托架上。
（3）预处理六角螺栓。
（4）用 M12 六角螺栓、垫圈和六角螺母固定支撑板并用 75 N·m 的扭力拧紧。
（5）放低牵引箱。
（6）插入六角螺栓、垫圈和六角螺母并用手拧紧。
（7）检查尺寸，如有必要则进行调整。
（8）用 360 N·m 扭力拧紧螺栓。
（9）把牵引箱的 4 个接地点与车辆接地点连接。
（10）把未屏蔽的供电电缆通过 PG 密封板固定在牵引箱内的接线排上。
（11）把屏蔽的电机电源电缆通过 AMCPG 密封板固定在牵引箱内的接线排上，注意电缆连接不能互换。
（12）连接制动电阻电缆。

(13) 连接辅助逆变器电缆。

(14) 连接设备风扇电源。

(15) 连接蓄电池和控制插头。

2. 相模块的拆卸与安装

1) 拆卸

(1) 打开牵引箱维修用箱盖。

(2) 松开相模块储能电容上的接线排。

(3) 拆下相模块上的接线排。

(4) 松开相模块上的3个电源电缆接线端2、3、4，如图2-3-6所示。

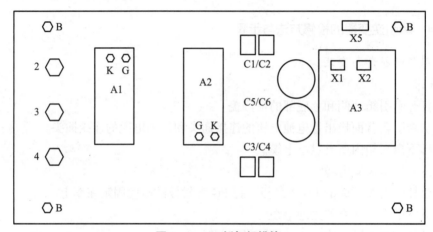

图2-3-6 拆卸相模块

(5) 拆下门极单元A3光纤电缆X2、电源接线和PT100接线端X5。

(6) 从门极单元A3上拆下PROM接线端。

(7) 将安装支撑单元上的4个螺栓旋入冷却导轨的暗螺纹孔B。

(8) 用4个螺钉固定在安装支撑单元上的4个螺纹螺柱上。

(9) 固定位于模块下方的升降装置，并移出到安装支撑上。

(10) 松开散热片导轨上的固定螺栓。

(11) 慢慢落下模块。

2) 安装

(1) 在安装相模块之前，必须放置支撑装置。

(2) 用升降设备将相模块放置在安装位置下。

(3) 慢慢抬升模块，小心地将散热片穿过安装位置上的开口处，确保没有电缆被夹在散热片导轨和安装位置的开口之间。

(4) 将模块的固定螺杆放入散热片导轨角上的固定螺母中，抬升模块至安装位置，并拧紧螺栓，确保密封正确完好地位于散热片导轨和牵引箱之间。

(5) 拆掉模块下面的支撑装置。

(6) 从4个带螺纹的螺柱上旋下安装支撑板，将4个螺钉放在附近。

(7) 旋下4个螺栓。

(8) 插上门极单元A3上的光纤电缆、电源接线端和PT100接线端X5。

(9) 将电源电缆拧到接线端 2 和 3 上。
(10) 拧上 N 接线排。
(11) 将储能电容上的接线柱拧到模块上。
(12) 盖上牵引箱维修用盖子。

3. 调频调压牵引逆变器的维护与检修

牵引逆变器安装在 B、C 车辆底部的牵引箱内，维护时要注意，在对牵引箱操作之前，应确保车辆和供电系统断开，且不会再接通。牵引箱要接地，内部设备要处于无电状态。

1) 双月检

(1) 检查、清洁进风口、排风口网罩。
(2) 目测检查设备风扇有无污物及机械损坏。
(3) 目测检查牵引箱有无污物及机械损坏。
(4) 检查牵引箱的接地连接有无松动，如有松动需要紧固。
(5) 检查牵引箱的接地点，如有腐蚀，进行清洁并涂油。
(6) 目测检查电源电缆有无机械损坏。
(7) 目测检查控制电线有无机械损坏。
(8) 目测检查控制线接头，确保它们连接正确并无机械损坏。
(9) 目测检查检修盖及密封是否紧固无损坏。
(10) 目测检查密封板有无机械损坏。
(11) 目测检查部件和电缆有无不允许的温升。
(12) 目测检查部件和电缆有无老化。

2) 大修

(1) 清洁模块散热片。
①打开模块的盖，拆出模块。
②用不含油的压缩空气吹扫散热片。
③用吸尘器和刷子清洁牵引箱内 GTO 模块上的散热片。
④清洁结束后，重新安装 GTO 模块。
⑤工作完成后，关上维修盖。
(2) 更换设备通风风扇的轴承。
①拧下设备通风风扇区域维修盖上的螺栓，并拆下维修盖。
②拆卸设备通风风扇。
③更换轴承。
④重新安装设备通风风扇。
⑤工作完成后，装好维修盖，并拧上螺栓。

4. 常见故障分析及处理

1) TCU 风扇监控故障

现象：TCU 风扇单元故障，无冷却功能。
可能原因：风扇单元或风扇单元的熔丝故障。
排除方法：检查 TCU 框架中的风扇单元、风扇单元中的熔断丝以及通过转动检查风扇叶片。

2）PSU 供电电压欠压

现象：在供电电源（蓄电池电压 110 V）欠压时 PSU 关闭 TCU。

可能原因：蓄电池和 TCU 之间连接不良，蓄电池电压过低；突发欠压。

排除方法：检查蓄电池和 TCU 之间的连接；检查蓄电池。

3）SPU 电机电压传感器 U3 故障

现象：因为电压传感器（检测电机 L1 和 L3 相之间的电压）故障，使获得的实际值出错。TCU 从牵引控制的电压模式转变到电流模式，使 VSI 继续运行。

可能原因：电压传感器 U3 故障；信道连线故障；电压传感器 U3 接线不正确（极性接错）；如果同时有故障"40"，则 IVF 模块 G055 故障；SPU C019 故障。

排除方法：检查电压传感器 U3；检查信道连线，检查电压传感器 U3 接线极性是否正确；更换 IVF 模块 G055；更换 SPU C019。

4）电机电流互感器 I3 故障

现象：软件监控电机电流互感器 I3 的响应，VSI 永久封闭。

可能原因：电机电流互感器 I3 故障；信道连线故障；电压传感器 I3 接线不正确（极性接错）；如果同时有故障"40"，则 IVF 模块 G055 故障；SPU C019 故障。

排除方法：检查电压传感器 I3；检查信道连线；检查电压传感器 I3 接线极性是否正确；更换 IVF 模块 G055；更换 SPU C019。

5）线路过流

现象：线路电流由硬件监控，如果超过允许的最大线路电流，则 HSCB 被断开并且全部封锁。

可能原因：主回路故障，如直流连接回路短路；得到的线路电流实际值出错。

排除方法：检查主回路；检查线路电流传感器和相应的接线；检查 IOV 模块 G071，如有必要进行更换。

6）直流连接回路过压

现象：直流连接回路电压受到限制以保护牵引设备。尽管 TCU 试图通过 PCM 排除直流连接回路故障，但直流连接回路电压超过最大限制，VSI 由 INVM 模块 C055 封锁。

可能原因：外部线路过压，如雷击；INVM 模块 C055（限制比较器）故障；制动斩波器故障，同时应显示"59""60"故障；相应门极单元故障，同时应显示"59""60"故障；制动电阻烧坏，可能显示"180"故障；实际值检测故障（电流、电压、速度）。

排除方法：检查全部封锁信号以及其他和本故障一致的故障；使用用户程序测试输出信号测试制动斩波器；检查主回路（制动斩波器、制动电阻）；检查 INVM 模块 C055；检查实际值。

7）VVVF 制动电阻温度检测故障

现象：检测制动电阻温度不在允许范围内。

可能原因：制动电阻的 PT100 温度传感器故障；ABIF 模块 C017 故障；制动电阻的 PT100 温度传感器和 ABIF 模块 C017 之间的连接松动或断开。

8）TCU 温度检测故障

现象：由 ABIF 模块 C017 上的 PT100 温度传感器检测到的温度不在允许范围内。

可能原因：ABIF 模块 C017 故障。

排除方法：更换 ABIF 模块 C017。

9) VVVF 散热器过热

现象：测得 L1 相模块和 L3 相模块散热器的最大温度超过允许值。

可能原因：GTO 模块的热量没有及时散掉；GTO 模块散热器的 PT100 温度传感器故障；GTO 模块损坏。

排除方法：检查故障模块，找出哪一相模块温度超标；检查散热器是否很脏；检查 GTO 和散热器之间的接触；检查相应的 GTO 模块；检查 GTO 模块散热器上的 PT100 温度传感器；如果上述检查正常，故障重复出现，更换相应的 GTO 模块。

10) 线路接触器关断监控故障

现象：尽管线路接触器没有动作，TCU 却得到来自线路接触器的应答信号，导致 HSCB 被断开，且 VSI 永久封锁。

排除方法：使用用户测试程序的测试输出信号功能测试线路接触器。检查线路接触器。

注意：TCU 仅监控线路接触器的辅助触头，因此没有应答信号不一定表示相应的主接触器动作不正确。

11) 直流连接回路预充电监控故障

现象：TCU 监控 VSI 的预充电过程。当预充电接触器吸合，直流连接回路的电压必须符合设计的预充电曲线，在规定时间内线网电压和直流连接回路的电压差必须变小。否则预充电过程被终止，以保护预充电电阻不过载。

可能原因：直流连接回路或主回路短路；直流连接回路电容故障；预充电电阻故障；线路电压传感器或直流连接回路电压传感器故障；预充电接触器故障。

排除方法：检查直流连接回路和主回路；检查直流连接回路电容；检查预充电电阻；检查线路电压传感器或直流连接回路电压传感器；检查预充电接触器。

任务 2.4 列车牵引电动机的构造与检修

2.4.1 交流牵引电动机结构

凡用于铁路机车车辆或地铁车辆带动列车运行的电机通常称为牵引电动机。牵引电动机有许多类型，目前城市轨道交通车辆应用最广泛的牵引电动机是交流异步牵引电动机。

交流牵引电动机主要由 3 个部分组成：固定部分称为定子，旋转部分称为转子，定子和转子之间的间隙称为气隙，如图 2-4-1 所示。

图 2-4-1 城市轨道交通车辆的交流牵引电动机

1. 定子的组成

定子由铁芯（电工硅钢片叠成）、定子绕组和机座组成。

定子铁芯内圆有许多形状相同的槽，用于嵌放定子绕组，机座用于固定和支撑定子铁芯，要求有足够的机械强度和刚度。定子外部固定有端盖，如图2-4-2所示。

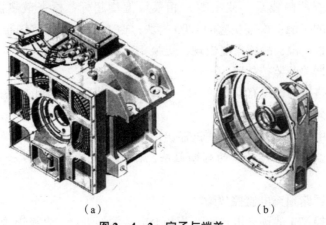

图2-4-2　定子与端盖

（a）定子；（b）端盖

2. 转子的组成

转子由转子铁芯（硅钢片叠成）、转子绕组和转轴组成。

转子铁芯安装在转轴上，表面开有槽，用于放置或浇注转子绕组。在转子的一端安装有风扇，用于转子高速转动时的降温散热，如图2-4-3所示。

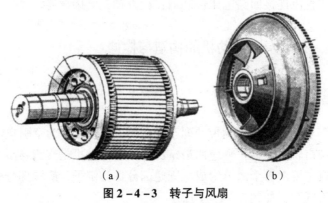

图2-4-3　转子与风扇

（a）转子；（b）风扇

3. 气隙

气隙大小对异步电机性能有很大影响。气隙大，则磁阻大，励磁电流（滞后的无功电流）大，功率因数降低。气隙过小，则装配困难，运行不可靠，高次谐波磁场增强，从而使附加损耗增加，起动性能变差。交流牵引电动机结构如图2-4-4所示。

2.4.2　交流牵引电动机的工作原理

B车的受电弓从接触网上取得直流1 500 V的电压，经过车辆牵引逆变器转换成三相交流电，输送给交流牵引电动机（三相异步电机）定子上空间位置相差120°的三相绕组，使

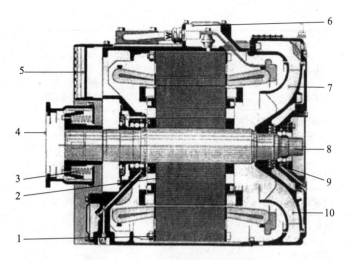

图2-4-4 交流牵引电动机结构

1—定子；2—转子；3—D端（传动端）轴承；4—联轴器；5—排气扇；
6—连接电缆盒；7—风扇；8—转轴；9—N端（非传动端）；10—端盖

定子三相绕组中有对称的三相电流流过，从而气隙中产生旋转磁场。转子绕组在这个旋转磁场中感应出电动势，转子的感应电动势在自我闭合回路的转子绕组中产生电流。转子电流与旋转磁场相互作用，产生电磁力，形成使转子旋转的电磁转矩，转轴通过联轴器和齿轮箱把转矩传送给车辆转向架的车轴，带动车辆滚动，驱动车辆运行。

2.4.3 异步电机的机械特性

在三相异步电机定子电压、频率以及参数固定的条件下，它的电磁转矩 M 与转子转速 n 之间的变化关系，称为异步电机的机械特性，记作 $M=f(n)$，有时异步电机的转速（即横坐标）n 以转差率 S 代替（$S=(n_1-n)/n_1$），这时的机械特性记作 $M=f(S)$，可画出 $M=f(S)$ 曲线。

（1）在 $0<S<1$ 时，电磁转矩 M 和转子的转速 n 都为正，电机处于电动机运行状态。

（2）在转差率 $S<0$ 时，电磁转矩 M 为负，n 为正，电机处于发电机工况，运行于制动状态。这种状态被交流传动的电客车辆应用在电阻制动或再生制动工况。

（3）在转差率 $S>1$ 时，电磁转矩 M 为正，转速 n 与旋转磁场方向相反，也是一种制动状态，叫作反接制动或电磁制动工况。

2.4.4 技术参数

车辆电机技术参数见表2-4-1。

表2-4-1 车辆电机技术参数

项目	参数
额定电压	1 050 V
额定电流	132 A

续表

项目	参数
额定功率	190 kW
额定转速	1 800 r/min
功率因数	0.85
额定频率	61 Hz
温度等级	200 NI
绝缘电压	1 500 V
最高电压	1 403 V
最大电流	283 A
最高速度	3 642 r/min
接线	Y 形
电流导线	每相 1×25 mm²

2.4.5 检修方法与步骤

1. 拆卸与安装

1）拆卸

（1）分离两个半联轴节。

（2）排空齿轮箱中的润滑油。

（3）拆下齿轮箱吊杆下部连接螺栓，报废。将齿轮箱安全止挡鼻靠在齿轮箱安全挡销上。

（4）拆下齿轮箱吊杆上部连接螺栓，将垫圈和螺母报废，吊杆待用。

（5）将电机吊具套到行车上，在电机外壳顶部旋上4个吊环，用吊具套到吊上，使行车吊住电机。

（6）拆下牵引电动机的上部安装螺钉、垫圈及下部安装螺钉、垫圈，将其报废。

（7）拆下牵引电动机与构架连接的接地线电缆螺钉。

（8）确认电机上的电缆已处于自由状态，小心地将电机吊离转向架。支撑住齿轮箱，拆下螺钉，报废。

（9）拆下齿轮箱安全挡销，待用。

（10）将构架从轮对上吊离。

2）安装

（1）将架修好的带齿轮箱的动车轮对置于组装线上，分别安装悬挂和轴箱拉杆。

（2）在构架齿轮箱座上安装齿轮箱安全挡销。

（3）安装垫片和螺钉，扭矩为25 N·m。

（4）在齿轮箱吊座与齿轮箱间安装齿轮箱吊杆，将螺杆穿过齿轮箱与其吊杆下部，安装上新的垫圈和螺母,扭矩为 430 N·m。

(5) 将电机吊具连到安装有吊环的电机上,将吊具套到行车上,吊起电机到构架上方。

(6) 将电机上的安装孔与构架上的安装孔对准,确保两个半联轴节的结合面紧贴。

(7) 安装新的锥形垫圈和平垫圈及螺钉,使电机与构架电机安装座上部紧紧贴合。

(8) 安装新的锥形垫圈和平垫圈及螺钉,使电机与构架电机安装座下部紧紧贴合。

(9) 旋转齿轮箱,使两个半联轴节的连接孔对齐,拧 M8 的螺栓,扭矩为 32 N·m。

(10) 安装齿轮箱吊杆上部螺栓及垫圈和螺母,扭矩为 280 N·m。

(11) 螺栓的扭矩为 600 N·m。

2. 吹扫、清洗、烘焙

1) 吹扫之前的适当分解

(1) 拆下传动侧(D 端)进风罩。

(2) 拆下进风罩外沿 M8 外六角螺栓。

(3) 拆下进风罩内侧 M8 外六角螺栓。

(4) 用橡胶锤轻敲,将进风罩取下。

(5) 拆下非传动侧(N 端)保护网。

(6) 拆下大端盖外沿 4 块保护网上的 M8 外六角螺栓。

(7) 取下 4 块保护网。

2) 吹扫、清洗、烘焙

(1) 将电机吊到小车上,将小车推入吹扫室。

(2) 插好小车电源,关门,接通除尘装置电源。

(3) 打开压缩空气,工作压力增至 300~400 kPa。

(4) 依次对机座、转子进行吹扫,直至将积尘吹净。

(5) 用配有清洗剂的高压热水清洗电机内外油污和污垢后,用清水冲尽清洗剂。

(6) 对电机进行烘焙干燥:烘焙温度为 80~100 ℃;烘焙时间为 8~10 h。

3. 检修

(1) 注油拆下传动轴上的联轴器并清洁干净。

(2) 检查电机所有的紧固件,螺纹孔紧固件扭矩为:M6 = 8 N·m;M8 = 20 N·m;M10 = 40 N·m。

(3) 检查电机引出线、接线端子(允许引出线局部破损,需进行绝缘包扎)。

①接线盒密封完好,螺栓无松动。

②接线盒密封端子良好。

③引出线压板完好,螺栓紧固。

(4) 电机防脱保护板(电机保护鼻子)螺栓无松动。

(5) 电机悬挂处螺孔应完好。

(6) 电机大端盖(N 盖)螺栓 M14 内六角螺栓紧固。

(7) 检查脉冲发生器紧固螺栓、M10 外六角螺栓。

(8) 更换润滑油脂。

注意:更换油脂期间应保证电机温度为 20~30 ℃;注油脂时要转动转子,使轴承内腔均匀充满油脂。

(9) 更换传动 (D) 端油脂。

①拆下 M6 外六角螺栓，取下油腔盖，清除油腔废油。

②拆下外油封、端盖。

③用手动脂枪向注油嘴内注入约 160 g 的干净润滑油脂。

(10) 更换非传动 (N) 端油脂。

①拆下 M6 外六角螺栓，取下油腔盖，清除油腔内废油。

②用手动油脂枪向注油嘴内注入约 140 g 的干净润滑油脂。

4. 组装

注意：组装电机所用的螺钉在使用之前，要在螺钉的螺纹上涂上活化剂，并让它有一定的时间透气，再在螺纹上涂上黏结剂。

1) 安装 D 端轴承及内部轴承盖

(1) 将轴承装入轴承压入装置。

(2) 将轴承压入装置分别从定子两侧插入定子外罩上的轴承孔中。

(3) 在轴承压入装置上装上套筒和螺母，用扳手拧紧，将轴承压入轴承座。

(4) 拆掉轴承压入装置。

(5) 在内部轴承盖的端面涂上防摩擦的轴承润滑油脂，并安装轴承圈。

(6) 在内部轴承盖上涂上防摩擦的轴承润滑油脂。

(7) 在内部轴承盖的凹槽嵌入 O 形圈。

(8) 把内部轴承盖插入定子外罩上的轴承孔中，用涂上活化剂和黏结剂的螺钉插入螺孔，并以 8 N·m 的扭矩将其打紧，如图 2-4-5 所示。

图 2-4-5 安装 D 端轴承及内部轴承盖

1—轴承压入装置；2—定子外罩；3—D 端轴承；4—涂轴承润滑油脂的内部轴承盖

2) 安装端盖轴承

(1) 将端盖轴承用轴承压入装置放入轴承座。

(2) 在轴承压入装置上装上套筒和螺母，用扳手打紧，将轴承压入轴承座。

(3) 拆掉轴承压入装置，如图 2-4-6 所示。

3) 把带端盖的转子安装到定子上

(1) 将转子转轴插入端盖中心，使转子安装到端盖上，如图 2-4-7 所示。

(2) 利用辅助工具将吊臂固定在转子转轴上，如图 2-4-8 所示。

(3) 用吊车将转子及端盖吊到定子操作台。

(4) 在端盖与定子的接触面上均匀地涂上密封剂。

(5) 调整好端盖位置。

(6) 将转子移动到定子中心孔的位置，小心地移入转子，在插入过程中保持转子水平，以免使绕组、铁芯装置和 D 端轴承受损，如图 2-4-9 所示。

图2-4-6 安装端盖轴承

图2-4-7 将转子安装到端盖上

图2-4-8 将吊臂固定在转轴上
1—吊臂；2—转子；3—端盖

图2-4-9 将转子移入定子中心
1—定子；2—转子；3—端盖

（7）在移入的过程中，利用辅助工具将转子拉入D端中心孔中。

（8）安装压装工具，将整个转子压入D端轴承外罩中。

（9）将端盖安装到定子外罩上，将涂上活化剂和黏结剂的螺钉插入螺孔，并用40 N·m扭矩将其拧紧。

（10）拆掉压装工具。

4）安装N端轴承盖

（1）N端外部轴承盖上涂上薄薄的一层防摩擦轴承润滑油脂。

（2）将N端轴承盖安装到端盖上。

（3）将涂上活化剂和黏结剂的螺钉插入螺孔，并以8 N·m的扭矩将其拧紧。

5）安装D端轴承盖

（1）将涂上润滑油脂和安装胶并加热至约200 ℃的密封环滑入D端转轴中，并至止挡处。

（2）在外部轴承盖（D端）上涂上密封剂。

（3）将外部轴承盖安装到定子外罩上。

（4）将涂上活化剂和黏结剂的螺钉插入螺孔，并以200 N·m的扭矩将其拧紧。

5. 常见故障分析及处理

1）插座接地故障信号

可能原因：插座与外壳接触；连接导线损坏，引起接地故障；绕组绝缘损坏，外壳的接线区域有水；电机中的冷却风道受阻。

排除方法：拆下插座，清洁其生锈的表面部分；检查连接导线经过路径是否有锋利的边缘及摩擦点，如有必要，更换连接导线；检查绕组绝缘或电机中的异物；拆下转子及其 N 端轴承罩进行检查，如果正常，将外壳擦干；清洁冷却风道。

2）绕组温度过高

可能原因：过载；电机中的冷却风道受阻。

排除方法：减少负载；清洁冷却风道。

3）局部过热

可能原因：温度检测线断开；电缆接头或线路连接松动；绕组绝缘损坏；轴承被脏物堵塞。

排除方法：检查连接导线，更新连接导线；拆掉转子及其 N 端的轴承罩，检查铜焊连接，如有必要，更新电缆接头和铜焊连接；测量绕组电阻，判断是否有异物；拆掉轴承盖，检查轴承密封，更新轴承，再润滑。

4）冒烟

可能原因：绕组绝缘损坏；轴承卡住；转轴弯曲。

排除方法：检查电机的转子中有无异物；检查绕组电阻、绝缘电阻，测量阻抗；分解电机，查看轴承盖是否变色；检查定子绕组和轴的附件（如内部风扇）。

5）烧焦气味

可能原因：连接导线损坏或断开；绕组绝缘损坏。

排除方法：检查绕组电阻、绝缘电阻，测量阻抗；检查电机的转子中有无异物；检查连接导线。

6）蜂鸣声

可能原因：连接导线断开；接线端松动。

排除方法：检查连接导线的经过路径是否有锋利的边缘及摩擦点，如有必要，更换连接导线；打开接线盒，检查接线端，并固定。如有必要，更换电缆接线头。

7）摩擦声

可能原因：轴承间隙不对；轴弯曲。

排除方法：抬起轴，用千分尺测量轴承的配合；分解电机，检查定子/转子铁芯装置、定子绕组和轴的附件（如内部风扇）。

8）敲击声

可能原因：电流流过轴承；轴承损坏；用于脉冲发生器的内部风扇松动；电机悬挂装置断裂；电机悬挂装置松动；电机联轴节松动或断裂。

排除方法：分解轴承，判断引起电流穿过的原因，并采取适当的措施；拆卸轴承盖，查看电机中有无断裂现象，判断转子铁芯是否会碰撞到定子铁芯装置；检查脉冲发生器的密封盖，并固定脉冲发生器；检查悬挂装置、螺钉连接、轴承装置和缓冲装置，用规定的紧固扭矩将螺钉拧紧，更新缓冲装置。

9) 电机的转矩消失

可能原因：连接导线断开；电缆连接头或者线路连接松动。

排除方法：检查连接导线；拆卸转子及 N 端轴承罩，检查铜焊连接，如有必要，更新电缆连接头和铜焊连接。

10) 速度的转矩消失

可能原因：连接脉冲发生器的导线断开；脉冲发生器损坏；脉冲发生器的内部风扇松动。

排除方法：更换连接导线，检修插头连接；紧固脉冲发生器；更换脉冲发生器；拆卸盖子，检查支座和密封盖，固定脉冲发生器。

11) 油脂泄漏

可能原因：轴承过度润滑；电机联轴节松动或断裂。

排除方法：拆卸油脂盖，清除多余的油脂，清洁油管并固定油脂盖；检查螺钉连接点，查看是否有裂纹，用规定的紧固扭矩将螺钉拧紧，或更换断开的螺钉；检查密封是否损坏，必要时进行更换。

任务 2.5 制动电阻器的构造与检修

2.5.1 制动电阻器的结构

制动电阻器用于地铁列车的电阻制动，如果在列车制动时接触网不能再吸收能量，制动能量将被转化成热能消耗在制动电阻上。制动电阻箱悬挂安装于动车底架下方，制动电阻器冷却方式为强迫风冷（卧式通风），如图 2-5-1 所示。

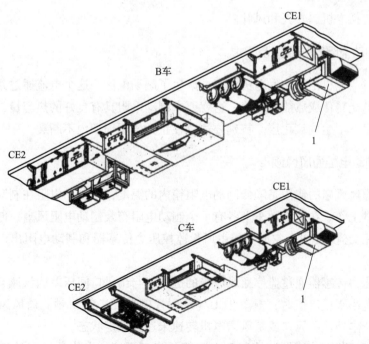

图 2-5-1 制动电阻器在 B 与 C 车的安装位置

1—制动电阻器

制动电阻器主要由主单元和通风风扇两部分组成，如图2-5-2所示。

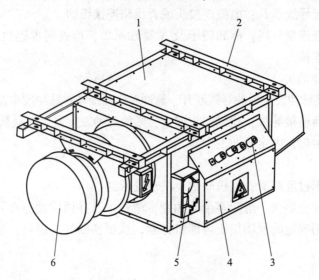

图2-5-2 制动电阻器

1—制动电阻外壳；2—制动电阻安装框架；3—接线柱；
4—接线盒；5—温度监控器；6—通风风扇

1. 主单元（条状电阻箱）

条状电阻箱包括制动电阻外壳（内部安装有条状制动电阻）、制动电阻安装框架、压力监控器、温度监控安装框架、接线盒。

2. 通风风扇

通风风扇包括电机、外壳和风叶。

2.5.2 制动电阻器的原理及要求

列车制动时，电机工作在发电机状态，产生了制动电流，这个电流通过条状电阻，使电阻条发热，把电能转化成热能消耗掉。这就要求制动电阻具有良好的热容量，耐振动，还要抗腐蚀，在高温下不生成氧化层。特别要注意在正常使用周期内不断裂。

2.5.3 制动电阻通风风扇

制动电阻通风风扇的作用是降低制动电阻箱内的温度，使制动电阻在制动电阻风扇强迫通风方式下正常工作。在每节动车上各有1个制动电阻箱及制动电阻风扇。制动电阻风扇的工作电源为三相交流380 V。它的监控由风量监控压力传感器和制动电阻出口温度监控传感器进行。

风量监控压力传感器通过监控通风风扇的进风口与出风口间压差确认风扇的工作状态是否正常。当压差小于设定值时，本车TCU（牵引控制单元）被封锁。通风风扇的故障产生的原因可能是灰尘挡住了风口或是风扇电机转速未达到额定状态。

电阻出口温度监控传感器监控制动电阻箱的出口温度，以确认风扇的工作状态是否正常。当检测到出风口温度大于设定值时，TCU被封锁。

2.5.4 技术参数

制动电阻器技术参数见表 2-5-1。

表 2-5-1 制动电阻器技术参数

项目	参数
额定电压	DC 1 500 V
额定电流	360 A
持续时间	10 s($R8$)/18 s($R9$)
工作温度	400 ℃
最高温度	<600 ℃
冷却方式	强迫风冷
额定通风量	1.8 m^3
带式制动电阻 $R8$	1.04 Ω
带式制动电阻 $R9$	1.74 Ω
电阻带与电阻组件架可承受	5 800 V/min
组件构架与电阻箱之间可承受	3 000 V/min
电气间隙	>32 mm
爬电距离	>50 mm

2.5.5 检修方法与步骤

1. 制动电阻的大修

注意：在对制动电阻作业时，应确认列车已断电。

1) 拆卸

（1）拆卸机械连接。

①拧松 M10 的六角螺母，但不要完全拧下。

②定位抬升设备，使箱体作用在抬升设备上。

③拧下 M12 六角螺母，箱体与支持板脱离。

④取下平衡垫圈，记录垫圈的位置、数量和厚度。

⑤拧下 M10 六角螺母，从托架上取下支持板。

⑥放低制动电阻。

2) 分解

（1）分解主单元。

①拆卸安装盖、接线端盖子和两个支撑。

②拆卸与相邻框架的内部连接。

③如有必要，拆卸接线端电缆。

④用手托住框架的下方，以支撑其重力，小心地将电阻框架从支持排上拉到箱体外，注意保护绝缘子。

⑤将电阻框架从箱体中取出后，可以上表面朝下放置，也可以平放，注意不能将输出端子朝下放置。

(2) 分解通风风扇。

①拆卸保护网罩。

②拆卸中心螺钉。

③用拖动工具压入叶轮中，将中叶轮拆下来。

3) 组装

(1) 组装主单元。

①用一个平板托住电阻框架的下面，以支撑起其重力，将框架小心地滑入带支撑排的箱体内，注意保护绝缘子。

②将电阻器框架尽可能推入单元内。

③重新接上接线端盖子。

④重新接上与相邻框架相连的内部接线，盖上连接盖。

⑤用螺栓将框架固定到两个支撑上。

⑥盖上接线端盖子。

⑦盖上安装盖，接线端螺钉的紧固扭矩为 40 N·m。

(2) 组装通风风扇。

①在重新组装前，要清洁轴、导向套和轴套，并对这些部件进行润滑。

②将螺纹杆拖入电机轴上，并将叶轮尽可能推入，抬起叶轮。

③用螺钉、轴端垫圈和螺钉锁定件将叶轮固定住。

④安装叶轮罩盖。

4) 安装

(1) 安装主单元。

①使用抬升设备将电阻箱放到指定位置。

②将支持板放入托架。

③使用 M10 的六角螺母、垫圈、螺帽固定支持板，紧固扭矩为 29 N·m。

④放入平衡垫圈。

⑤放入 M12 的六角螺母、垫圈和螺帽，轻微拧紧。

⑥检查调整螺母，紧固扭矩为 40 N·m。

⑦拧紧螺母，扭矩为 50 N·m。

⑧打开接线盒，将装有电缆夹的电缆穿过电缆进口接到标有 1、2、3 的接线柱上。电线的固定螺母紧固扭矩为 40 N·m。

⑨连接压差开关接线。

(2) 安装通风风扇。风扇通过固定螺栓对穿固定，注意调整工作风叶与外壳的间隙。

2. 检修与维护

由于制动电阻采用强迫风冷方式进行冷却,因此制动电阻的检修与维护主要是为电阻进行除尘,根据灰尘积垢的程度,周期性地使用压缩空气清洁电阻框架、散热部件。通风风扇是免维护的,只有当叶片和电机的污垢和灰尘影响到风扇的正常工作时才需要进行清洁,否则会影响叶片转动的平衡。

检查条状电阻是否变形并测量阻值。如果条状电阻在冷却状态有变形,一旦通过制动电流,极易造成电阻之间的短路。通常用电桥方式测量电阻阻值。

接线盒的接线柱在重新接线前要进行清洁、打磨、抛光处理,保证与电缆接线端有良好的接触面。

3. 试运行

1) 主单元

运行制动电阻单元正确接线。

(1) 制动电阻单元正确接线。
(2) 电气接头无氧化。
(3) 电线的固定螺母的紧固扭矩为 40 N·m。
(4) 接地线正确连接。
(5) 对温度敏感的部件未处于排出气流中。
(6) 风扇功能正常。

2) 通风风扇

风扇接线前,要检查电压和频率是否与铭牌的标注相符;对于电机给定的工作电流,电缆的横截面是否足够大。

(1) 将保护导线连接到保护接点。
(2) 按照线路图连线。
(3) 首次测试前,进行如下检查:
①风扇安装正确,风扇与四周外壳间隙足够。
②所有紧固螺母和电线接头均按给定扭矩紧固。
③接地线和等位导线与电源连接正确。
④气流不受挡板、端盖等影响。
⑤对运动或活动部件进行振动测试。
(4) 风扇首次通电前,用手转动风叶,确定风叶可自由转动。
(5) 检查电动风扇转向是否与箭头一致。
(6) 电机反向转动会导致电机过载,如果电机反向转动,改变电机接线。
(7) 检测电机正常运转时的振动,需小于 7.1 mm/s。

任务 2.6　车辆电路图识读

2.6.1　车辆电路系统构成

城市轨道交通车辆电气系统由牵引系统(动力系统)、辅助系统和控制系统组成。牵引系统属于高压电路,一般为1 500 V或750 V直流供电;辅助系统一般由三相380 V交流电路构成;而控制系统电压通常为110 V及以下直流电压。因此,车辆电路系统按其功能及电压高低,可分为高压牵引电路(主电路)、辅助电路和控制电路三部分。在设计时,通常又根据其进行功能细分,如车辆的电路系统按功能级别被分为主电路、牵引制动控制、辅助、监控信息、照明、空调、附属设备、车门控制和车钩电路9个部分。

1. 车辆电气设备配置

根据运量需要,车辆通常采用3辆、4辆、5辆、6辆等几种编组方式。大多数城市轨道交通车辆采用6辆编组,由2组相同的3车单元连挂在一起构成,如图2-6-1所示。除受电弓和避雷器外,所有的车辆高压、牵引和辅助设备均分布在车辆底部,大部分牵引设备位于B车和C车车下的两个逆变器箱中,其中,PH箱(牵引和高压)安装在B车,PA箱(牵引和辅助系统)安装在C车。BCM(蓄电池充电机)和蓄电池位于A车,负责向全列车提供直流110 V控制电压。有的车辆采用直流1 500 V架空接触网供电,每个3车单元设1台受电弓,受电弓位于B车Ⅱ端顶部,由接触网送来的直流1 500 V高压电流经受电弓直接进入PH箱。PH箱由高压系统和MCM(电机逆变器)组成。高压系统又包括线路断路器、隔离接地开关、带接触器的车间电源插座、熔断器和去耦二极管等高压设备。MCM则由三相逆变器、控制板和保护元件等设备组成。

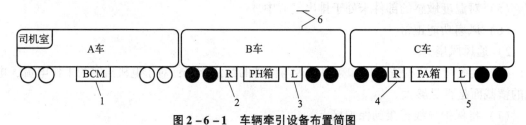

图2-6-1 车辆牵引设备布置简图

1—蓄电池充电机;2,4—制动电阻箱;3—MCM线路感应器;5—ACM线路感应器;6—受电弓
●—驱动轴;○—从动轴

PA箱位于C车,主要由1个MCM和1个ACM(辅助逆变器)组成,此外还包括充电电路、EMI电容器、三相辅助滤波器、辅助变压器(三相电压)等。

2. 电路系统构成

由2动1拖组成的3车单元的车辆电路原理图如图2-6-2所示。车辆通过受电弓(Q1)从接触网取得1 500 V直流电源。F1是避雷器,负责对车辆进行网侧过电压保护。Q2是接地与隔离开关,检修车辆时,必须将Q2置于接地位,以防止检修人员遭到触电伤害。分别安装在B车和C车两节动车车底侧面的PH箱和PA箱内的牵引逆变器模块MCM负责向本节车的4台牵引电动机供电,驱动列车运行。每台MCM由1台HSCB(高速断路器)进行供电和保护,1个单元车组的2台高速断路器集中安装在B车的PH箱中。位于C车PA箱内的ACM(辅助逆变器)负责向列车供应三相380 V交流电压,供空气压缩机、空调等辅助系统使用。蓄电池充电机(BCM)输出110 V直流电压,向蓄电池和110 V控制电路供电。

2.6.2 电路图符号系统识读

车辆电路系统是一个庞大且复杂的综合系统,为了便于电路系统的识别查找,厂家根据

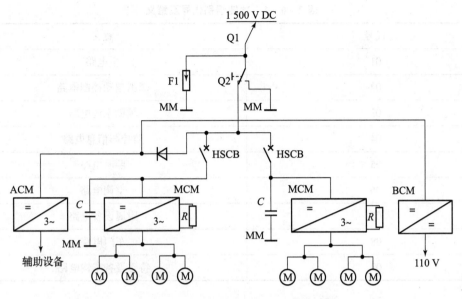

图 2-6-2　3 车单元的车辆电路原理图

Q1—受电弓；F1—避雷器；Q2—接地与隔离开关；HSCB—高速断路器；
MCM—牵引逆变器模块；ACM—辅助逆变器；BCM—蓄电池充电机；
R—制动电阻；C—直流侧电容；M—交流牵引电动机；MM—接地

相关标准制定电路图符号系统，车辆电路中所有元件、导线必须严格遵守符号系统规定进行标识。以下将介绍车辆电路符号系统的一些具体规定。

1. 图号

图号位于图纸标识栏的右侧，用于说明电路图的识别信息，如图 2-6-3 所示。图号的前 12 位为厂家的项目代码（3EGH000029-06），表明此图为 A 车的电路图；最后两位（00）表示功能组（或称为电路图第几章），表明此图为说明信息。

2. 元件号

车辆电路系统上的每个元件均有独立的元件编号，包括功能组、元件电气文字符号、元件代号、安装位置代号等信息，如图 2-6-4 所示。第 1、2 位数字为元件功能组代号，用 01~09 表示，03 表示该元件隶属于辅助电路，详细的功能组代号及意义见表 2-6-1；第 3 位为元件的电气文字符号，用英文字符表示，部分常用的电气元件符号及意义见表 2-6-2；第 4、5 位为元件的流水序号，用 01~99 表示。

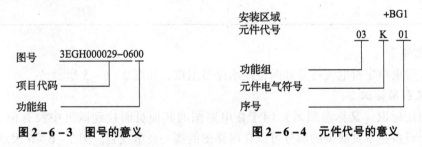

图 2-6-3　图号的意义　　　　图 2-6-4　元件代号的意义

在元件代号的上方，标注了元件的安装位置代号，如图 2-6-4 中的"+"表示后面跟的字符为位置代号，BG1 表明该元件位于车辆 I 端转向架。

表 2-6-1 功能组别代号及意义

代号	意义
01	主电路
02	牵引制动控制电路
03	辅助系统电路
04	监控与信息电路
05	照明电路
06	空调电路
07	附属设备电路
08	车门电路
09	特殊设备车钩电路

表 2-6-2 电气元件符号及意义

字母	意义
A	模块（单元）、手柄
B	扬声器、传感器
E	照明灯
F	微型断路器（MCB）、熔断器
G	充电器、蓄电池
H	指示灯
K	接触器、继电器
S	开关、按钮
Y	电磁阀、车钩
V	二极管
P	气压表、电压表、里程计
X	插座

3. 子元件号

子元件号由单字符电气符号和两位流水序号组成，如图 2-6-5 所示。

4. 交叉引用标识

交叉引用标识（又称参照码）用于在电路图的其他页面找到该页中没有标出的电缆，或说明某个设备在本页缺少的部分可以在电路图的哪一页里找到。图 2-6-6 表示该元件或电缆可在电路图 03 组（第 3 章，辅助系统）第 2 页第 3 区（电路图每页纵向等分成 8 个区）找到。

图 2-6-5 子元件号的意义

图 2-6-6 交叉引用标识的意义

5. 线号

如图 2-6-7 所示，电缆编号由 5 位数字组成，第 1 位为功能组代码，用 1~9 表示；第 2、3 位表示该电缆在该功能组中的页码，用 01~99 表示；第 4、5 位为连续序号，用 01~99 表示。一根电缆往往出现在多页电路图中，这时用交叉引用标识标明这根电缆连接到哪个地方去了。

6. 屏蔽线号

带屏蔽的电缆有专门的编号，用 6 位字符表示。如图 2-6-8 所示，前 5 位与通用电缆的标识相同，第 6 位 S 表示这是根屏蔽电缆。

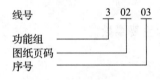

图 2-6-7 线号的意义

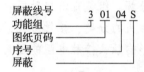

图 2-6-8 屏蔽线号的意义

本模块习题

1. 受电弓由哪几个主要部分组成？每个部分的作用是什么？
2. 受电弓的检修内容有哪些？
3. 受电弓的正常接触压力是多少？其过大或过小有何危害？
4. 高速断路器的作用是什么？
5. 高速断路器由哪些部件组成？
6. 如何检查、确定主触头是否磨损到限？
7. 如何分解、组装高速断路器灭弧罩？
8. 高速断路器灭弧罩的导流片在什么情况下不能再使用？
9. 牵引箱双月检的内容是什么？
10. 说明 VVVF 散热器过热的可能原因和排除方法。
11. 交流电机由哪几部分组成？
12. 交流电机的检修有哪些内容？
13. 制动电阻的作用是什么？它由哪些部分组成？
14. 制动电阻的维护包含哪些内容？
15. 说说 PH 箱和 PA 箱各处于车辆什么位置。
16. 简述车辆电路系统的构成。

模块 3

城市轨道交通车辆牵引系统主要控制设备构造与检修

学习目标

(1) 掌握列车驾驶室主要控制设备的作用。
(2) 了解列车牵引系统主要控制设备的工作原理。
(3) 掌握直流接触器的维护。
(4) 学会分解、组装直流接触器。
(5) 了解触头的分类、接触形式，熟悉触头的主要参数。
(6) 掌握影响触头接触电阻的因素。

本模块导读

在列车运行过程中，起动、前进、制动、倒退等控制主要由切换电路来实现，列车的切换电路由各种开关、接触器和继电器组成。

任务 3.1 驾驶室控制设备构造与检修

驾驶室主要包含了驾驶列车所必需的控制设备，如主驾驶台、副驾驶台、门控面板、基准值转换器、电子柜和设备柜等。其中包括主控制器、各种开关、按钮、指示灯等，A 车电子柜和设备柜的各类元件以及列车目的地列车号显示也可在驾驶室进行操作。

3.1.1 主驾驶台

1. 主控制器

1) 主控制器的作用及特点

主控制器位于 A 车的驾驶员操作台上，列车驾驶员通过操作主控制器来实现列车驾驶的意图。

它的主电路实际上是一组转换开关，通过扳动两根不同的轴，控制凸轮与组合开关相应的触点分合，可控制列车的运行方向，实现列车牵引、制动和惰行工况的转换。

2) 主控制器的结构

主控制器主要由主控制手柄、方式/方向手柄、组合开关、凸轮、转动轴、警惕按钮、钥匙开关、电位器电阻等部件组成。驾驶员操纵其手柄，使列车按驾驶员意图控制运行，如图 3-1-1 所示。

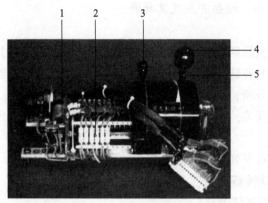

图3-1-1 主控制器

1—凸轮轴；2—组合开关；3—方式/方向手柄；4—警惕按钮；5—主控制手柄

3）驾驶控制器的功能

（1）主控制手柄：主控制手柄主要对列车实施牵引、制动控制，也称为牵引/制动控制器，控制列车时有以下4种方式。

①牵引：无级加速列车。

②0：中性位置，列车将无法牵引或制动，惰行行驶。

③常用制动：无级减速列车。

④快速制动：施加最大制动力的制动位，此时全部是机械制动。在列车停车之前，该制动是可恢复的。为了取消快速制动，主控制手柄只需移动到"制动"位。然后只有当主控制手柄再放到"0"位或"牵引"位时，该机械制动才有可能被取代。在常用制动和快速制动之间有一标志线，刻线以前为常用制动，将手柄拉到该线以后将产生快速制动。

（2）警惕按钮：在手动模式驾驶时，警惕按钮必须持久地压下，若在限定时间（4 s）内未再次压下，4 s后将施加紧急制动。

（3）方式/方向手柄。通过方式/方向手柄可选择牵引方向：

①ATC：自动驾驶。

②向前：手动驾驶前进方向。

③0：中位。

④后退：手动驾驶后退方向（速度限制10 km/h）。

只有在列车静止时才能改变行驶方向。若列车正在行驶时试图改变行驶方向，会引发紧急制动。

主控制手柄必须置于"0"位才能操作方式/方向手柄改变方向。

钥匙开关处于"0"位时，方式/方向手柄被锁定在"0"位。

（4）钥匙开关：钥匙开关主要用于起动列车。

①关（"0"位）：主控制器手柄必须处于"0"位，才能取出钥匙，然后锁定。

②开（"1"位）：钥匙先处于"开"位的驾驶室为有效驾驶室，此驾驶室可起动列车，另一端驾驶室为无效驾驶室。

4）主控制器的性能及技术数据

额定工作电压：DC 110 V；额定工作电流：DC 1 A；额定发热电流：DC 10 A。

2. 主驾驶台上的指示、按钮开关及其功能

1) 紧急停车

紧急停车按钮为红色蘑菇按钮,每一驾驶室左、右两侧各有一个,任何时候触发任意一个都有效。带机械锁定的蘑菇开关用于触发紧急制动使列车停车。当用力按压下红色蘑菇按钮时,所有高速断路器分断,所有受电弓降落,直至列车完全静止。

一旦触发紧急停车开关,该按钮开关将一直维持在压下位置,必须旋转后才能复位。

2) 旁路报警

红色指示灯用于显示下列线路旁路报警:

(1) "所有停放制动缓解旁路"。

(2) "所有摩擦制动缓解旁路"。

(3) "车门旁路"。

(4) "疏散梯解锁旁路"。

所有上述开关都是带铅封的旋转开关,位于主驾驶台后面电气设备柜中。当上述任一回路发生故障时,列车都会被禁止牵引,此时将相应的旁路开关拨到 I 位时,列车可在故障状态下继续牵引。当旁路报警灯亮时,说明上述开关中至少有一个处于 I 位。

3) 解钩

白色灯盖按钮:按动白色灯盖按钮,解钩阀被触发(对两列车起动后的驾驶室均有效),并且两个6节车列车在自动车钩处解钩。

先决条件:车辆信号工作。

4) 慢行

黑色按钮:如列车在清洗时,需使用此功能,需一直按下该按钮,列车将加速到慢行的最大速度 3 km/h。当按钮释放时,将施加制动。

5) 限流牵引

黑色旋转开关:此旋转开关用于限制从架空线到列车牵引设备的电流。

6) 拖行/标准/紧急牵引

黑色旋转开关:该旋转开关有下列三个位置。

(1) 拖行:被拖行列车(被动列车)驾驶室是无起动能力的。靠实施拖行列车(主动列车)牵引力的增加来拖其他列车。另外被拖列车 A 车的所有广播开关必须打开,以便主动列车驾驶员可以与被动列车驾驶员通话。

(2) 标准:正常牵引位置。

(3) 紧急牵引:当控制系统(CCU、SIBAS – KLIP 分站、显示屏)故障时,列车不能正常牵引,在限制模式下,列车可以用故障控制系统维持操纵。

7) 广播/驾驶室联络

黑色旋转开关:根据瞬间旋转开关位置,驾驶员可以:

(1) 通过话筒向乘客广播。此功能仅对主控驾驶台有效。

(2) 对同一列车另一侧驾驶室或连挂的列车通过话筒通话。此时,驾驶台必须开启主控锁。

上述两个功能互不干扰。

8）头灯

黑色旋转开关：根据旋转开关位置，头灯可处于暗光位或亮光位。只要列车主控制钥匙已打开，头灯即可工作。

9）鸣笛

黑色按钮：只要压缩空气和蓄电池电压有效，按下按钮时，列车汽笛就会一直鸣叫。

10）ADU 面板

此面板含有在 ATC 模式下用于驾驶的操作元件（灯和按钮）。

11）气制动施加

红色指示灯：只要有 1 只转向架上有气制动施加时，红色指示灯亮。若红色指示灯亮，此时列车禁止牵引。

12）气制动缓解

绿色指示灯：当每节车的所有气制动和所有停放制动都缓解时，绿色指示灯亮。灯亮后列车可牵引。

13）彩色显示屏

显示屏是触摸式彩色显示屏。

14）高速断路器合

白色灯按钮：高速断路器被点亮需具备以下三个条件。

（1）驾驶台解锁。

（2）紧急停车开关 1 或紧急停车开关 2 处于正常位。

（3）受电弓升弓。

若列车上所有高速断路器均闭合，按钮内的指示灯亮。若列车上有一个高速断路器断开，则按钮内的灯不亮。

15）高速断路器分

白色灯按钮：按下此白色灯按钮，所有高速断路器可被断开。此外，TCU 可单独断开高速断路器，也可在 B 车的设备柜里拨动微动开关"B 车高速断路器"断开相应 B 车的高速断路器。如果受电弓落下，相应的高速断路器自动断开。若列车上所有高速断路器断开，白色按钮灯亮。

16）CCU 故障

红色指示灯：当列车电子控制系统出现故障时，此红色指示灯亮。在这种情况下，各车空调单元将接收到接通指令，确保紧急通风开始工作。

若在此时列车不能正常牵引，将拖行/标准/紧急开关放到"紧急牵引"位，列车仍可在限速模式下牵引。

17）疏散梯解锁

红色指示灯：红色灯亮表示疏散梯解锁或关闭未到位，此时将施加紧急制动。若两头驾驶室的疏散梯都正常关闭和锁定，红色指示灯熄灭，列车可以起动。

18）阅读灯

拨动开关可接通驾驶台上的阅读灯。先决条件是：主控制钥匙已开启。

19）速度表

显示列车的真实速度。

20）无线电手机

按下通话按钮，即通话。

21）广播话筒

用于广播系统，与瞬时旋转开关"广播/O/驾驶室联络"相连，也可用无线电联络。

3. 显示屏

主驾驶台上的显示器主要用于显示列车运行及设备信息，驾驶员可根据需要通过显示器上的菜单切换屏幕，了解列车车门、空调等设备状态。故障时驾驶员要在第一时间了解故障地点、故障设备，并采取适当的措施在最短时间内消除故障。下面介绍显示屏的主要功能。

1）操作屏幕

显示屏的操作屏幕如图3-1-2所示。

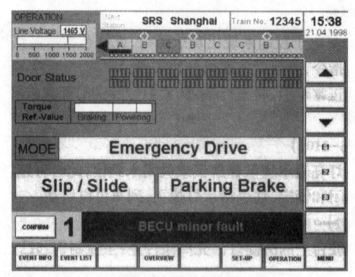

图3-1-2 操作屏幕

（1）列车制动（Parking Brake）：列车制动时显示此方框。

（2）主菜单按钮：在屏幕下端有若干按钮——菜单（MENU）、操作屏（OPERATION）、配置（SET-UP）、车辆设备状态浏览（OVERVIEW）、故障列表（EVENT LIST）、事件信息（EVENTINFO），可以完成不同显示屏的切换。

（3）车站列表及紧急按钮：屏幕右侧一列有如下按钮：语音功能（Voice）、站名列表（Line Up，Line Down）、紧急预告按钮（E1，E2，E3）。

（4）线网电压（OPERATION）：显示列车上方接触网上的电压值。

（5）列车运行模式（MODE）：此方框显示列车运行的模式。

（6）转矩参考值（Torque Ref.-Value）：用信息条的方式显示列车制动与起动的力矩大小。

（7）车门状态（Door Status）：显示列车各个车门的开关状态。

（8）列车信息：屏幕上方显示列车运行的下一站站名（Next Station）、列车编号（Train No）及时间信息。

2）故障列表

按下主菜单"EVENT LIST"按钮，从上到下显示故障出现的日期、时间及故障部件，如图 3-1-3 所示。右边的双箭头是翻页功能按钮，驾驶员可以翻页浏览故障信息。上下箭头可以前后逐行浏览故障信息。"Activity"按钮用来进入子屏幕，显示与选择故障对应的参考信息。

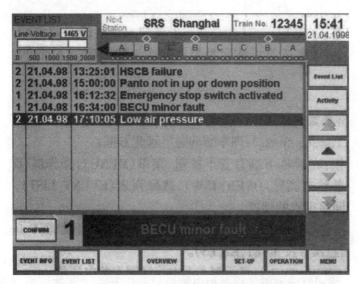

图 3-1-3　故障列表显示

3）车辆设备状态浏览

按下"OVERVIEW"按钮，显示的圆圈是所选择车辆安装的设备，如空调、逆变器、高速断路器、压缩机、ATC 系统、牵引控制、制动控制等设备，如图 3-1-4 所示。其中的圆圈表示故障的部件。

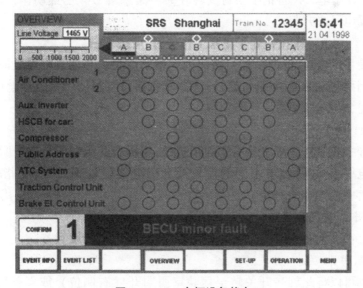

图 3-1-4　车辆设备状态

3.1.2　副驾驶台

副驾驶台上的元件是驾驶时不需频繁使用的操作元件，如图 3-1-5 所示。

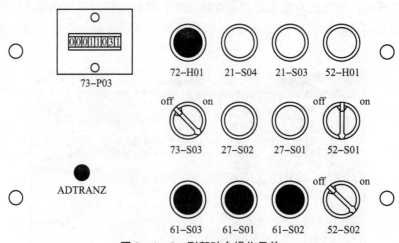

图 3-1-5 副驾驶台操作元件

1. 里程表

里程表为 8 位数，显示列车运行的公里数。

2. 车钩监控切除

红色指示灯：使用驾驶室电气设备柜中的铅封旋转开关"车钩监控切除"，整个列车的安全回路被切除，此时红色指示灯亮。

3. 升弓

白色灯按钮：紧急停车按钮处于正常工作位时，可按下白色灯按钮升弓。

当所有受电弓升起时（反馈功能），按钮内的指示灯亮。当两受电弓处于不同的位置，如升弓未到位、B 车电气设备柜中铅封旋转开关"紧急落弓"已经动作，则按钮内置指示灯不亮，提示受电弓未升起。

4. 落弓

白色灯按钮：该白色灯按钮用于列车落弓，当所有受电弓落下时（反馈功能），按钮内置指示灯亮。当两受电弓处于不同的位置或 B 车电气设备柜的"所有受电弓落弓指示"的空气开关跳闸时，按钮内的指示灯不亮。

5. 客室照明开/关

瞬时旋转开关：通过使用这个瞬时旋转开关，根据指示的旋转方向，驾驶员可以打开客室照明，在受电弓未升起时为应急照明状态，与驾驶室灯状态无关。客室指示灯亮的状态是通过白色灯"客室灯开"来指示。此功能只有在蓄电池供电充足时才能使用。

6. 客室照明灯开

白色指示灯：当客室照明被接通后，此指示灯亮。

7. 驾驶室照明开/关

旋转开关：可以将此旋转开关转至驾驶室照明开（右侧位）或驾驶室照明关（左侧位）。先决条件：列车必须接通瞬时旋转开关，此开关位于驾驶室电气设备柜内。没有必要打开驾驶台主控制器钥匙。

8. 除霜器开/关

旋转开关：将开关转至右侧接通挡风玻璃加热，可除去雾和霜。

先决条件：相应的辅助逆变器必须工作，而辅助逆变器只有同时具备蓄电池电压和架空线电压才能工作。

9. 停放制动缓解

白色灯按钮：通过使用这只白色灯按钮可缓解整列车的停放制动。当列车上所有停放制动缓解后，按钮内的指示灯亮（反馈功能）。此按钮只能在已开锁的驾驶室副驾驶台上操作。

10. 停放制动施加

白色按钮：按下这只白色灯按钮可施加整列车的停放制动。当列车上的所有停放制动施加后，按钮内的指示灯亮（反馈功能）。

11. A车本车空调开

此按钮指示灯亮即表明A车空调单元已接通。若使用绿色灯按钮"绿色空调开"，同样也能接通A车空调单元。此功能只有在此驾驶台主控制钥匙打开时才能使用，当驾驶台主控制钥匙再次被关闭时，关闭前的最终状态将被保存。

12. 列车空调开

绿色灯按钮：按下这个带指示灯的绿色按钮开关可开启整列车的空调单元。若CCU接通了所有单元（反馈功能），则灯亮。此时驾驶员主控制钥匙必须打开。

13. 列车空调关

红色灯按钮：按下这个带指示灯的红色按钮开关可断开整列车的所有空调单元，指示灯亮表示列车所有的空调单元均已关掉（反馈功能）。此时驾驶员主控制钥匙必须打开。

3.1.3 门控面板

门控面板安装在驾驶员操作台左、右上方的侧墙上，以便驾驶员在开关门之前查看站台情况。

1. 门控面板（车辆，左侧）

1）左门开

红色灯按钮：只要列车速度为零且门控回路激活，就可用这个带指示灯的红色按钮开关来打开列车左侧所有的门，当ATP系统指令允许左侧门动作时，按钮开关的指示灯亮。按下"左门关"按钮后，如果由于人或物体被夹在门叶之间，需使用"左门开"按钮来打开或关闭该门。

该按钮开关的功能与车辆右侧的门控面板上带照明的红色按钮开关"左门开"一致。

2）左门关

绿色灯按钮：这个带指示灯的绿色按钮开关用于关闭列车左侧所有的门。作为反馈信号，当列车左侧所有门均关闭且锁住，按钮开关内的灯亮。若有一扇门或几扇门没关好，则灯不会亮，驾驶员可在显示屏上看到相应的未关好的门叶（以红色显示），为不影响运营，驾驶员可对故障门进行切除操作。

该按钮开关的功能与位于车辆右侧门控面板上带照明的绿色按钮开关"左门关"一致。

3）右门开

红色灯按钮：如果列车速度为零且门控回路激活，可用这个带照明的红色按钮开关来打开列车右侧所有的门。当ATP系统指令门可以动作时，按钮开关内的灯亮。如果由于

人或物体夹在门叶之间而造成一扇或几扇门在按下"右门关"按钮后无法关闭,那么列车可自动开闭一次;若人或物体仍被夹在门叶之间,需使用"右门开"按钮来打开或关闭该门。

4) 右门关

绿色灯按钮:带照明的绿色按钮开关用于关闭列车右侧所有的门。作为反馈信号,当列车右侧所有门均被关闭且锁住,按钮开关的灯亮。若右边一扇门或几扇门没关好,则灯不会亮,驾驶员在显示屏上看到相应的未关好的门叶(以红色显示),为不影响运营,驾驶员可对故障门进行切除操作。

2. 门控面板(车辆,右侧)

1) 紧急停车

红色蘑菇按钮:这个带锁定机构的蘑菇形按钮用于列车紧急制动,它可以使所有的高速断路器都断开,受电弓都落下,列车完全停稳。

紧急停车按钮按下后将保持按下位置不变,必须转动一下才会释放。

2) 左门开

红色灯按钮:只要列车速度为零且门控回路激活,那么按动这个带指示灯红色按钮开关可以打开列车左侧所有的门。当 ATP 系统指示令左侧门能动作时,按钮开关内的灯亮。

如果由于人或物体被夹在门叶之间而造成一扇或几扇门在按下"左门关"按钮后仍无法关闭,这个"左门开"按钮还可用于重新打开上述车门。要实现这个功能,该"左门开"按钮开关至少按下 1 s。只有当门尚未被机械锁定且按钮按到足够长的时间,门才会再开。一旦释放按钮,CCU 就自动给出指令执行关门。

该按钮开关功能与位于车辆左侧门控面板上带指示灯的红色按钮开关"左门开"一致。

3) 左门关

绿色灯按钮:这个带灯的绿色按钮开关用于关闭列车左侧所有的门。作为反馈信号,当列车左侧所有的门均关闭且锁住时,按钮开关内的灯亮。

该按钮开关的功能与位于车辆左侧门控面板上带灯的绿色按钮开关"左门关"一致。

3.1.4 基准值转换器

基准值转换器位于 A 车电气设备柜内,它的功能是将 ATC 系统(ATP 模式)或主控制器手柄输出的电压基准值转换为脉宽调制信号(PWM),并将这些信号传送到各节动车设备柜中的车辆制动控制单元(BECU)和牵引控制单元(TCU)进行制动和牵引控制。基准值转换为脉宽调制信号来传递的目的是保证列车所有命令接收器能够准确地接收到命令,不会因其位置的远近不同而造成误差,利用脉宽调制信号传递命令的精确率为 ±1%,如图 3-1-6 所示。

图 3-1-6 控制信号的转换

3.1.5 电子柜

电子柜由铝合金夹层部件构成，功能单元被设置在由型材构成的机架上，机架通过基座固定在车辆底架上。机架通过橡胶-金属减震器进行隔声。电气接线端子位于柜子的下部，采用压入式接成排。

1. A车电子柜

A车电子柜位于驾驶室副驾驶台的后面，可用主控制钥匙打开柜子。靠近驾驶室侧的电子柜功能单元如图3-1-7（a）所示，靠近客室侧的电子柜功能单元如图3-1-7（b）所示。

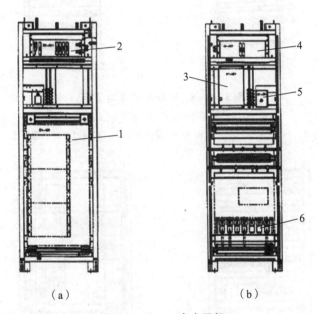

图3-1-7 A车电子柜
(a) 驾驶室侧；(b) 客室侧
1—ATC机架；2—BECU机架；3—空调控制单元；4—有线广播系统单元；
5—温度控制器；6—各种接线排/布线

2. B车电子柜

B车电子柜位于车辆Ⅰ位端的右侧，如图3-1-8（a）所示，可用主控制器钥匙开门。

3. C车电子柜

C车电子柜位于车辆Ⅱ位端的左侧，如图3-1-8（b）所示，可用主控制器钥匙开门。

3.1.6 设备柜

电气设备柜室用铝制三明治板制成。功能单元被设置在由型材构成的机架上，机架通过基座固定在车辆底架上。机架通过橡胶-金属减震器进行隔声。

1. A车设备柜

A车设备柜如图3-1-9所示，它的功能单元包括各种接触器和继电器，各种接线排/布线。

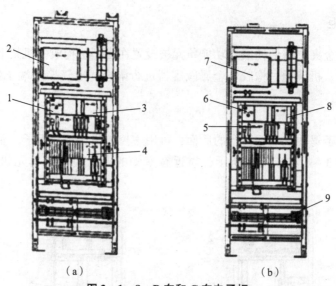

图 3-1-8 B 车和 C 车电子柜

(a) B 车电子柜;(b) C 车电子柜

1,6—温度控制器;2,7—空调控制单元;3,8—广播单元;4—CCU;5—继电器插座;9—接线排/布线

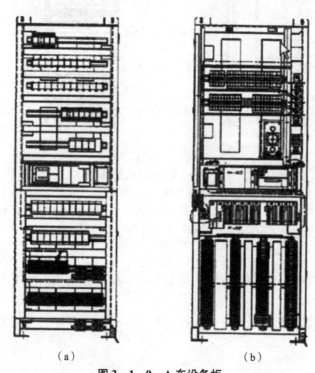

图 3-1-9 A 车设备柜

(a) 客室侧;(b) 驾驶室

驾驶室侧的 A 车电气设备柜包括下列功能单元:参考值转换器;无线电设备;SIBAS KLIP 模块;用于 KLIP 母线的 120 Ω 电阻;开关板上有微型线路断路器和带有操作元件的开关板。

驾驶室设备柜的开关板如图 3-1-10 所示。

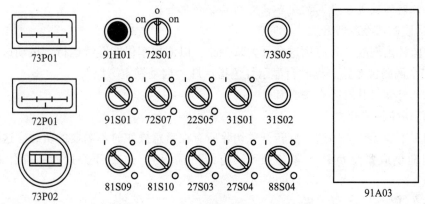

图 3-1-10 驾驶室设备柜的开关板

1) 网电压表

电压表显示接触网的电压。

2) 蓄电池电压表

当列车起动时,蓄电池电压表显示当前的蓄电池电压。

3) 计时器

计时器显示列车工作的小时数。当主控制器钥匙开关拨到"开"位时,计数即开始;当拨到"关"位时则停止计数。

4) ATP 切除开关

当 ATP 系统通过旋转开关"ATP 切除"被切除后,该红色指示灯亮。

5) 灯泡测试按钮开关

按下这个按钮开关,驾驶室内所有信号指示灯均接通。另外,CCU 接通车辆两侧的外部指示灯。

6) 列车起动复位式旋转开关

当半自动车钩连挂好后,用这个复位式旋转开关来起动列车。用此开关下列部件将被接通。

(1) 蓄电池主接触器。

(2) A 车的蓄电池电压表。

(3) A 车的计时器。

(4) 所有制动电子控制单元。

(5) A 车辅助逆变器。

(6) B 车、C 车的辅助逆变器。

(7) 每节车的 SIBAS – KLIP 分站。

(8) 中央控制单元 CCU。

(9) 空气压缩机。

(10) 无线电设备。

(11) 牵引箱内门极单元的电源。

7) ATP 切除旋转开关

用这个铅封旋转开关,可在故障情况下切除 ATP 系统。

注意：此时驾驶员手动驾驶列车，对列车安全负责！

8）车钩监控切除旋转开关

当车钩监控出现故障时可用这个开关来旁路，以便列车仍能继续运行，拨动这个开关造成 A 车的安全回路被旁路。驾驶台显示红色指示灯"启动锁定旁路"。

注意：此时驾驶员对列车安全负责！

9）紧急切除旋转开关

如果列车不能运行，用这个旋转开关切除所有在紧急操作时不需要的负载。这样蓄电池就能长时间地供应紧急负载（紧急照明、有线广播等）。这个开关只能在操作端驾驶室动作。

10）本车逆变切除旋转开关

这个旋转开关用于切除本节车 A 车的辅助逆变器。

11）逆变器紧急启动

当蓄电池电压不够时，可用这个带指示灯的白色按钮开关通过应急电池来启动辅助逆变器，使受电弓升起。

2. B 车设备柜

B 车设备柜位于 B 车 I 位端的左侧，如图 3－1－11（a）所示。可用主控制器钥匙开门，它包括下列功能单元：SIBAS KLIP 模块；用于 KLIP 总线的 120 Ω 电阻；开关板；各种接触器、继电器和二极管；各种接线排/布线。

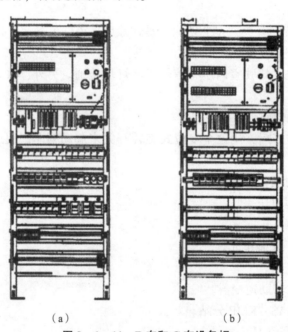

图 3－1－11　B 车和 C 车设备柜
(a) B 车电子柜；(b) C 车电子柜

B 车开关板上的电气元件的布置如图 3－1－12 所示，包括小型断路开关；本车逆变器切除开关；紧急落弓旋钮开关（仅 B 车有）；车辆连挂指示灯；解钩尾端按钮开关；计时器；方便插座；TCU 用户插座。

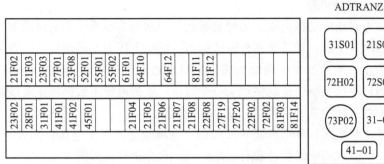

图 3-1-12 B 车开关板上电气元件的布置

3. C 车设备柜

C 车设备柜位于车辆Ⅱ位端的右侧，如图 3-1-11（b）所示。可用主控制器钥匙开门，它包括下列功能单元：SIBAS KLIP 模块（41-A03）；开关板；各种接触器、继电器和二极管；各种接线排/布线。

开关板上的电气元件有小型断路开关；本车逆变器切除开关；车辆连挂指示灯；解钩尾端按钮开关；计时器；方便插座；TCU 用户插座。

任务 3.2　接触器的构造与检修

3.2.1　接触器的作用与组成

接触器是一种用来频繁地接通和切断主电路的自动切换电器，它的特点是能进行远距离自动控制，操作频率较高，通断电流较大。

接触器按通断电路电流种类分为直流接触器和交流接触器两种，按主触头数目分为单极接触器（只有一对主触头）和多极接触器（有两对以上主触头），按传动方式分为电控接触器和电磁接触器等。

接触器的主要组成机构有感应机构、中间机构、执行机构。

3.2.2　直流电磁接触器

城市轨道交通车辆主回路上使用的是单极 BMS.15.06 型直流电磁接触器，安装在车辆牵引箱内，如图 3-2-1 所示。

1. 结构

电磁接触器一般由电磁机构、驱动机构、主触头、灭弧装置、辅助触头、上下接线端及支架

图 3-2-1　BMS.15.06 型直流电磁接触器

和固定装置等组成。电磁机构由铁芯、带驱动杆的螺旋线圈、盖板组成。在电磁线圈未通电时，动铁芯在反力弹簧作用下保持在释放位置，反力弹簧通常是圆柱螺旋弹簧。圆柱螺旋弹

簧分为拉伸弹簧和压缩弹簧两种，BMS.15.06 型直流电磁接触器采用的是压缩弹簧，主触头（触头镀银）用来通断电路。

通电后，电磁力带动驱动杆克服反力弹簧运动，当动触头在驱动杆的带动下与静触头刚接触时，接触点为触头上部。随着驱动杆继续运动，触头上压力不断增加，一直到电磁力与反力弹簧力平衡为止。运动过程中动触头在静触头上边滚动边滑动，使接触点移到触头下部。主触头断开的过程则相反。这就使触头分断时所产生的电弧不致损坏正常接触点，而触头的滑动将其表面的氧化物或脏物擦掉，减小接触电阻。

灭弧装置包括吹弧线圈和带电离栅的灭弧罩。电离栅将进入的电弧分割成一系列短弧，使电弧加速冷却。吹弧线圈确保快速和有效地灭弧。灭弧罩外观如图 3-2-2 所示。

图 3-2-2 灭弧罩外观

直流接触器设计为模块结构，如图 3-2-3 所示。外壳材料阻燃、无毒、无环境污染。

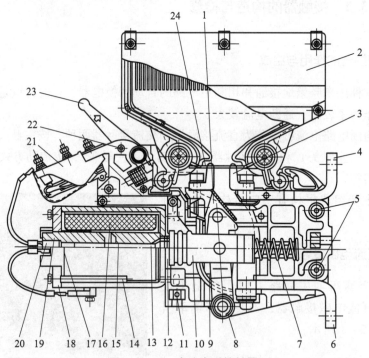

图 3-2-3 直流电磁接触器

1—触头座；2—灭弧罩；3—静触头；4—上接线端；5，11，14—螺栓；6—下接线端；7—反力弹簧；
8—驱动轴；9—软连接；10—驱动机构；12—缓冲器；13—活塞杆；15—铁芯；16—线圈；
17—导向器；18—线圈盖；19—动铁芯；20—开槽螺母；21—辅助开关；
22—螺钉；23—手柄；24—动触头

2. 工作原理

在电磁线圈未得电时，动铁芯在反力弹簧作用下保持在释放位置，当电磁线圈得电后，铁芯在电磁力作用下带动驱动杆克服反力弹簧运动，动触头与静触头闭合。辅助触头依靠安装的驱动凹轮，正常地打开或闭合。这样，主接触器就进入工作状态。失电后，电磁力小时，反力弹簧起作用。主触头分断，同时辅助触头的状态也跟着变化。

3. BMS.15.06 型直流电磁接触器技术参数

BMS.15.06 型直流电磁接触器技术参数见表 3-2-1。

表 3-2-1　BMS.15.06 型直流电磁接触器技术参数

序号	项目	参数
1	额定电压	DC 1 500 V
2	最大工作电压	DC 1 800 V
3	额定绝缘电压	DC 1 500 V
4	额定电流	600 A
5	一小时电流	630 A
6	短时电流（5 s）	800 A
7	最大整断电流（15 ms）	2 400 A
8	闭合时间	约 100 ms
9	开断时间	约 75 ms
10	机械寿命	3×10^6
11	电寿命	10^4
12	触头压力	54~72 N
13	控制电源	DC 110 V
14	控制功率	30 W

4. K100 与 K110 型接触器的技术参数

K100 与 K110 型接触器的技术参数见表 3-2-2。

表 3-2-2　K100 与 K110 型接触器的技术参数

项目	K100	K110
型号	CIMS20, 10	Has
额定电压	2 000 V	3 000 V
额定电流	1 000 A	50 A
最大短时承受电流	1 050 A, 60 min；1 600 A, 5 min	
关断时间		90~100 ms

3.2.3 交流接触器

交流接触器主要由电磁铁和触点两部分组成。它是利用电磁铁的吸引力而动作的。当吸引线圈通电后，吸引山字形动铁芯（上铁芯），而使常开触点闭合。

交流接触器的触点分主触点和辅助触点两种。辅助触点通过电流较小，常接在电动机的控制电路中，主触点能通过较大电流，接在电动机的主电路中，如图 3-2-4 所示的交流接触器有三个常开主触点。

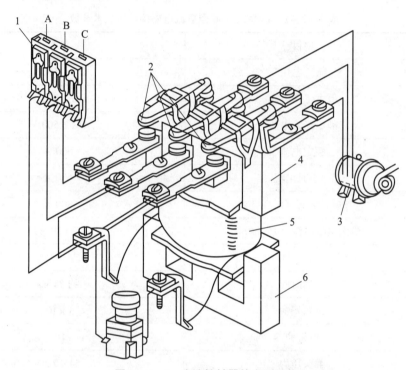

图 3-2-4　交流接触器的主要结构
1—熔断器；2—主触点；3—电动机；4—上铁芯；5—线圈；6—下铁芯

当主触点断开时，其间会产生电弧，烧坏触点，并使切断时间拉升。因此在电流较大的接触器中还专门设有灭弧装置。相间有绝缘隔板，以免短路。

交流接触器的技术参数见表 3-2-3。

表 3-2-3　交流接触器的技术参数

序号	项目	参数
1	型号	3TF488-0AP0
2	工作电压	230/220 V，50 Hz
3	主触点	三对常开主触点，控制三相
4	交流功率	37 kW/400 V
5	辅助触点	两对常开，两对常闭

3.2.4 检修方法与步骤

1. 直流接触器的维护

接触器在使用中最容易损坏的是触头,接触器主触头、辅助触头需要定期检查,主触头的最大允许磨损如图3-2-5所示,超过图示磨损需要更新触头,新触头要相互配对,坚固力矩为18 N·m,灭弧罩需定期检查,清除灭弧罩内烧灼痕迹和喷溅金属。接触器在正常工作条件下使用,不需要经常维修。接触器用过的触头与新触头如图3-2-6所示。

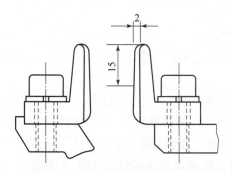 

图3-2-5 触头磨损示意图　　　图3-2-6 接触器用过的触头与新触头

2. 直流接触器分解

直流接触器分解与组装的常用工具有尖嘴钳、六角套筒、扳手、弹簧钳、线圈扳手、拆铁芯用特制螺钉旋具、手枪钻,如图3-2-7所示。分解后的接触器如图3-2-8所示。

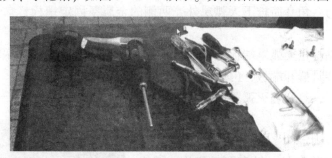

图3-2-7 分解与组装常用工具

图3-2-8 分解后的接触器

分解步骤:

(1) 卸灭弧罩。向上推手柄的同时上抬灭弧罩,使之与接触器分离,拿下灭弧罩。

(2) 拆线圈。

①拔掉线圈上的两根连接线。

②用线圈扳手对准动铁芯上的两个孔下压,用特制螺钉旋具拧下动铁芯开槽螺母。

③用手拧下动铁芯。

④用六角套筒拧松线圈固定架4个长螺栓,把它从固定架上拔出。

⑤拿出线圈固定架和线圈。

(3) 拆辅助触头。

①拿下4个辅助触头保护罩。

②用六角套筒依次拧下4个辅助触头,拿下固定板。

(4) 拆接触器主触头。用六角套筒拧下主触头固定螺栓,拿下主触头(动、静触头)。

(5) 用扳手拧下基架下的一个固定螺栓。

(6) 拆手柄。用弹簧钳拆下手柄固定销钉的弹簧垫圈,拿出手柄。

(7) 拆弹簧垫圈。用弹簧钳拆下凸轮(辅助触点)的弹簧垫圈,拔出凸轮销钉。

(8) 拆夹板金属条。拧下夹板金属条的固定螺栓,用螺钉旋具边撬边拿下金属条。

(9) 拆夹板固定螺钉与螺栓。用手枪钻旋出夹板辅助触头位置处的4个固定螺钉,用六角套筒拧下夹板四周的4个固定螺栓。

(10) 拆A、B触头。打开夹板,拿出接线排A触头、B触头(其中A触头为进线,B触头为出线)等零部件。

3. 直流接触器灭弧罩分解

(1) 用扳手与六角套筒拧下灭弧罩外壳两侧的金属条固定螺栓,拿下两侧的金属条和金属条固定套。

(2) 用手枪钻拧松灭弧罩端板的6个固定螺栓,然后用凿子、榔头敲下螺钉。

(3) 用螺钉旋具撬开端板,内部为用来灭弧的灭弧片、灭弧条。

(4) 分解完毕,打开的灭弧罩如图3-2-9所示。

4. 直流接触器组装

(1) 安装夹板固定件。

(2) 依次安装橡胶件、轴和驱动机构、接线排等零件。

图3-2-9 打开的灭弧罩

(3) 安装接线排B、A触头。

(4) 安装主压缩弹簧(反力弹簧)。

(5) 安装A触头弹簧片。

(6) 安装手柄销钉。

(7) 安装接线排固定架一端固定轴上的垫片。

(8) 安装手柄弹簧。

(9) 盖上夹板的上盖板。

(10) 用手枪钻安装辅助触头一端的固定螺钉(4个螺钉两两对称)。

(11) 用六角套筒安装夹板周边的固定螺栓。

(12) 安装驱动装置凸轮固定销钉,将凸轮固定在夹板上。

(13) 固定好驱动机构。
(14) 安装夹板金属条。
(15) 拧上夹板底部螺栓。
(16) 拧上夹板金属条固定螺栓。
(17) 把线圈固定架和线圈套在固定轴上,然后4个长固定螺栓穿入固定架底部的4个孔内,拧紧4个螺栓。
(18) 把动铁芯旋入线圈内,用线圈扳手和特制螺钉旋具装好动铁芯固定螺栓。
(19) 向下弹压动铁芯,检查安装是否正确。
(20) 装辅助触头固定板,把固定板上的螺栓插入4个辅助触头圆孔,用六角套筒紧固螺栓。
(21) 安装辅助触头保护罩。
(22) 安装主触头。用螺钉把主触头固定好。
(23) 安装手柄和手柄弹簧垫片。
(24) 安装线圈上的两根连接线。
(25) 接触器安装完毕。

5. 主触头接触平面测试

接触器主触头接触平面测试如图3-2-10所示。

图3-2-10 接触器主触头接触平面测试
1—电源;2—接触器;3—示波器;4—电缆

(1) 仪器:电源(DC 110 V)示波器。
(2) 其他:白纸、蓝色复写纸。
(3) 连线:把电源和示波器接到接触器相应端子上。
(4) 现象:

①把中间夹有复印纸的白纸放于主触头之间,闭合电源,主触头吸合,夹住白纸。主触头断开,拿出白纸,观察白纸上的蓝色印迹平面面积与均匀程度,面积越大,印迹越均匀,说明接触器吸合良好,安装合格。

②在主触头吸合与断开时,观察示波器的波形,读出接触器的吸合时间与释放时间。接触器的吸合时间为120 ms,释放时间为40 ms。

任务3.3 认识继电器的组成及工作原理

3.3.1 概述

继电器是一种根据外界输入信号(电量或非电量)来控制电流电路接通或断开的自动

切换电器,分为电压继电器、电流继电器、中间继电器、时间继电器、热继电器和速度继电器等。与接触器相比,继电器负载较小,触头容量小,没有灭弧装置,结构简单,但动作准确性要求较高。地铁车辆使用的继电器,如图3-3-1、图3-3-2所示。

图3-3-1　电气设备柜中的继电器

图3-3-2　继电器外观

3.3.2　组成

继电器由测量机构和执行机构两部分组成。

(1) 测量机构：接收输入量,并将其转变为电压、电流等继电器工作所必需的电量。

(2) 执行机构：改变原来所处状况,给被控电路一定的输出量。

电磁继电器如图3-3-3所示,测量机构就是电磁机构,执行机构是触头,通常接在控制电路中,因此,通过电流较小(一般在20 A以下)。其结构多采用板式和桥式的点接触银质触头,弹簧片既产生触头压力,又作为传导电流的触头支架。

触头是继电器的执行机构,必须工作可靠。对继电器触头的主要要求是耐振动和冲击,不产生误动作。触头接触电阻要小,以便接触可靠。同时要耐磨损,抗熔焊,使用寿命长。

3.3.3　工作原理

当继电器的输入量达到其动作参数时,就将转变为衔铁的吸合动作。此时触点动作,由原来的断开状态转变成闭合状态,接通被其控制的电路,得到一个输出电压；或者由原来的闭合转变成断开状态,切断被其控制的电路。

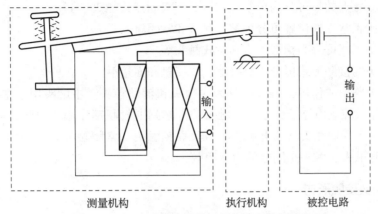

图 3-3-3　电磁继电器的测量机构和执行机构

继电器的输入量与输出量的关系称为它的输出-输入特性。设输入量为 X，输出量为 Y，当输入量 X 由零增加到动作参数 $X_{动作}$ 时，衔铁被吸合，使触头闭合，接触被控电路，在输出端有电压输出，即输出量 Y 由零跃变到最大值 Y_{max}，如图 3-3-4 所示，衔铁吸合后，如果将输入量 X 减小到 $X_{释放}$ 使反作用力大于电磁吸力，衔铁释放，触头开断，被控电路也断开，输出量由最大值 Y_{max} 下降到零。当输入量由 $X_{释放}$ 继续减小时，输出量 Y 维持为零值。通常 $X_{动作} > X_{释放}$。继电器输入量的释放参数与动作之比称为返回系数 K，即 $K=(X_{释放}/X_{动作})$。

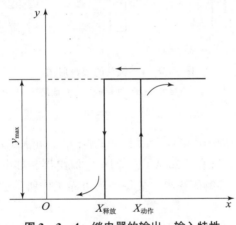

图 3-3-4　继电器的输出-输入特性

任务 3.4　触头的结构与检修

3.4.1　触头的分类

触头可按以下方法分类：

（1）按触头工作情况可分为有载开闭和无载开闭两种。前者在触头开断或闭合过程中允许触头中有电流通过，后者在触头开断或闭合过程中不允许触头中有电流通过，而在闭合后才允许触头中通过电流，如转换开关等。无载开闭触头，由于触头开断时无载，故无电流产生，对触头的工作十分有利。

(2) 按开断触点数目可分为单断点式触头和双断点式触头。
(3) 按触头正常工作位置可分为常开触头和常闭触头。
(4) 按结构形状可分为指形触头和桥式触头等。
(5) 按触头的接触形式可分为点接触、线接触和面接触。
(6) 按在电路中的作用，触头可分为主触头和辅助触头。主触头用于主电路，辅助触头用于辅助电路或控制电路。由于辅助触头常常起到电气联锁作用，因此又称为联锁触头。联锁触头又分为正联锁触头（常开触头）和反联锁触头（常闭触头）。在无电情况下，触头是断开的为常开触头，触头是闭合的为常闭触头。

3.4.2 触头接触形式

触头接触形式有点接触、线接触和面接触三种，如图 3-4-1 所示。

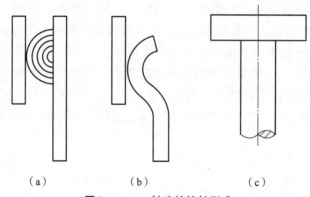

图 3-4-1 触头的接触形式
(a) 点接触；(b) 线接触；(c) 面接触

1. 点接触

点接触是指一个很小的面积内若干个点接触的触头（如球面对球面、球面对平面），如图 3-4-1 (a) 所示。点接触用于 20 A 以下的小电流电器，如继电器的触头，接触器和自动开关的联锁触头等。由于接触面积小，故保证其可靠工作所需的接触压力也较小。

2. 线接触

线接触是指两个导体沿着线或较窄面积接触的触头（如圆柱对圆柱、圆柱对平面），如图 3-4-1 (b) 所示。线接触的接触面积和接触压力适中，常用于几十安至几百安电流的中等容量电器，如接触器、自动开关及高压开关电器的触头。

3. 面接触

面接触是指两个导体沿着较广的表面接触的触头（如平面对平面），如图 3-4-1 (c) 所示。其接触面积和接触压力较大，多用于大电流的电器，如大容量的接触器和断路器的主触头。触头的主要参数有开距 s、超程 r、初压力 F_0 和终压力 F_z 等。

3.4.3 触头的主要参数

1. 触头的开距 s

触头处于断开位置时，动、静触头之间的最小距离称为触头的开距（或行程）s，如

图 3-4-2（a）所示。开距用于保证触头分断电路时可靠地灭弧，并且具有必要的安全绝缘间隔。

2. 触头的超程 r

触头的超程是指电器触头完全闭合后，如果将静（或动）触头移开，动（或静）触头在触头弹簧的作用下继续前移的距离 r，如图 3-4-2（c）所示。超程是用以保证在触头允许磨损的范围内仍能可靠地接触。

3. 触头的初压力 F_0

当动触头与静触头 F_0 刚好接触，每个触头的压力称为触头的初压力 F_0，如图 3-4-2（b）所示。触头的初压力是通过调节触头预压缩弹簧来保证的，增大初压力可以降低触头闭合过程的弹跳。

4. 触头的终压力 F_z

当动、静触头闭合终了时，每个触头上的压力称为终压力 F_z，如图 3-4-2（c）所示。它由触头弹簧最终压缩量决定，此压力应使触头闭合状态时的实际接触面积增加，接触电阻低而稳定。

5. 触头的研距

一般线接触触头的动、静触头开始接触时，其接触线在 a 点处（图 3-4-3），在触头闭合过程中，接触线逐渐移动，最后停在 b 点处接触，以导通工作电流。动触头上的 ab 和静触头上的 $a'b'$ 称为触头研距。研距是触头开闭过程中动静触头滚动距离和滑动距离之和。接触线的移动，使触头在闭合时的撞击处与最后闭合位置的工作点之间，以及开断电路时产生电弧处与闭合位置的工作点分开，保证工作点不受机械撞击与电弧的破坏作用，同时擦除触头表面所形成的氧化膜，使触头有良好的电接触。

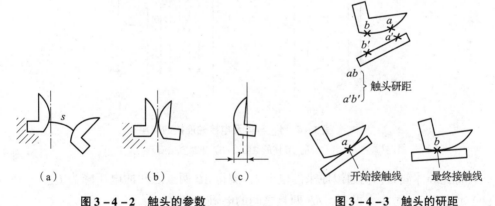

图 3-4-2　触头的参数
(a) 完全断开状态；(b) 刚接触时；(c) 闭合状态

图 3-4-3　触头的研距

触头的开距、超程、初压力和终压力都是必须进行检测的重要参数。在电器的使用和维修中常用这些参数来反映触头的工作情况及检验电器的工作状态，触头有 4 种工作情况。

1）闭合状态

触头处于闭合状态时的主要任务是保证能通过规定的电流，触头温升不超过允许值。主要问题是触头的发热及热和电动的稳定性，触头的发热是由接触电阻引起的，因此应设法减小接触电阻。

2)闭合过程

触头在闭合过程中会因碰撞而产生机械振动,主要问题是设法减小机械振动,减小触头的磨损,避免触头熔焊。

3)断开状态

触头处于断开状态时,必须有足够的开距,以保证可靠地熄灭电弧和必要的安全绝缘间隔。

4)开断过程

触头开断过程是触头最繁重的工作过程。当触头开断电路时,一般会在触头间产生电弧,这个过程的主要任务是设法熄灭电弧,减小由电弧而产生的触头电磨损。

3.4.4 触头的接触电阻

1. 接触电阻的产生

两个导电零件接触在一起实现电的连接,其导电能力显然比同样尺寸的完整导体要差。

图3-4-4(a)所示为一段完整的导体,通以电流I,用电压表测得其AB长度上的电压降为U,则AB段导体的电阻R为

$$R = U/I$$

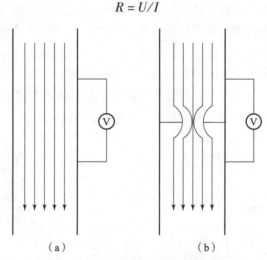

图3-4-4 导体及电接触连接的电阻

(a)导体的电阻;(b)电接触电阻

若将此导体截断,仍通以原来的电流I,测得AB两点之间的电压降为U_c,如图3-4-4(b)所示,U_c比U大得多,AB两点之间的电阻R_c为

$$R_c = U_c/I$$

R_c除含有该段导体材料的电阻R外,还有附加电阻R_j,即

$$R_c = R + R_j$$

称此附加电阻R_j为接触电阻,动、静触头接触时同样也存在接触电阻。

接触电阻R_j由收缩电阻R_s和表面膜电阻R_b组成,即

$$R_j = R_s + R_b$$

(1)收缩电阻R_s。接触处的表面不可能是理想的平面,尽管经过精加工,但从微观角

度分析，其接触面总是凹凸不平的，实际上只有若干小的突起部分相接触，如图 3-4-5 所示，实际接触面积比视在接触面积小得多。当电流通过实际接触面积时，电流只从接触点上通过，在这些接触点附近，迫使电流线发生收缩。由于有效接触面积（实际接触面积）小于视在接触面积，由此产生的附加电阻称为收缩电阻 R_s。

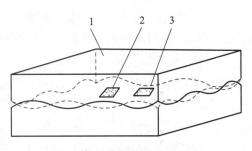

图 3-4-5 触头的接触状态
1—表观面；2—轮廓面；3—微观面

（2）表面膜电阻 R_b。由于种种原因，电接触表面覆盖着一层导电性很差的薄膜。例如金属的氧化物、硫化物等，其电阻系数远大于原金属，也可能是落在接触表面上的灰尘、污物等，由此而形成的附加电阻，称为表面膜电阻 R_b。

2. 接触电阻 R_j 的计算公式

接触电阻与触头材料、触头压力、接触面形式、表面状况等因素有关。由于膜电阻难以计算，故接触电阻 R_j 可用经验公式计算，即

$$R_j = K_j / F^m$$

式中，R_j 为触头接触电阻（Ω）；F 为触头压力（N）；m 为与触头接触形式有关的常数，其值在 0.5~1.0，对于点接触 $m=0.5$，线接触 $m=0.5~0.8$，面接触 $m=1$；K_j 为与接触材料、接触表面加工方法、接触面状况有关的常数，其值可查阅相关资料。

3. 影响接触电阻的各种因素

通常希望得到低值而稳定的接触电阻，以保证电接触的可靠工作。影响接触电阻的因素有接触压力、温度、化学腐蚀、电化学腐蚀、触头表面粗糙度和触头材料等。

1）接触压力

加大压力 F 可使接触电阻 R_j 减小，当压力很小时，接触压力微小的变化都会使接触电阻值产生很大的波动。但当压力达到一定值后，接触电阻受压力变化的影响甚微。这是因为在压力作用下，两表面接触处产生弹性变形，压力增大，变形增加，有效接触面积增加，收缩电阻减小。而当压力达到一定值后，收缩电阻几乎不变，这是因为材料的弹性变形是有一定限度的。因而接触面积的增加也是有限的，故接触电阻不可能完全消除。

2）温度

接触点温度升高后，金属的电阻率有所增加，但材料的硬度有所降低，使得有效接触面积增大。前者使收缩电阻 R_s 增大，后者使收缩电阻 R_s 减小，两相补偿，所以接触电阻变化甚微。但是，当触头电流长期超过额定值时，温度升高，引起接触面氧化，接触电阻则急剧上升，发热加剧，形成恶性循环。为保证接触电阻稳定，电接触的长期工作允许温度规定得较低。

3）化学腐蚀

单纯由化学作用引起的腐蚀称为化学腐蚀。如金属与干燥气体接触时，在金属表面生成相应的化合物，如氧化物、硫化物、氯化物等。暴露在空气中的接触面（除铂和金外）都将产生氧化作用。空气中的铜触头在室温下（20~30 ℃）即开始氧化，但其氧化膜很薄，在触头彼此压紧的过程中就被破坏，故对接触电阻影响不大。而当温度高于 70 ℃ 时，铜触头氧化加剧，氧化铜的导电性能很差，使膜电阻急剧增加。因此，铜触头的允许温升都是很

低的。银被氧化后的导电与纯银差不多，所以银或镀银的触头工作很稳定。为减小接触面的氧化，可以将触头表面搪锡或镀银，以获得较稳定的接触电阻。

4）电化学腐蚀

采用不同的金属作触头对时，由于两金属接触处有电位差，当湿度大时，在触头对的接触处会发生电解作用，引起触头的电化学腐蚀，使接触电阻增加。常用金属材料的电化顺序是金（Au）、铂（Pt）、银（Ag）、铜（Cu）、氢（H）、锡（Sn）、镍（Ni）、镉（Cd）、铁（Fe）、铬（Cr）、锌（Zn）、铝（Al），规定氢的电化电位为0，在它后面的金属具有不同的负电位（如Al的电化电位为-1.34 V），在它前面的金属具有不同的正电位（如Ag的电化电位为+0.8 V）。选取触头对时，应取电化顺序中位置靠近的金属，以减小电化电势。例如，不宜采用铝和铜做触头对。

5）接触表面粗糙度

表面粗糙度对接触电阻有一定的影响。接触表面可以粗加工，也可以精加工，至于采用哪种方式加工更好，要根据负荷大小、接触形式和用途而定。对于大、中电流电器的触头表面，不要求精加工，最好用锉刀加工，重要的是平整。两个平整而较粗糙的平面接触在一起，接触点数目较多且稳定，并能有效地清除氧化膜。相反，精加工的表面，当装配稍有歪斜时，接触点的数目显著减小。对于某些小功率电器，触头电流小到毫安以下，为了保证接触电阻小而稳定，则要求触头表面粗糙度越低越好。粗糙度低的触头不易受污染，也不易生成膜电阻。为达到这样低的粗糙度，往往采用机械、电或化学抛光等工艺。

6）触头材料

触头材料的电阻系数大的，接触电阻大。抗压强度越小，在同样接触压力下得到的实际接触面积就越大，接触电阻就越小。因此常在接触连接处，用较软的金属覆盖在硬金属上，以获得较好的工作性能，如铜触头搪锡等。银的电阻率小于铜，但银比铜贵，所以采用铜表面镀银的工艺。铝在常温下几秒钟内就氧化，氧化膜电阻较大。铝一般只用作固定连接，并常在其表面覆盖银、铜、锡等以减小接触电阻。金、铂、铱等化学性能稳定，但价格昂贵，一般只用于小型电器的弱电流触头。

4. 减小接触电阻的方法

根据接触电阻的形成原因，减小接触电阻一般可采用下列方法。

（1）增加接触点数目。应选择适当的接触形式，用适当的方法加工接触表面，并在接触处加一定的压力。

（2）采用本身电阻系数小，且不易氧化或氧化膜电阻较小的材料作为接触导体，或作为接触面的覆盖层。

（3）触头在开闭过程中应具有研磨过程，以擦去氧化膜。

3.4.5 触头的振动

1. 产生振动的原因

触头在闭合过程中，触头间的碰撞、触头间的电动斥力和衔铁与铁芯的碰撞都可能引起触头机械振动。

当触头闭合时，电器传动机构的力直接作用在动触头支架上，使得质量为 m 的动触头以

速度 v_1 向静触头运动,在动、静触头相撞时动触头具有一定的动能 $mv^2/2$,如图 3-4-6 (a) 所示。触头发生碰撞后,触头表面将产生弹性变形,此时,一部分能量消耗在碰撞过程中(因为触头不是绝对弹性),而大部分能量转变为触头表面材料的变形势能。当触头表面达到最大变形 x_{SD} 时,如图 3-4-6 (b) 所示,变形势能达到最大值,而动触头的动能降为零,于是动触头停止向前运动。紧接着触头的弹性变形开始恢复,将势能释放,由于静触头固定不动,动触头应会受到反力的作用,以 v_2 速度弹回,如图 3-4-6 (b) 所示,甚至离开静触头,并把触头弹簧压缩,将动能储存在弹簧中,在触头弹簧的作用下,动触头反跳的速度逐渐减小。与此同时,传动机构继续推动触头支架将弹簧进一步压缩。当动触头反跳的速度降为零时,反跳距离达到最大值 x_m,如图 3-4-6 (c) 所示。随后,动触头在弹簧张力的作用下又开始向静触头运动,触头间发生第二次碰撞和反跳。由于触头每一次碰撞和反跳都要消耗掉一部分能量,同时,在碰撞和反跳的过程中,传动机构使触头弹簧进一步压缩,因而动触头的振动时间和振幅一次比一次小,直至振动停止,触头完全闭合,如图 3-4-6 (d) 所示。

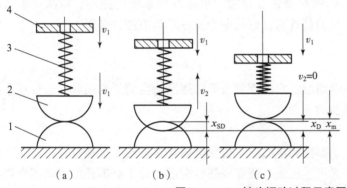 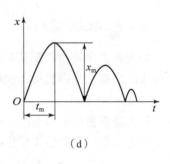

图 3-4-6 触头振动过程示意图

(a) 触头碰撞开始瞬间;(b) 触头碰撞后瞬间;(c) 触头振动变化过程;(d) 触头振动波形
1—静触头;2—动触头;3—触头弹簧;4—动触头支架;
x_{SD}—塑性和弹性变形量;x_D—弹性变形量;x_m—最大振幅

另外,在触头带电接通时,实际接触的只有几个点,在接触点处产生电流线的密集或弯曲,如图 3-4-7 所示。畸变的电流线和通过反向电流的平行导体一样,相互作用产生斥力,使触头趋于分离,该电动力称为收缩力。收缩力也引起触头间的振动,特别是闭合大的工作电流或短路电流,收缩力的作用更为显著。

对于电磁传动的电器来讲,在触头闭合过程中,衔铁以一定的速度向静铁芯运动,当衔铁吸合时,同样会因碰撞而产生振动,以致触头又发生第二次振动。在触头振动过程中(图 3-4-6),如果 $x_m < x_D$,则碰撞后触头不会分离,这样的振动不会产生电弧,对触头无害,因而称为无害振动。反之,若 $x_m > x_D$,则碰撞后动静触头分离,形成断开电路的气隙,在触头间产生电弧,严重影响触头寿命,故称为有害振动。两个触头在闭合时发生碰撞产生振动是不可避免的,所

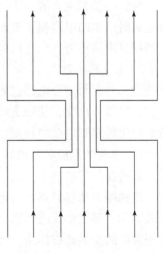

图 3-4-7 接触点电流线密集情况示意图

谓消除触头闭合过程中的振动,是指消除触头的有害振动。

2. 减小振动的方法

为了提高触头的使用寿命,必须减小触头的振动,通常减小触头振动有以下几种方法。

(1) 使触头具有一定的初压力。增大初压力可减小触头反跳时的振幅和振动时间,但初压力是有限的,如果初压力超过了传动机构的作用力(如电磁机构的吸力),则不仅触头反跳的距离增加,而且触头也不能可靠地闭合,反而造成触头磨损增加。

(2) 降低动触头的闭合速度,以减小碰撞动能。由实验可知,减小触头闭合瞬间的速度可减小触头振动的振幅。这要求吸力特性和反力特性良好配合。需要指出的是,当触头回路电压高于 300 V 时,若闭合速度过小,则在动、静触头靠近时,触头间隙会击穿形成电弧,反而会引起电磨损的增加。

(3) 减小动触头的质量,以减小碰撞动能,从而减小触头的振幅。但是,在减小触头质量时必须考虑触头机械强度、散热面积等问题。

(4) 对于电磁式电器,减小衔铁和静铁芯碰撞时引起的磁系统的振动,以减小触头的二次振动。其方法是吸力特性与反力特性有良好的配合及铁芯具有缓冲装置。

3.4.6 触头的磨损

触头在多次接通和断开有载电路后,它的接触表面将逐渐产生磨耗和损坏,这种现象称为触头的磨损。磨损直接影响电器的寿命。

1. 磨损的原因

触头磨损包括机械磨损、化学磨损和电磨损。机械磨损是在触头闭合和打开时研磨和机械碰撞造成的,它使触头接触表面产生压皱、裂痕或塑性变形。化学磨损是由于周围介质中的腐蚀性气体或水蒸气对触头材料侵蚀所造成的,它使触头表面形成非导电性薄膜,致使接触电阻变大,且不稳定,甚至完全破坏了触头的导电性能。这种非导电性薄膜在触头相互碰撞及接触压力作用下,逐渐剥落,形成金属材料的损耗。机械磨损和化学磨损一般很小,约占全部磨损的 10% 以下。

触头的磨损主要取决于电磨损。电磨损主要发生在触头的闭合和开断过程中,在触头闭合电流时产生的电磨损主要是由于触头碰撞引起振动所产生的,在触头开断电流时所产生的电磨损是由高温电弧所造成的。

2. 电磨损的形式

触头分断与闭合电路过程中,会产生金属液桥、电弧和火花放电等各种现象,引起金属转移、喷溅和汽化,使触头材料损耗和变形,这种现象称为触头的电磨损。电磨损主要有液桥的金属转移和电弧的烧损两种形式。

1) 液桥的形成和金属转移

触头在断开过程中,动、静触头间形成熔化的液态金属桥,称为液桥。触头断开前的瞬间,接触压力和接触点数目逐渐减小,这样就使接触点的电流密度急剧增加,促使接触处的金属熔化,形成金属液体滴。触头继续断开时,将金属液体滴拉长,形成液桥。实践证明,由于液桥的金属转移作用,经过多次操作后,触头的阳极因金属损耗而形成凹坑,阴极金属增多形成针刺,凸出于接触表面。在弱电流电器(如继电器)中,液桥对触头的电磨损起着重要影响。

2)电弧对触头的烧损

电弧对触头的烧损十分严重,电弧磨损要比液桥引起的金属转移高出 5~10 倍。当电弧的温度极高,触头间距离又较大时,一般都采用电动力吹弧的方法来熄灭电弧,加上强烈的金属蒸气浪冲击,往往会把液态金属从触头表面吹出,向四周飞溅。这种磨损与小功率电弧的磨损不同,金属蒸气再度沉积于触头接触表面上的概率已大大减小,使触头的阴、阳极都遭到严重磨损,由于阳极温度高于阴极,因此阳极磨损更为严重。

3. 减小触头电磨损的方法

减小触头电磨损,可从减小触头在开断过程中的磨损和减小触头闭合过程中的磨损两方面着手。

(1)减小触头开断过程中的磨损,即减小触头开断时的电弧。

①选择灭弧系统参数,例如磁吹的磁感应强度 B。B 值过小,吹弧电动力太小,电弧在触头上停留时间较长,触头电磨损增加;B 值过大,吹弧电动力过大,会把触头间熔化的金属液桥吹走,电磨损也增加,因此,应选择恰当的 B 值。

②对于交流电器(如交流接触器)宜采用去离子栅灭弧系统,利用交流电流通过自然零点而熄弧,减小触头的电磨损。

③采用熄灭火花电路,以减小触头的电磨损。该方法是在弱电流触头电路中,在触头上并联电阻、电容,以熄灭触头上的火花。这种火花熄灭电路对开断小功率直流电路很有效。

④正确选用触头材料。例如,钨、钼的熔点和气化点高,因此,钨、钼及其合金有良好的抗磨损性能,银、铜的熔点和气化点低,抗磨损性能较差。

(2)减小触头闭合过程中的磨损。触头闭合过程中的磨损,主要由触头在闭合过程中的振动引起,所以,减小触头闭合过程中电磨损必须减小触头的机械振动。

3.4.7 触头材料

不同电器的任务和使用条件,对电接触材料的性能要求不同。对触头材料性能的要求如下:

(1)尽可能高的导电和导热性能。电阻率要低,导热系数要大。电阻率小,触头处于闭合状态时的接触电阻小,相应的热损耗小。导热系数大,可以加强触头和导体的散热,使电接触表面温度降低,各种有害的氧化膜不易形成,保持接触电阻的稳定,在开始分断时使触头间不易形成金属桥。良好的散热还可以降低生弧条件,使金属不易汽化和熔化,降低触头的电磨损。

(2)良好的机械性能。材料应有适当的强度和硬度,摩擦系数要小。好的机械强度可使电接触坚固耐用,在机械力和电动力的作用下不至于引起变形,这对牵引电器尤为重要。材料的弹性和塑性也应适中,弹性大的触头容易在闭合过程中产生较严重的振动,同时弹性大的材料加工困难。塑性大的材料易引起严重变形和机械磨损。摩擦系数小,可减小机械磨损。

(3)良好的化学性能。电接触材料要具有很好的化学稳定性,在常温下不易氧化,或者氧化物的电阻尽量小,耐腐蚀。

触头材料分三类:纯金属材料、合金材料和金属陶冶材料。

1. 纯金属材料

(1) 银 (Ag)：银是高质量的触头材料，具有高的导电和导热性能。银在常温下不易氧化，其氧化膜能导电，在高温下易分解还原成金属银。如 Ag_2O 在 200 ℃时分解，AgO 在 100 ℃时分解。氧化膜电阻率较高。可见，银触头能自动清除氧化物，接触电阻低且稳定，允许温度较高。银的缺点是熔点低，硬度小，不耐磨。由于银的价格高，因此仅用于继电器和小功率接触器的触头或用于接触零件的电镀覆盖层。

(2) 铜 (Cu)：铜是广泛使用的触头材料，导电和导热性能仅次于银。铜的硬度较大，熔点较高，加工容易，价格低廉。铜的缺点是易氧化，其氧化膜的导电性很差，当长时间处于较高的环境温度下，氧化膜不断加厚，使接触电阻成倍增长，甚至会使电流通路中断。因此，铜不适用于作非频繁操作电器的触头材料，对于频繁操作的接触器，电流大于 150 A 时，氧化膜在电弧高温作用下分解，可采用铜触头，并制成单断点指式触头，在触头分、合过程中有研磨过程，以清除氧化铜薄膜。

(3) 铂 (Pt)：铂是贵金属，化学性能稳定，接触电阻也非常稳定。铂的导电和导热性能差，在触头开始分断时容易产生金属桥，使触头上形成毛刺。铂价格昂贵，资源缺乏，因此不采用纯铂作继电器的触头材料，一般用铂的合金作小功率继电器的触头。

(4) 钨 (W)：钨的熔点高，硬度大，耐电弧，钨触头在工作过程中几乎不会产生熔焊。但是，钨的导电性能较差，接触电阻大，易氧化，特别是与塑料等有机化合物蒸气作用，例如在封闭塑料外壳内的钨触头生成透明的绝缘表面膜，而且此膜不易清除。因此，除少数特殊场合（如火花放电间隙的电极）外，一般不采用纯钨作触头材料。

2. 合金材料

由于纯金属本身性能的差异，将它们以不同的成分相配合，构成金属合金或金属陶冶材料，使触头的工作性能得以改进。

(1) 银铜合金：适当提高银铜合金的含铜量，可提高其硬度和耐磨性能。但是，含铜量不宜过高，否则会和铜一样易于氧化，接触电阻不稳定。银铜合金熔点低，一般不用作触头材料，主要用作焊接触头的银焊料。

(2) 银钨和钯铜：银钨和钯铜都有较高的硬度，比较耐磨，抗熔焊。有时用于小功率电器及精密仪器仪表中。

(3) 钯铱合金：钯铱合金使用较广泛，铱有效地提高了合金的硬度、强度及抗腐蚀能力。

3. 金属陶冶材料

金属陶冶材料是由两种或两种以上的彼此不相熔合的金属组成的机械混合物，其中一种金属有很高的导电性（如银、铜等），作为材料中的填料，称为导电相；另一种金属有很高的熔点和硬度（如钨、镍、钼、氧化镉等），在电弧的高温作用下不易变形和熔化，称为耐熔相，这类金属在触头材料中起着骨架的作用。这样，就保持了两种材料的优点，克服了各自的缺点，是比较理想的触头材料。

常用的金属陶冶材料有以下几种：

(1) 银－氧化镉：氧化镉在银中不仅起到增加强度和硬度的作用，还能大大提高抗弧能力。它可塑性好，易加工，因此是一种较为理想的触头材料。

(2) 银－氧化铜：银－氧化铜与银－氧化镉相比，耐磨损，抗熔焊性能好，无毒，使用寿命长，价格便宜。

（3）银-钨：银-钨具有银的良好的导电性，同时又具有钨的高熔点、高硬度、耐电弧腐蚀、抗熔焊等特性，常用作电器的弧触头材料。银-钨的缺点是接触电阻不稳定，随着开闭次数的增加，接触电阻增大，其原因在于分断过程中，触头表面产生三氧化钨、钨酸银等电阻率较高的薄膜。

（4）银-石墨：银-石墨材料的导电性能好，接触电阻低，抗熔焊，在短路电流下也不会熔焊，其缺点是电磨损大。

任务3.5 电弧知识

3.5.1 电弧的产生与熄灭

1. 概述

电弧是气体中的一股强烈电子流，属于气体放电的一种形式。发射电子的源泉是阴极（带负极性的触头），接收电子的是阳极（带正极性的触头），其外观像一团亮度极强、温度极高的火焰。当电器触头开断有载电路时，常在触头之间产生电弧的燃烧和熄灭过程。根据实验，产生电弧的极限条件是：电路内的电流和电压必须大于某一最小生弧电流（I_{SH}）和最小生弧电压（U_{SH}）。I_{SH}和U_{SH}随触头材料、电路性质和周围介质而异。当负载为强电阻及周围介质为大气时，各种触头材料的U_{SH}在11~20 V，I_{SH}在0.02~1 A。

电弧的产生会伴随着高达数千摄氏度甚至1万摄氏度以上的高温及强烈的光辐射。电弧的这个特性在工业上虽有很多用处，但对电器的危害极大，它使触头开断后电路仍不能断流，更严重的是它的高温使触头金属熔化，甚至使整个电器烧坏，或引起电器的爆炸和发生火灾。因而，从有利于电器的角度来研究电弧，目的在于了解电弧的各种规律，以便采取措施，使它迅速熄灭。

电弧电位在整个电弧长度L上的分布是不均匀的，它分为近阴极区、弧柱区、近阳极区，如图3-5-1所示。图中，U与E的脚标a、k与L分别代表阳极、阴极与弧柱区。近阴极区的长度约为10^{-4} cm，大致为电子的平均自由行程。

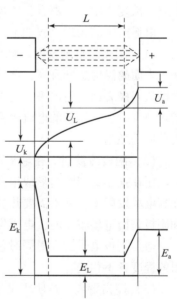

图3-5-1 电弧三个区及电弧电位U、电场强度E的分布曲线

在电场力的作用下正离子向阴极运动，它们聚集在阴极附近形成正的空间电荷层，使阴极附近形成的电场强度为10^6~10^7 V/m，对阴极表面的高电场发射和二次发射起着重要的作用。正的空间电荷层形成阴极压降，其值为10~20 V。

近阳极区的长度约为近阴极区的数倍。在电场力的作用下自由电子向阳极运动，它们聚集在阳极附近且不断被阳极吸收而形成电流。同时，在阳极附近的自由电子形成负的空间电荷层，产生阳极压降，其值稍小于阴极压降。由于阳极区的长度较阴极区长，故其电场强度比阴极区小。

在阴极区和阳极区之间（几乎等于电弧的全长）光度强、温度高的部分称为弧柱，其压降用 U_L 表示。弧柱区的电位梯度很小，约为常数，但与电流的大小、介质种类、冷却情况有关。

电弧有短弧和长弧之分。一般把弧长小于弧径的电弧称为短弧；把弧长大大超过弧径的称为长弧。短弧的特点是其物理过程主要取决于阴极，电弧压降主要反映的是极前压降，所以电弧压降几乎不随电流变化。而长弧的特点是，电弧的过程主要取决于弧柱，电弧压降的大小也主要由弧柱压降决定。

由于电弧的物理过程比较复杂，且影响其特性的因素很多，因此不能完全用理论的方法来计算电弧特性，在设计灭弧装置时，通常用经验的方法并通过实验来解决。因此，应很好地掌握电弧内在的物理过程及其基本规律，并把密切相关的一些因素联系起来进行分析，以了解如何熄灭电弧的问题。

2. 电弧产生与熄灭的物理过程

当触头开断，在间隙中有电弧燃烧时，电路仍然导通，说明此时触头间隙的气体由绝缘状态变成了导电状态。气体呈导电状态的原因是原来的中性气体分解为电子和离子，即气体被游离，此过程称为气体的游离过程。气体游离出来的电子和离子在电场作用下各朝对应的极向运动，形成电流，从而造成触头虽然已开断，但电路却并未切断。当电弧熄灭后，电路不再导通，这说明此时触头间隙的气体恢复了介质强度，又呈现绝缘状态，即气体已经消除游离而恢复为中性。那么，气体又是怎么游离和消游离的呢？

电弧产生的物理过程如下：

（1）阴极热电子发射。触头开断过程中，接触面积越来越小，接触处的电阻越来越大，触头表面的温度急剧升高，金属内由于热运动急剧活跃的自由电子克服金属内正离子的吸引力而从阴极表面发射出来，这种主要由于热作用所引起的发射称为热发射。温度越低和逸出的功越大时，热发射的电流密度越小。逸出功为电子克服金属内正离子的吸引力而逸出金属表面所消耗之功。

（2）阴极冷发射。在触头刚刚分开发生热发射的同时，由于触头之间的距离很小，线路电压在很小的间隙内形成很高的电场，此电场将电子从阴极表面拉出，形成高电场发射。在高电场发射中，并不需要热功的参与，所以高电场发射也称作冷发射。当金属的温度越低和阴极表面电场越小时，电子发射的数量就越少。

通常阴极电子的发射同时包含了热发射和冷发射的过程，只是不同的材料热发射和冷发射的程度各不相同。

（3）撞击游离。从阴极发射出来的电子，在电场作用下获得能量朝阳极逐渐加速飞驰，并不断撞击中性气体分子。当飞驰的电子获得的能量足够大时，把气体中的分子击离它本身的轨道，使中性分子游离，形成撞击游离。一个电子对一个中性分子发生撞击游离后，被游离的自由电子在电场作用下高速运动，和其他气体分子发生新的撞击和游离，于是两个电子变成四个，四个变成八个，电子和离子累进地增加。如果电子所获得的能量较小，撞击后不足以使中性气体分子立即游离，但撞击后可使电子从内层轨道跳到较远的外层轨道而不脱离其原子核的束缚，这种状态称激发状态。处于激发状态的气体分子经过多次撞击，便可发生游离，这种过程称为累积游离。通常撞击游离的过程主要是累积游离的过程。

（4）热游离。当电弧燃烧时，电弧间隙中气体温度很高，气体中的中性原子或分子由于热运动而发生互相撞击，其结果也造成游离，这就是热游离。热游离实质上也是撞击游离，只不过发生撞击的原因是高温引起而不是电场引起。所以，温度越低，热游离越弱；相反，温度越高，热游离越强。应该指出，在高温情况下，往往有金属蒸气充塞于触头间隙，由于金属蒸气游离比气体要快得多，因此游离程度更加迅速。

由上可见，电弧的产生，第一是由于热的作用，发生热发射和热游离；第二是由于电场的作用，发生冷发射和撞击游离，在气隙间出现大量电子流，使气体由绝缘体变成导体。电弧燃烧期间，起主要作用的是热游离。因而，使电弧迅速冷却是熄灭电弧的主要方法。

电弧熄灭的物理过程如下：电弧稳定燃烧时（电弧电流为定值），它处在热动态平衡状态中，此时不可能有电子和离子的累积（否则电弧电流将不为定值），这说明电弧内部除游离外，还存在着消游离的过程。当电弧熄灭时，气体恢复为中性，这反映了消游离的结果。

消游离的形式主要有以下两种。

（1）复合。它是异性离子（正离子和负离子或正离子和电子）互相结合在一起中和成中性原子或分子的作用过程。在游离过程中出现的电子和正、负离子，如果它们的运动速度不大，当它们接近时就互相吸合而成中性分子，这种复合称为直接复合。如果电子和正、负离子的运动速度较高，它们不能直接复合，速度较高的电子撞击中性分子时，除形成撞击游离外，也可能附在中性分子上，形成负离子。由于形成负离子后的质量比电子大得多，因而速度就减慢，当与正离子接近时，相互中和成中性分子，这个过程称为间接复合。复合的速度受温度影响很大，温度升高，离子运动速度加大，复合的概率减少；反之，温度低时，离子运动速度低，复合的概率增大。因而冷却电弧是加强复合过程的重要因素。此外，如加入大量的新鲜气体分子，也可增强复合作用。

（2）扩散。扩散就是电弧表面的离子（或电子）扩散到周围冷介质里的现象。电弧是一个电子和离子高度密集的空间，温度很高。它和气体分子一样，有均匀地分布在容积中的倾向，这样电子便从弧隙中向四周扩散，扩散出来的电子（或离子）因冷却互相结合而成为中性分子，这种过程的进行不在电弧的内部，而在电弧的表面空间进行。因此，当弧柱表面温度降低时，即电弧内部与电弧表面之间的温差增大时，扩散就会加快。

综上所述，电弧中同时存在着游离和消游离作用。这是相互矛盾的两个方面，电弧的燃烧情况取决于同时存在着的游离作用和消游离作用这对矛盾的斗争及其转化。当游离过程占优势时，电弧便会发生和扩大；当消游离过程占优势时，电弧就趋于熄灭；当游离作用和消游离作用处于均衡状态时，则弧隙中保持一定数量的电子流而处于稳定燃烧状态。

3. 直流电弧及其熄灭

电弧发生过程随电源交、直流的不同而不同。对于直流电弧，可用它的伏安特性曲线来说明其基本性质及特性。

1）直流电弧的伏安特性

当直流电弧稳定燃烧时，电路仍是导通的，因而电弧中有电弧电流，电弧两端有电弧压降。电弧的伏安特性是指电弧电压和电弧电流之间的关系。影响电弧伏安特性的因素很多，通常只能用实验的方法求得。

如图 3-5-2 所示，在两个铜极之间敞开的空气中（即不加灭弧装置），有稳定燃烧的电弧，测得电弧长度为 1 mm。调节回路电流，分别测量电弧电流 I_{DH} 和电弧两端电压 U_{DH}，其伏安特性如图 3-5-2 中曲线 1 所示。从曲线 1 可见，触头在开断直流电路时所产生的电弧，相当于在电路中串入一个非线性电阻，当电弧电流 I_{DH} 增加时，电弧电压 U_{DH} 就减少。这和普通电路的情况相反。在普通电路中，当电流增加时，电阻上的电压也增加，这是因为电路中的电阻值不变（非线性电阻除外）。在弧隙中，电弧电阻随着电弧电流而变化。这是因为随着电流的增大，电弧内的游离作用越来越激烈，离子浓度越来越大，使弧隙中的电阻大大下降，从而维持电弧稳定燃烧所需之电压也相应减小。反之，当电弧电流减少时，维持电弧稳定燃烧所需之电压也相应增大。

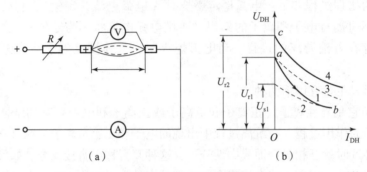

图 3-5-2　直流电弧及其伏安特性

根据电弧电流变化的快慢，其伏安特性有静伏安特性和动伏安特性之分。所谓静伏安特性曲线，是指曲线上每一点都是在电弧稳定燃烧状态（稳定燃烧系指电流变化 di/dt 也不大而言）测得的曲线，如图 3-5-2 中曲线 1；如果在图 3-5-2 中所示的 b 点以很高的速度减小电弧电流，可测得特性曲线 2。同样若 a 以很高的速度增加电弧电流可得曲线 3，这种电弧电流高速变化下测得的特性曲线称为动伏安特性。

由图 3-5-2 可见，曲线 1、2、3 并不重合，主要是由于弧隙具有一定的热惯性。因为在某一电流值时，弧隙电导以及电弧电压不仅与此时的游离程度有关，而且与变化前的游离状态有关。当电流高速增加，以致弧隙的游离作用来不及跟上电流的变化时，使其对应静伏安特性的每一电流值的弧隙游离程度降低，则相应的电弧电阻增大，电弧电压也就增高，此时特性曲线 3 就在静特性曲线 1 的上方。反之，当电流迅速减小时，以致弧隙中消游离作用来不及跟上电流的变化，使其对应静特性的每一电流值时的弧隙游离程度高，相应点的电阻小，电弧电压也就低。因此，此时的特性曲线 2 就在静特性曲线 1 的下方。

在图 3-5-2 中，静特性曲线 1 与纵轴的交点叫作燃弧电压（U_{rl}）。所谓燃弧电压，是指产生电弧所必需的最低电压，电压低于此值，就不足以点燃电弧。燃弧电压的高低，与触头间的距离、弧隙间的温度及气体压力，以及触头材料等有关。由于特性曲线 1 是在电弧电流变化得很慢时测得的，因此此时不论电流增加或减少，电弧的每一个稳定燃烧点都由此曲线来决定。而图 3-5-2 中的特性曲线 2 和纵轴的交点叫作熄弧电压（U_{sl}）。所谓熄弧电压，是指熄灭电弧的最高电压，电压高于此值，将不能熄灭电弧。熄弧电压 U_{sl} 总是小于燃弧电压 U_{rl}，其原因是燃弧前弧隙中介质强度高，即游离程度小，要燃弧就必须具有较高的电压。故燃弧电压实际上是略高于能维持电弧燃烧所需的最低电压，而熄弧电压实际上略低于维持电弧燃烧所需最低电压。又因为燃烧过程中的游离程度高，介质强度低，维持电弧燃烧所需的电压值就低，所以略低于此值的熄弧电压就更低了。因此，熄弧电压 U_s 总是小于燃弧电压 U_r。当电极的材料和电弧本身的热惯性越大时，U_r 和 U_s 的差值就越大。

电弧长度改变时，其伏安特性也相应变化。例如，图 3-5-2 中的电弧拉长为 L_{DH2}，可测得其伏安特性曲线 4。从图中可见，电弧拉长后，在同一电流下，维持电弧燃烧所需的电压增大，即整个伏安特性上移。这是由于在同一电流下，电弧单位长度的电阻不变，电弧拉长后的总电阻就增加，因而电弧电压也就增大。

根据实验测得电极为铁、铝、碳等的伏安特性，在数量上是各不相同的，但都具有与铜电极类似的非线性特性。

此外，电弧的伏安特性还与周围介质、气体压力、灭弧方法等有关。通常，直流电弧的伏安特性是电弧电压随着电弧电流增加而下降的非线性特性。

2）电弧能量

直流电弧稳定燃烧时，电弧所产生的功率为 $P_{DH} = U_{DH}I_{DH}$，此功率几乎全部转变为热量散失到周围介质中。物体的散热方式有三种，即传导、辐射和对流。显然，直流电弧稳定燃烧时，电弧产生的功率应等于散热的功率。即

$$P_{DH} = U_{DH}I_{DH} = P_{CD} + P_{FS} + P_{DL}$$

式中，P_{CD} 为传导散热的功率；P_{FS} 为辐射散热的功率；P_{DL} 为对流散热的功率。

要使电弧熄灭，必须满足 $P_{DH} < P_{CD} + P_{FS} + P_{DL}$，因此，应该人为地加强上述三种散热强度。在许多机车电器中常采用灭弧罩和吹弧的方法来加强散热。

事实上，当触头开断有载电路时，电弧是从燃弧向灭弧过渡的。

下面分析开断如图 3-5-3（a）所示具有电感的直流回路的过渡过程。从燃弧到熄弧是个暂态过程。根据克希荷夫第二定律，可写出如下电压方程式：

$$E = U_{DH} + iR + L(di/dt)$$

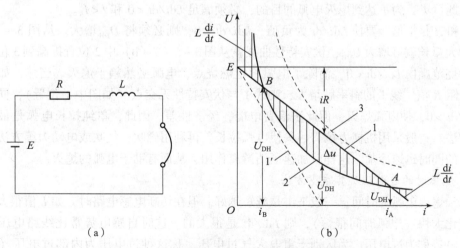

图 3-5-3 开断电感电路的直流电弧及其熄灭

（a）直流电弧；（b）直流电弧的熄灭

设燃弧时间（即从出现电弧瞬间起到电弧完全熄灭瞬间止的时间）为 t_{DH}，电路原先的稳定电流为 i。

由此可见,当电路中有电感时,熄弧就较困难,且电感越大,熄弧越困难,这是因为线圈中储存的能量必须通过电弧释放。

3) 直流电弧的熄灭

由讨论可知,用吹弧方法可以加速电弧能量的散失而使其熄灭。实际上,吹弧时通常伴随着电弧被拉长,而且电弧被拉长到一定长度后就会熄灭。以图3-5-2 (a) 所示的直流电路的电弧熄灭过程为例进行讨论。

因为要讨论的是电弧的熄灭,也就是考虑电弧电流减至零的情况,所以在图3-5-2 (b) 中取用的是一定电弧长度时在电弧电流减小时的伏安特性,如曲线2所示。直线1表示$E-IR$,并与伏安特性曲线2相交于"a"和"b"两点。下面通过对图3-5-2 (b) 中"a"和"b"点电弧燃烧1情况的分析来说明直流电弧的熄灭。

在"a"点:其物理意义为外加电源电势E与i_aR和U_{DH}降落之和相平衡,电弧电流I_a为一恒值,电弧稳定燃烧。

假设外界发生暂时性原因使电流稍大于I_a,说明电源电势已不足以克服U_{DH}与IR压降,所以,电流I逐渐减小,重新回到"a"点。

反之,若由于某种原因使电流稍小于I_a,说明电源电势除克服IR及U_{DH}压降外尚有多余,多余电压促使电流增加,所以电流仍上升到"a"点。因此,"a"点是个稳定燃烧点。

在"b"点:虽然$LdI_b/dt = \Delta u = 0$,$U_{DH} + I_bR = E$,理论上同"a"点一样电弧能稳定燃烧,但实际上并不能,这是因为,若由于外界某种原因使电流稍大于I_b,由图3-5-3 (b) 可知,此时$\Delta u>0$,即$U_{DH} + IR < E$,说明电源电压除加在IR和U_{DH}上外还有多余,此多余电压将使电流进一步增加,直到"a"点,并在"a"点稳定燃烧。

反之,若电流因某种原因而稍小于I_b,由图可知,此时$\Delta u<0$,即$U_{DH} + IR > E$,因而电源电压不可能再维持电弧燃烧,电流继续减小,直至电弧熄灭。所以"b"点是视在稳定燃烧点。

由此可见,为了达到熄灭电弧的目的,必须满足$Ldi/dt<0$和$I<I_b$。

E和R是恒值,要使Ldi/dt为负值,$Ldi/dt<0$,则必须将D_{DH}增大。从图3-5-3可见,增大弧长就可增大U_{DH},伏安特性曲线就从图3-5-3 (b) 中2位置提高到3位置,使整个燃烧范围内$Ldi/dt<0$,消除了电弧稳定燃烧点,电弧必然趋于熄灭。当然,如果增加线路电阻R值,线1的斜率就增大,则线1与伏安特性无交点(如图中1位置),同样可达到$Ldi/dt>0$,使电弧熄灭,但此法浪费电能,经济性差。因此,单纯拉长电弧是最常见的熄弧方法。一般采用机械力拉离触头使电弧拉长,再利用磁吹、气吹或电动力等方法,使电弧拉长的同时迅速冷却,这样就加速了消游离作用,从而有助于电弧的熄灭。

4. 熄弧时的过电压及其减少方法

对于熄灭电弧的时间,一般来讲是越短越好。但在切断电感电路时,如L值很大和电弧电流变化太快(熄弧时间很短),则Ldi/dt是很大的。这时自感电势常比线路电压大若干倍,此电势称为过电压。为区别于雷电大气过电压,称这种过电压为内部过电压(或叫操作过电压)。

内部过电压不仅影响线路中电气的绝缘,而且可能造成电弧重燃,为此必须加以防止和限制。最常见的方法是在电感负载或电器触头的两端并联电阻、电容或半导体整流二极管,如图3-5-4所示。图中前者多用于集中电感场合。

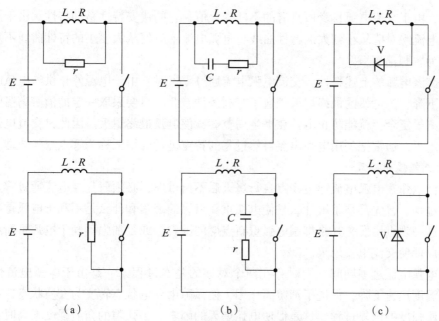

图 3 – 5 – 4　减小直流电弧熄灭时过电压的方法

(a) 并联电阻法；(b) 并联 $R-C$ 支路法；(c) 并联整流二极管法

3.5.2　交流电弧及其熄灭

1. 交流电弧的特点

交流电弧电流是交变的，每秒钟有 $2f$ 次通过零点，电弧电压和电弧电流在半个周期内有着不同的瞬时值，当电弧电流过零时电弧自动熄灭，而后随着电弧的重燃，电弧电压和电弧电流在下一个半周内同样有不同的瞬时值，但其符号相反。因此，交流电弧的燃烧，实际上就是一连串点燃和熄灭的过程，这个特性亦反映到它的伏安特性中。

图 3 – 5 – 5 所示为交流电弧在一周内的伏安特性。图中箭头的方向表示了电流变化的方向，从特性 O 点到 A 点，是电流初过零后由于阴极的热放射作用产生极微小的电流。到 A 点以后电弧点燃，电导增加，电弧电压下降，直到 B 点，此时电弧电流增加到峰值点 B'。而在 B 点以后随着电流的减小，电弧电阻增加，弧压降又上升，直到接近于 C 点时电弧熄灭。C 点以后电流很小，并减小到零。当电流过零点后，阴极变为阳极，重复先前的情况。

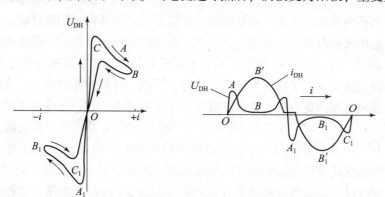

图 3 – 5 – 5　交流电弧的伏安特性

显然，由于交流电弧自身所具有的不断变化值，它的伏安特性是动特性。由于热惯性作用，电弧电流绝对值从小到大的特性曲线与电弧电流绝对值从大变小的特性曲线不重合，这种现象称为"弧滞"。

按照交流电弧的上述特性，交流电弧电流通过零点时，由于电源停止供给电弧能量，热游离迅速下降，为电弧的最终熄灭创造了有利条件，此时只要采取一定的消游离措施，使少量的剩余离子复合，就能防止电弧在下半周重燃，使电弧最终熄灭。因此，交流电弧比直流电弧容易熄灭。通常把利用电弧电流自然过零的特点进行的熄弧称为零点熄弧原理。

2. 交流电弧的熄灭

为了使电弧在电弧电流通过零点自行熄灭后不再重燃，必须研究在电流通过零点时弧隙中的物理过程。首先必须了解什么是使电弧重新点燃的因素和什么是不利于电弧重新点燃的因素，从这一观点出发，凡是抑制电弧重新点燃的因素，或是加强不利于电弧重新点燃的因素，都可以促使交流电弧熄灭。

交流电弧电流过零期间，同时存在两个对立的基本过程，一是由于电弧电流值下降至零，弧隙温度迅速下降，促进了消游离作用，使弧隙由导电状态转变为介质状态，此过程称为弧隙介质强度的恢复过程，这是促使电弧熄灭的因素。当弧隙的介质强度增高时，相当于弧隙电阻 r_{DH} 的增大，使电弧电流很快减小。另一过程是在电弧电流过零点以后，加在弧隙上的电压值逐渐增高的过程，称为弧隙电压恢复过程，因为此过程有可能把弧隙击穿而重新引起电弧的点燃，所以这是使电弧重燃的因素。

在交流电弧电流通过零点以后，电弧能否熄灭取决于上述弧隙介质强度的增长速率是否大于弧隙外加电压的增长速率，若前者大于后者，则弧隙游离必然下降，最后变为完全介质状态，电弧不再重燃；反之，则弧隙游离必然加强，当离子浓度达到相当程度以后，电弧便重新点燃。由此可见，这两个过程是决定电流过零以后电弧是否重燃的根本条件，也就是游离与消游离仍是决定交流电弧熄灭或重燃的基本矛盾。

1) 介质恢复过程

介质恢复过程与下列因素有关。

(1) 与近阴极效应有关。设交流电弧电流过零之前，电弧中的正离子和电子的运动方向如图 3-5-6 (a) 所示。当交流电弧电流过零点后，触头极性改变如图 3-5-6 (b) 时，弧隙中剩余电子和离子的运动方向也随之改变。但是由于电子的质量远小于正离子质量，因而电子的能动性要高得多，在电流过零后，电子能马上反向朝刚刚得到正极性的新阳极移动。而正离子因其能动性差，在此瞬间仍停留原地来不及向新阴极移动，并且，刚得到负极性的阴极也还来不及逸出新的电子。因此，在新的阴极面前就有一段没有电子而只有正离子的空间，如图 3-5-6 (b) 所示。因为正离子的导电性差，电弧导电主要靠电子的定向运动，新阴极表面缺少电子就不能导电，相当于形成一薄层绝缘介质。要使电弧重燃，弧隙重新导电，必须外加一定电压，使这一薄层击穿才有可能。这一击穿电压的最小值称为起始介质强度 U_{JF0}，在图 3-5-6 中如 OA 段所示。根据实验结果，对于铜电极，当电流为数百安时，起始介质强度为 150~250 V；当电流为数千安时，起始介质强度为 40~60 V；当电流更大时，该强度还要低些。原因是电流很大时，热发射超一定作用，使阴极继续发射电子所需的电压相应降低。起始介质强度在电流过零后 1 μs 内就会出现，这种电弧电流过零后电极间几乎立即出现一定的介质强度称为近阴极效应。

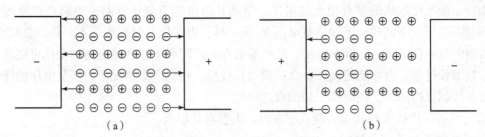

图 3-5-6 近阴极效应

(a) 电弧电流过零前间隙带电质点状况；(b) 电弧电流过零后瞬间间隙带电质点状况

(2) 与灭弧方法有关。随着灭弧方法的不同，介质强度继续增长的情况也不同，只能根据具体的灭弧方法，由实验测出介质强度继续增长的规律。如果介质强度继续增长，规律如图 3-5-7 中的 AB 直线所示。

2) 电压恢复过程

所谓电压恢复过程，就是对应于电流过零电弧熄灭瞬间电源电压的瞬时值，也叫作工频恢复电压。如图 3-5-8 (a) 中，设在 A 点电弧熄灭，则对应于 A 点的电源电压瞬时值 E_o 称为工频恢复电压。电流过零电弧熄灭后，触头两端电压从熄弧电压 U_{xH} 恢复到工频恢复电压 E_o 的过程，称为电压恢复过程。在实际中，触头两端电压不是从熄弧电压 U_{xH} 立即恢复到工频恢复电压 E_o，而是要经过一段过程才恢复到 E_o，而且这个过程会呈现振荡或非振荡现象。图 3-5-8 (a) 所示为一非振荡恢复过程，而图 3-5-8 (b) 所示为一振荡恢复过程。发生这种现象是因为触头所接的线路中总是存在着电感和电阻。此外，线路中的导线对地之间、发电机的绕组之间都存在着电容。这样，由于电阻、电感和电容的作用，就可能产生振荡现象。电压恢复过程与下列因素有关。

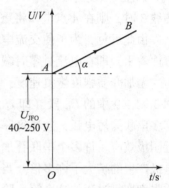

图 3-5-7 弧隙介质强度的恢复过程

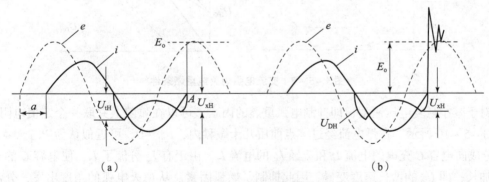

图 3-5-8 电压恢复过程

(a) 非振荡电压恢复过程；(b) 振荡电压恢复过程

(1) 与线路功率因数角 a 有关。如果是纯电阻电路开断，此时电弧电流过零，电源电压为零，加在弧隙上的电压也是零，而后恢复电压按电源电压正弦规律上升，这种情况下的电弧容易熄灭；如果是纯电感电路开断，$a=90°$，则 $E_o = E_m$，因此电弧电流过零时电源电压为幅值,加在弧隙两端就有很大的电压,显然开断电感负载比开断纯电阻负载就困难多了。同时说明当 a 不同时,工频恢复电压 E_o 不一样,电压恢复过程也就不一样。必须指出,由于线路中总存在电感、电容和电阻,这些参数在一定配合下,恢复电压的变化可能是非周期的指数增长过程,也可能是高频振荡周期增长过程,在最严重情况下,恢复电压的峰值可达电源电压幅值的两倍,使熄弧更加困难。

（2）与线路接线方式有关。断口增多时,电弧容易熄灭。

3. 交流电弧熄灭的条件

由上述分析可知,交流电弧熄灭或重燃的条件是（图 3-5-9）:当介质恢复速度曲线 1 高于电压恢复速度曲线 3 时电弧不再重燃;当介质恢复速度（曲线 2）低于电压恢复速度曲线 3 时,则在 A 点电弧将重燃。

由此可见,为了使交流电弧熄灭,也就是要使电流过零点后电弧不再重燃,必须从两个方面着手,即在电流过零时减小恢复电压增长速度和增加介质强度恢复速度。

增加介质强度恢复速度,可以从两方面着手:其一是扩大介质强度恢复的第一阶段,如图 3-5-9 中的 Oa 段（即 U_{JFO} 值）。在交流接触器中常设法使一个电弧被金属栅片分割成许多串联的短电弧,这样每一个短电弧就相当于处在一对电极之下,在电流过零时,就发生近阴极效应。许多个串联叠加起来的近阴极效应产生的起始介质强度恢复电压之和,比一对电极产生的扩大了许多倍。当外界加于电弧两端的电压小于此值时,则在电流过零后仅靠介质强度恢复过程的这个第一阶段就足以使电弧不再重燃,这就是栅片灭弧原理。其二是加强弧隙消游离作用,使图 3-5-9 中 aa_1 线的斜率 $\tan a$ 增大。

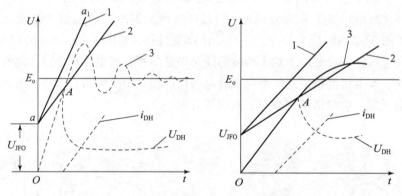

图 3-5-9　交流电弧熄灭或重燃条件

对于减小恢复电压速度,即抑制电弧重燃的因素,可以在弧隙上并联一个定值电阻 r_m,如图 3-5-10 所示。在弧电流经过零点前后几十微秒内,$I_{DH} \approx 0$,可近似认为 $R_{DH} \approx \infty$。此时 I 分成向电容 C 充电的电流 I_1 和流经 I_m 的电流 I_2。由于有 I_m 分流了 I_2,使电容 C 的充电时间加长,即 U_{ab} 的增长速度变慢,因此抑制了燃弧因素。从熄灭电弧的角度出发,分流电阻 r_m 的值越小越好。但 r_m 过分小会造成过大损耗。所以要求在正常工作时其阻值很大,$I_2 \approx 0$;而在触头断开电路时,要求 r_m 值很小。为此,一般用非线性电阻来达到。例如 TD-ZIA-10/25 型主断路器利用此原理,在其主触头上并联有非线性电阻,来抑制恢复电压的增长速度,促使其电弧熄灭。

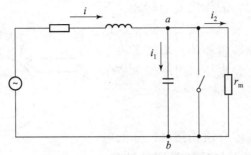

图 3-5-10 并联电阻灭弧原理

交流电弧的熄灭,若刚好发生在电弧电流过零之前,那么也会发生熄灭直流电弧一样的过电压现象。但一般交流电弧都在电流过零时熄灭,所以一般不会发生过电压。

3.5.3 熄灭电弧的基本方法及其装置

在交、直流电弧燃烧时,电弧温度是很高的。此时热游离起着主要作用,因而拉长电弧并使其迅速冷却,成为加速熄灭电弧的主要手段。灭弧装置就是根据这个原理设计的。

1. 机械力拉长电弧

电弧沿轴向拉长的情况很多,电器触头分断过程实际上就是将电弧不断地拉长;刀开关中闸刀的拉开也拉长电弧,电焊过程中将焊钳提高可使电弧拉长并熄灭。

2. 多断点灭弧

在电路中常采用桥式触头,如图 3-5-11 所示有两个断口,就相当于两对电极。若一个断口处要使电弧熄灭后重燃,需要 150~250 V 的电压,现有两对断口,则需要有 2×(150~250 V) 的电压,所以有利于灭弧。

3. 电动力灭弧

电弧在触点回路电流 I 磁场的作用下,受到电动力 F 作用拉长,使之与陶土灭弧罩相接触,将热量传递给灭弧罩,促使电弧熄灭,如图 3-5-12 所示。静触头上安装有铁板制成的弧角,它具有吸引电弧向上进入灭弧罩的作用。该装置可用于交、直流。

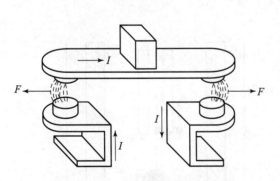

图 3-5-11 双断点和电动力灭弧

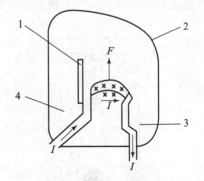

图 3-5-12 电动力灭弧
1—弧角;2—灭弧罩;3—动主触头;4—静主触头

4. 磁吹灭弧装置

如图 3-5-13 所示,在触头电路中串入一个磁吹线圈 1,它产生的磁通通过磁性夹板 5 引向触点周围,当动、静触头分开并产生电弧 4 时,由于磁性夹板中磁场方向与触头间电弧的轴线垂直,电弧受电动力的作用向上运动,并转移到引弧角 3 上燃烧,最后被拉长而熄灭。这种灭弧装置与电动力灭弧装置相比,增加了一个磁吹线圈。由于这种灭弧装置是利用电弧电流本身灭弧,因而电弧电流越大,吹弧能力就越强。

5. 灭弧罩

灭弧罩是让电弧与固体介质相接触,降低电弧温度,从而加速电弧熄灭的比较常用的装置。其结构形式多种多样,基本构成单元为"缝"。灭弧罩与壁之间构成的间隙称作"缝"。根据缝的数量可分为单缝和多缝。缝的宽度小于电弧直径的称为窄缝;反之,大于电弧直径的称为宽缝。根据缝的轴线间的相对位置关系可分为纵缝与横缝。缝的轴线和电弧轴线相平行的称为纵缝,相垂直的则称为横缝。

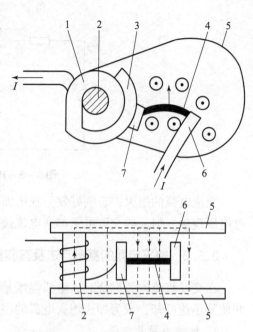

图 3-5-13 磁吹灭弧装置示意图
1—磁吹线圈;2—铁芯;3—引弧角;4—电弧;
5—磁性夹板;6—动触头;7—静触头

1) 纵缝灭弧罩

图 3-5-14 所示为一纵向窄缝的灭弧情况。当电弧受力被拉入窄缝后,电弧与缝壁能紧密接触。在继续受力情况下,电弧在移动过程中能不断改变与缝壁接触的部位,因而冷却效果好,对熄弧有利。但是在频繁开断电流时,缝内残余的游离气体不易排出,则对熄弧不利。所以此种形式适用于操作频率不高的场合。

图 3-5-15 所示为一纵向宽缝的灭弧情况。宽缝灭弧罩的特点与窄缝的正好相反,冷却效果差,但排出残余游离气体的性能好。它是将一宽缝中又设置了若干绝缘隔板,这样就形成了纵向多缝。电弧进入灭弧罩后,被隔板分成两个直径较原来小的电弧,并和缝壁接触而冷却,冷却效果加强,熄弧性能提高。此外,由于缝较宽,熄弧后残存的游离气体容易排出,因此这种结构形式适用于较频繁开断的场合。

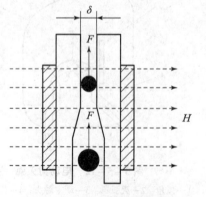

图 3-5-14 纵向窄缝灭弧罩

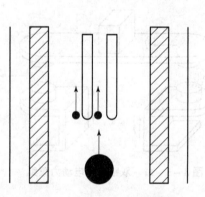

图 3-5-15 纵向宽缝灭弧罩

图 3-5-16 所示为纵向曲缝式灭弧罩的灭弧情况。纵向曲缝式又称迷宫式,它的缝壁制成凹凸相间的齿状,上下齿相互错开。同时,在电弧进入处齿长较短,越往深处,齿长越

长。在电弧受外力作用从下向上进入灭弧罩的过程中，它不仅与缝壁接触面积越来越大，而且长度也越来越长。这就加强了冷却作用，具有很强的灭弧能力。但是，正因为缝隙越往深处越小，电弧在缝内运动时受到的阻力越来越大。所以，这种结构的灭弧罩，一定要配合以较大的让电弧运动的力，否则其灭弧效果反而不好。

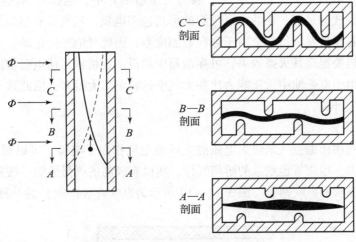

图 3-5-16 纵向曲缝式灭弧罩

2）横缝灭弧罩

为了加强冷却效果，横缝灭弧罩往往以多缝的结构形式使用，也就是称为横向绝缘栅片，如图 3-5-17 所示。当电弧进入灭弧罩后，受到绝缘栅片的阻挡，电弧在外力作用下发生弯曲，从而拉长了电弧，并加强了冷却。为了分析电弧与绝缘栅片接触时的情况，以图 3-5-18 来放大说明。设磁通方向为垂直向里，电弧 AB、BC 和 CD 段所受的电动力都使电弧压向绝缘栅片顶部，而 DE 段所受的电动力使电弧拉长，CD 段和 EF 段相互作用产生斥力。这样一些力的作用使电弧拉长并与缝壁接触面增大而且紧密，所以能收到比较好的灭弧效果。

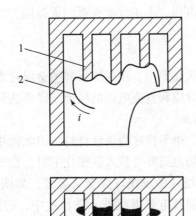

图 3-5-17 横向绝缘栅片式灭弧罩

1—灭弧罩；2—电弧

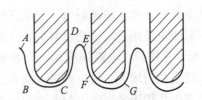

图 3-5-18 电弧在横向绝缘栅片式灭弧罩中的放大图

由于灭弧罩受电弧高温的作用，因此对灭弧罩的材料有一定的要求，如不会受热变形、绝缘性能高、机械强度好且易加工制造等。以往灭弧罩材料广泛采用石棉、水泥和陶土材料，现在逐渐改为耐弧陶瓷和耐弧塑料，它们在耐弧性能与机械强度方面都有所提高。

6. 油冷灭弧装置

油冷灭弧是将电弧置于液体介质（一般为变压器油）中，电弧将油汽化、分解而形成油气。油气中主要成分是氢，在油中以气泡的形式包围电弧。氢气具有很高的导热系数，这就使电弧的热量容易散发。另外，由于存在着温度差，因此气泡产生运动，又进一步加强了电弧的冷却。若再要提高其灭弧效果，可在油箱中加设一定机构，使电弧定向发生运动，这就是油吹灭弧。由于电弧油中灭弧能力比在大气中拉长电弧大得多，因此这种方法一般用于高压电器中，如油开关。

7. 气吹灭弧装置

气吹灭弧是利用压缩空气来熄灭电弧的。压缩空气作用于电弧，可以很好地冷却电弧，提高电弧区的压力，很快带走残余的游离气体，所以有较高的灭弧性能。按照气流吹弧的方向，它可以分为横吹和纵吹两类。图 3-5-19 所示为纵吹（径向吹）的一种形式。

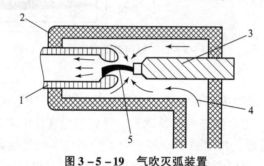

图 3-5-19 气吹灭弧装置
1—动触头；2—灭弧室瓷罩；3—静触头；4—压缩空气；5—电弧

压缩空气沿电弧径向吹入，通过动触头的喷口、内孔向大气排出，电弧的弧根能很快被吹离触头表面，因而触头接触表面不易烧损。因为压缩空气的压力与电弧本身无关，所以使用气吹灭弧时要注意熄灭小电流电弧时容易引起过电压。由于气吹灭弧的灭弧能力较强，故一般运用在高压电器中，例如电力机车的主断路器。

8. 横向金属栅片灭弧

横向金属栅片又称为离子栅，它利用的是短弧灭弧原理。用磁性材料的金属片置于电弧中，将电弧分成若干短弧，利用交流电弧的近阴极效应和直流电弧的极旁压降来达到熄灭电弧的目的。横向金属栅片灭弧情况如图 3-5-20 所示。

栅片的材料一般采用铁，当电弧靠近铁栅片时，由于铁片为磁性材料，因此栅片本身具有一个把电弧拉入栅片的磁场力。当电弧被这个磁场力或外力拉入铁栅片中时，空气阻力较大。为了减少电弧刚进入铁栅片时的空气阻力，铁栅片做成楔口并交叉装置，如图 3-5-20(b) 所示，即只让电弧先进入一半铁栅片中，随着电弧继续进入铁栅片中，磁阻减小，铁片对电弧的拉力增大，使电弧进入所有的铁栅片中。电弧进入栅片后分成许多串联短弧，电流回路产生作用于各短弧上的电动力使短弧继续发生运动。此时应注意短弧被拉回向触头方向运动的力，它会使电弧重燃并烧损触头。为了消除这种现象，可以采用凹形栅片和 O 形栅片。铁栅片在使用时一般外表面要镀上一层铜，以增大传热能力和防止铁栅片生锈。

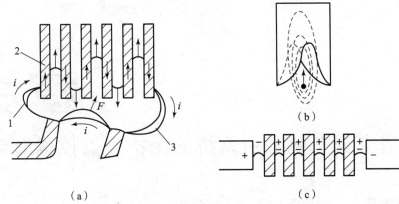

图 3-5-20 横向金属栅片灭弧罩结构原理图

(a) 横向金属栅对电弧的作用；(b) 横向金属栅灭弧原理；(c) 横向金属栅灭弧的极板示意

1—入栅片前的电弧；2—金属栅；3—入栅片后的电弧

横向金属栅片灭弧装置主要用于交流电器，因为它可将起始介质强度成倍增长。对于直流电弧而言，因无近阴极效应，故只能靠成倍提高极旁压降来进行灭弧。极旁压降值较小，要想达到较好的灭弧效果，金属栅片的数量太大会造成灭弧装置体积庞大。

9. 真空灭弧

真空灭弧是使触头电弧的产生和熄灭在真空中进行，它是依据零点熄弧原理，以真空为熄弧介质工作的。"真空"的特点是耐压强度高，介质强度恢复快。

本模块练习

1. 高速断路器合与分的条件是什么？
2. A、B、C 车设备柜分别包括哪些功能单元？
3. 接触器的作用是什么？直流接触器由哪些部分组成？
4. 直流接触器的分解与组装步骤有哪些？
5. 继电器的作用是什么？
6. 继电器由哪些部分组成？对其触点的要求有哪些？
7. 什么是触头的机械磨损？什么是触头的电磨损？
8. 影响接触电阻的因素有哪些？减小接触电阻的方法有哪些？
9. 对电接触材料的性能有哪些要求？
10. 触头的电磨损与哪些因素有关？采取什么方法可以减小电磨损？
11. 什么是零点熄弧原理？
12. 什么是电压恢复过程？电压恢复过程与哪些因素有关？
13. 常用的灭弧方法和装置有哪些？
14. 试分析磁吹灭弧的原理。

模块 4
城市轨道交通车辆牵引系统的保护、监控构造与检修

(1) 掌握列车牵引系统保护、监控设备的作用及结构。
(2) 了解列车牵引系统保护、监控设备的工作原理。
(3) 了解列车控制单元模块的功能。
(4) 会拆卸、安装列车主要检测设备。
(5) 会测试主要检测设备的性能,以判断其好坏。
(6) 能看懂监控系统显示的内容,分辨故障信息,以便及时采取措施。

本模块导读

在电动列车运行时,由于外界因素或列车自身故障等原因,可能会影响列车的运营安全,同时也可能对列车的元、器件造成损坏。保护电路的作用就是列车发生异常情况时,立即采取相应的补救措施,将这些异常情况的影响减小到最低限度,确保列车的安全运营,同时尽量减小对元、器件的损坏。

任务 4.1 主回路的过流保护实现与故障处理

4.1.1 常见电流故障

由于地铁电动列车主回路的工作环境为大电流、高电压,故一旦外界的供电条件发生变化或内部元、器件发生故障,极易引起主回路电流故障,从而造成列车部件的损坏,甚至影响到运营安全。因此必须针对这些电流故障设计一套行之有效的保护机制,从而做到对电流故障早发现、早避免,减小因故障带来的危害。地铁电动列车主回路主要有以下几种电流故障:

(1) 输入过流。
(2) 输出过流。
(3) 制动时出现正向电流。
(4) 输入线电流和接地线电流的差异过大。
(5) 逆变器三相输出电流不平衡。
(6) 两组直流电机电流不平衡。

主回路电流检测的常用设备是电流传感器，它的主要作用是检测主回路相关回路电流并反馈给控制单元，由控制单元触发相应的保护。其外形如图4-1-1所示。

4.1.2 电流传感器工作原理

在地铁列车主回路中，执行电流检测的是电流传感器，一般采用闭环霍尔电流传感器。该类电流传感器的原理：被测电流 I_n 流过导体产生的磁场，由通过霍尔元件输出信号控制的补偿电流 I_m 流过次级线圈产生的磁场补偿，当原边与副边的磁场达到平衡时，其补偿电流 I_m 即可精确反映原边电流 I_n 值。其原理如图4-1-2所示。该类电流传感器的输出形式为电流，之所以采取电流

图4-1-1 电流传感器外形

输出的形式，主要是因为传感器距离输出信号的接收者（牵引控制系统）较远，同时信号传输线路中存在较多的接线排，如果采用电压输出，极有可能由于线路衰减导致牵引控制系统得到电压值存在误差（偏小），从而导致系统控制存在误差。另外，电压输出形式也较易受到周围电气设备的干扰，所以该种形式的输出一般只应用于近距离、干扰较少的范围。反之，如果采用电流输出形式，线路阻抗和周围设备的影响很小，输出精确度较高。

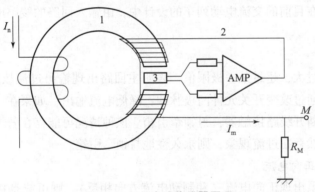

图4-1-2 电流传感器原理
1—磁芯；2—副边补偿线圈；3—霍尔元件

4.1.3 电流故障保护的实现机制

电流传感器的输出最终将输入到牵引控制系统的输入模块中，然后这些输入的模拟量将被牵引控制系统检测、计算和比较，一旦发现电流值和设定值之间的差值超过允许范围，控制系统将根据故障的危害程度按照下列情况进行处理：

（1）主回路锁闭并重试。

（2）主回路锁闭不再重试。

（3）主回路锁闭不再重试，同时切断高速断路器。

电流传感器与控制单元如图4-1-3所示。

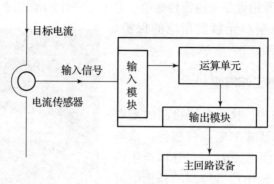

图 4-1-3　电流传感器与控制单元

4.1.4　牵引控制单元对各类电流故障的判断和处理

1. 输入过流

输入电流过大表明主回路内部元、器件可能存在击穿现象。一般对于该故障最先反应的是高速断路器，然后才是牵引控制系统。但是对于某些介于高速断路器动作电流和主回路封锁电流之间的电流值，最先采取动作的是牵引控制系统：牵引控制发现输入电流过大，超过最大允许限度，便立即切断主回路的工作，系统进入封锁状态，同时发出指令强行分断线路接触器和高速断路器。在某些早期的直流电动列车中，输入电流是由两组直流电机的电枢电流相加获得的，而在目前的交流电动列车的设计中，由输入回路的线路电流传感器进行该项参数的测量。

2. 输出过流

如果输出电流过大，超过某一极限值，表明主回路出现输出过流故障，在这种情况下，牵引控制单元首先通过改变开关元件门极脉冲，降低电流输出，如果在一定时间内仍然存在过流现象，则立即断开线路接触器，封锁牵引箱。该种情况可能存在若干次重试过程，如果在若干次重试后仍然存在过流现象，则永久性地封锁牵引箱。

3. 制动时出现正向电流

再生制动时如果出现正向电流（和制动电流方向相反），则可能是接触网电压过高，不能继续进行再生制动了。牵引控制单元立即断开线路接触器，停止再生制动，同时将制动转为电阻制动。

4. 输入线电流和接地线电流的差异过大

该故障同时存在于直流车和交流车上，出现该故障往往表明主回路中出现接地故障。该故障的输入有两种形式：

（1）通过一个电流差动传感器直接对输入线电流和输出线电流进行比较，输出为该两个电流的差异值。

（2）输入线电流和接地线电流分别用两个电流传感器来检测，输出为两个电流的具体数值。电流差异的比较操作将由牵引控制单元来进行。一旦牵引控制单元发现该电流差异大于指定值，如果在指定时间内该差异电流依然存在，牵引控制单元将立即断开线路接触器，切断主回路的工作，系统进入封锁状态。

5. 逆变器三相输出电流不平衡

该类故障只存在于交流列车上，一旦牵引控制单元发现三相输出电流的总和过大（应该为零），即认为出现三相输出电流不平衡故障，牵引控制单元将立即断开线路接触器，同时切断逆变器的工作，系统进入封锁状态。

6. 两组直流电机电流不平衡，差异过大

该类故障只存在于直流列车上，牵引控制单元发现两组直流电机的电枢电流差异大于指定值，如果在指定时间内该差异电流依然存在，牵引控制单元将立即断开线路接触器，切断主回路的工作，系统进入封锁状态。

4.1.5 检修方法与步骤

1. 线路电流传感器 U100、U110 的拆卸与安装

线路电流传感器的拆卸与安装工具有套筒扳手、开口扳手和接长节等。

1) 拆卸

(1) 打开牵引箱维修用箱盖。
(2) 松开线路电流传感器接线排上的两个电源电缆连接。
(3) 从线路电流传感器上拆下信号电缆。
(4) 松开线路电流传感器的固定螺栓。

2) 安装

(1) 用固定螺栓安装线路电流传感器。
(2) 将信号电缆连接到线路电流传感器：黑色的芯线接至电流传感器的接线端 +，红色的芯线接至电流传感器的接线端 M，棕色的芯线接至电流传感器的接线端 −。
(3) 将两根电源电缆接线用 50 N·m 的扭矩安装到电流传感器的接线排上。
(4) 盖上维修用箱盖。

2. 线路电流传感器 U100、U110 的测试

1) 设备

测试设备有 100 A 直流电流源和电流表。

2) 步骤

(1) 松开电流传感器接线排上的电源电缆。
(2) 用一个横截面 ≥16 mm² 的电缆连接每个接线排。
(3) 将该电缆接到直流电流源上，如图 4-1-4 所示。

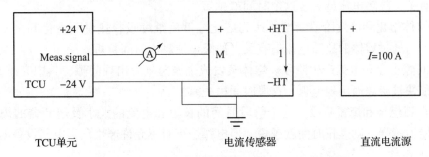

图 4-1-4 线路电流传感器 U100、U110 的测试

（4）在反馈电缆 M 上接入电流表。

（5）让 TCU 得电。

（6）检查正向电流：直流电流源 $I = 100$ A，电流流向如图 4-1-4 所示。测得电流为 25 mA，则传感器正常。

（7）检查反向电流：直流电流源 $I = 100$ A，电流流向与图示方向相反。测得电流为 -25 mA，则传感器正常。

4.1.6 知识链接

熔断器又称熔丝，它串联在电路中，当该电路产生过载或短路故障时，熔断器先行熔断，切断故障电路，保护电路和电气设备。熔断器按结构可分为开启式熔断器、半封闭式熔断器和封闭式熔断器。在电动车辆上多采用封闭式熔断器，完全封闭在壳内，没有电弧火焰喷出，不会造成飞弧、危及人身安全及损坏电气设备，且可提高分断能力。

1. 熔断器组成

熔断器主要由熔体、熔管和插刀等组成，如图 4-1-5 所示。熔体式熔断器的主要部分受过载或短路电流的热作用而熔化，从而达到开断故障电路的目的。熔管用以控制电弧火焰和熔化金属粒子向两端喷出。插刀用以和外电路接通。

对熔化材料的要求是熔点低、易于熔断、导电性能好、不易氧化、容易加工和价格低廉。熔体的材料有铜、银、锌、铅等。

图 4-1-5 熔断器

2. 熔断器的熔断过程

熔断器的熔断过程一般可分为 4 个阶段：

（1）通过故障电流而发热达到熔化温度的阶段。这个阶段所需的时间与通过熔体的故障电流值有关，故障电流越大，这个时间就越短。

（2）熔体熔化和蒸发阶段。熔体达到熔化温度后继续吸收热量而熔化和蒸发，这个阶段的时间也与通过熔体的故障电流值有关，故障电流越大时间越短。

（3）间隙击穿和电弧产生阶段。熔体蒸发成金属蒸气后出现间隙，其中充满金属蒸气，金属蒸气很快被游离而出现电弧，这段时间极短。

（4）电弧燃烧和熄弧阶段。这个阶段时间的长短和电流的大小及熔断器的熄弧能力有关，熄弧能力越强，则燃弧时间就越短。但电弧熄灭时不允许产生危害电气设备的过电压。

3. 技术参数

电动车辆上的熔断器见表 4-1-1。

表 4–1–1　电动车辆上的熔断器

代号	名称	额定电压/V	额定电流/A	型号
1F2	预充电熔丝	2 000	32	CC20 BODK CV3 R30032 – 001
3F1	网压显示回路熔丝	2 000	1	CC 2000 CP RC 20.127.1
3F2	车间电源熔丝	2 000	400	CC20 BODK V3RE 2X30ZQ400M
3F5	辅助电源熔丝	2 000	400	CC20 BODK CU3RE 2X30ZQ400M
3F8	主蓄电池熔丝		200	NT1 200A
3F11	受电弓电源熔丝	2 000	1	CC 2000 CP RC 20.127.1
3F17	空压机保护熔丝	2 000	20	CC20 BODK CU3 RC 300Q/20M
3F18	逆变器输入熔丝	2 000	63	CC20 BODK CU3 RC 300Q/20M

任务 4.2　主回路的电压保护与检修

4.2.1　常见的电压故障

地铁电动列车主回路接收较宽的工作电压范围（1 000 ~ 1 800 V），接触网电压在该范围内进行波动，一般不会影响到列车的运营。如由于某些原因致使接触网电压的波动超出上述范围，极有可能对列车主回路系统造成损害，甚至影响运营安全。因此必须对其进行监控，从而最大限度地减少由于无效接触网电压带来的危害。对于地铁电动列车来说，常见的电压故障一般有以下 5 种：雷击；制动欠压；牵引欠压；牵引过压；制动过压。

主回路电压检测设备是电压传感器，它的主要作用是检测主回路相关部分的电压，并反馈至控制单元，出现过压或欠压时，由控制单元控制相应的保护动作。其外形如图 4–2–1 所示。

图 4–2–1　电压传感器外形

4.2.2　电压传感器工作原理

在地铁列车主回路中，执行电压检测的电压传感器一般采用闭环霍尔电压传感器。该类电压传感器的原理如下：被测电压 V_n 流过 R_1 的电流通过导体产生的磁场，由霍尔元件输出信号控制的补偿电流 I_m 流过次级线圈产生的磁场补偿，当原边与副边的磁场达到平衡时，其补偿电流 I_m 即可精确反映原边电压值。与电流传感器的输出形式相同，该类电压传感器的输出形式也是电流。原理如图 4–2–2 所示。

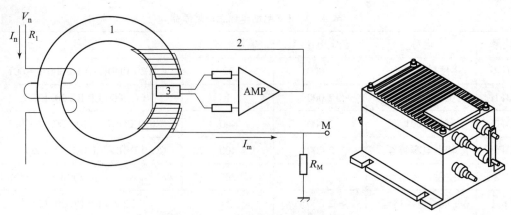

图 4-2-2 电压传感器原理图和产品

1—磁芯；2—副边补偿线圈；3—霍尔元件

4.2.3 主回路过压、欠压故障保护的实现机制

电压传感器的输出最终将输入到牵引控制系统的输入模块中，然后这些输入的模拟量将被牵引控制系统检测、计算和比较，一旦发现某些电压值和设定值之间的差值超过允许范围，控制系统将根据故障的危害程度决定如何处理该故障：

(1) 备主回路锁闭并重试。

(2) 主回路锁闭不再重试。

电压传感器与控制单元如图 4-2-3 所示。

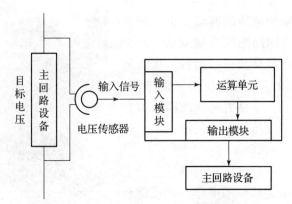

图 4-2-3 电压传感器与控制单元

4.2.4 牵引控制单元对各类电压故障的判断和处理

1. 雷击

雷击事故将直接由避雷器进行防护。由于雷击速度极快，且释放的能量较大，如果希望通过控制系统监测，并做出相应动作，在保护速度和分断容量上是达不到要求的，因此对于雷击事件，一般还是采用避雷器进行放电处理。但是在避雷器动作以后，控制系统监测还是会监测到过压事件，并分断线路接触器，封锁主回路。

2. 制动欠压

如果在再生制动工况下直流连接电路电压 U_{DC} 到某个水平，则由再生制动转为电阻制动,制动功率被消耗在制动电阻中,并打开线路接触器。此时可以增加机械制动力以满足所需的制动力要求。

3. 牵引欠压

一旦在牵引工况下,中间直流连接电路电压 U_{DC} 跌落到预先设定的最大牵引功率所要求的电压值以下,则可以降低与电压呈线性关系的速度点 V_1 来减少逆变器的输出牵引功率 P_D。如果 U_{DC} 达到临界电压值(最低网线电压),则逆变器被关断。直流连接电路电压 U_{DC} 与输出牵引功率 P_D 之间的关系曲线如图 4-2-4 所示,图中的 $P_{D(H)}$ 为所要求的功率。

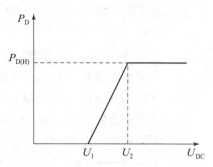

图 4-2-4 直流连接电路电压 U_{DC} 与输出牵引功率 P_D 之间的关系曲线

4. 牵引过压

在牵引工况下,如直流连接电路电压 U_{DC} 超过某个值,则制动电阻周期性地被接通与断开,以限制过高的直流连接电路电压 U_{DC}。此时,系统中的过压能量被消耗在制动电阻中,并且不需要将系统与接触网分开,如 U_{DC} 继续上升,则牵引箱立即被封锁且打开线路接触器。一旦网压下降到规定值,系统自动复位。

在主回路中设有过压保护环节,在放电仍不能消除过压的情况下,将触发放电电路,进行强行持续放电。

5. 制动过压

在再生制动工况下,如直流连接电路电压 U_{DC} 超过某个值,则在再生制动的同时进行电阻制动,制动功率同时被消耗在制动电阻中。若接触网压持续高于某设定值,则断开线路接触器,完全依靠电阻制动消耗制动功率。

在主回路中设有过压保护环节,在放电仍不能消除过压的情况下,将触发放电电路,进行强行持续放电。

4.2.5 检修方法与步骤

1. 线路电压传感器 U150、U160 的拆卸与安装

1) 拆卸

拆卸工具:套筒扳手、开口扳手、接长节。

(1) 打开牵引箱维修用箱盖。

(2) 松开线路电压传感器上的两个初级连接和一个接地连接的螺栓。

(3) 从线路电流传感器上拆卸三个次级连接。

(4) 松开线路电压传感器的固定螺栓。

2) 安装

(1) 用固定螺栓以 8 N·m 的扭矩安装线路电压传感器。

(2) 用螺栓以 5 N·m 的扭矩连接接地线。

(3) 用螺栓以 3 N·m 的扭矩连接初级接线。

(4) 连接次级接线:黑色的芯线接至电压传感器的接线端 +,红色的芯线接至电压传

感器的接线端 M，棕色的芯线接至电压传感器的接线端 – 。

（5）盖上维修用箱盖。

2. 线路电压传感器 U150、U160 的测试

1）设备

直流电压源 1 000 V/10 mA；带交流电压挡的测量仪表。

2）步骤

（1）电压传感器的高压接线端 HT + 和 HT – 接到直流电压源 1 000 V/10 mA 上。

（2）在测量电缆 M 上接入一个电流表，如图 4 – 2 – 5 所示。

（3）TCU 接通电源，但是 DC 连接回路上处于无电状态。

（4）调节一个恒定的电源：电压 = 1 000 V，电流 = 10 mA。

（5）测得的电流为 25 mA，则传感器正常。

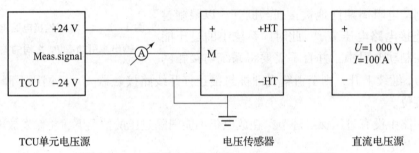

图 4 – 2 – 5　线路电压传感器 U150、U160 的测试

4.2.6　知识链接

避雷器是与被保护物并联的一种设备，等出现危及被保护物体绝缘的过电压时就放电，从而限制被保护物体的过电压值。

避雷器安装于 B 车车顶的受电弓，如图 4 – 2 – 6 所示。

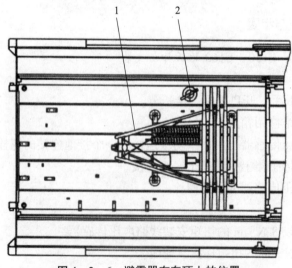

图 4 – 2 – 6　避雷器在车顶上的位置

1—受电弓；2—避雷器

1. 避雷器的组成

上海轨道交通 1 号线采用的是西门子生产的 3EC2 型避雷器。该型避雷器用于直流 1 kV 或 2 kV 系统,包括一个火花间隙和一个非线性电阻,装配于一个陶瓷壳内,用一法兰盘密封,如图 4-2-7 所示。在正常电压下火花间隙是不会被击穿的,只有出现过电压时火花间隙才会被击穿,过电压幅值越高火花间隙击穿得越快。

2. 避雷器的伏秒特性

避雷器击穿电压的幅值同击穿时间的关系曲线称为伏秒特性。显然,要可靠地保护被保护物,避雷器的伏秒特性要比被保护绝缘物体的伏秒特性低,即在同一过电压作用下避雷器先被击穿,如图 4-2-8 所示。

图 4-2-7 避雷器

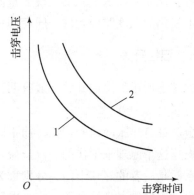

图 4-2-8 伏秒特性

1—避雷器的伏秒特性；2—被保护物的伏秒特性

非线性电阻的作用是利用电阻同电流间的非线性关系（即大电流时电阻值小,小电流时电阻值大）,一方面在击穿瞬间很大的冲击电流作用下,限制避雷器上的电压,防止被保护物的绝缘在高电压下被损坏；另一方面又可以在火花间隙击穿后,限制由工频电压所引起的流过避雷器的电流数值,从而使火花间隙能很容易地切断它。

3. 避雷器技术参数

避雷器的主要技术参数见表 4-2-1。

表 4-2-1 避雷器的主要技术参数

项目	参数
额定电压	1 kV/2 kV
标准放电电流	10 kA
短路负载	20 kA/0.25 s
质量	4.8 kg/5.2 kg
漏电距离	165 mm
灭弧距离	135 mm

任务 4.3　主回路温度保护设备的构造与检修

由于城市轨道交通车辆的主回路在制动和牵引时将大量的电能转换成热能，从而导致车辆运行时牵引箱和制动电阻箱的温度很高。如果不采取措施，有可能造成列车主回路系统的烧损，对车辆的运营安全造成影响。所以在车辆的牵引箱和制动电阻箱内设有通风电机，用风冷方式对牵引箱和制动电阻箱进行降温处理，与此同时，牵引控制系统还对主回路的工作温度是否超过允许范围、冷却风机接触器、冷却风机保护开关以及制动电阻风机箱的通风风量进行监控，从而在技术手段上实现多重温度保护。

车辆上使用的温度监控元件一般有两种：温控开关和温度传感器。

4.3.1　温控开关

地铁列车上使用的温控开关一般有两种：双金属温度开关和热敏磁性开关。

1. 双金属温度开关

各种金属都有热胀冷缩的特性，而不同金属随温度变化的膨胀系数不一样，双金属温度开关就是根据这个原理来工作的。双金属片由一层"高锰合金"和一层"锻钢"组成。前者的膨胀系数是后者的好几十倍，分别称为"主动层"和"被动层"，在正常温度下弹簧片的触点和主动层的触点是接触的，整个电路处于接通状态。温度升高时，主动层膨胀得比被动层多，双金属片向下弯曲，温度升高到一定程度时，电路断开。冷却到一定程度双金属片伸直，电路接通。反之，可以解释温度降低的情况。

2. 热敏磁性开关

热敏磁性开关利用热敏软磁铁氧体材料在居里点附近磁导率急剧变化的特性来控制干簧管的开闭，从而达到控温的目的。热敏磁性开关具有温控精度高，性能稳定、可靠、经久耐用及节能等优良特性，由于双金属片可能由于开关次数达到金属片的疲劳寿命，从而使得开关特性变差，因此目前世界各国已经广泛应用热敏磁性开关代替双金属片。

温控开关在监控回路中起到一个高电平信号开关的作用，常温下温控开关处于闭合状态，高电平就能够通过温控开关输入到牵引控制系统中，从而表明监控温度处于正常范围下；一旦温度达到设定的监控温度，温控开关动作，马上变为断开状态，高电平就不能通过温控开关输入到牵引控制系统中，这样就说明监控温度超过了允许范围。为了避免主回路反复过温，温控开关本身具有一个滞回特性：一旦牵引箱的温度小于设定的监控温度，温控开关并不马上回复到闭合状态，只有温度继续下降到某一设定回复温度时，温控开关才会回复到闭合状态，该回复温度和监控温度之间的差值称为回差。设置回差是为了避免牵引箱在未充分冷却时恢复工作，导致主回路马上重现过温状态，如图 4-3-1 所示。

4.3.2　温度传感器

地铁列车上使用的温度传感器一般采用 Pt100 热电阻温度传感器。热电阻是利用物质在温度变化时自身电阻也随之发生变化的特性来测量温度的。热电阻的受热部分（感温元件）是用细金属丝均匀地双绕在绝缘材料制成的骨架上，当被测介质中有温度梯度存在时，所测

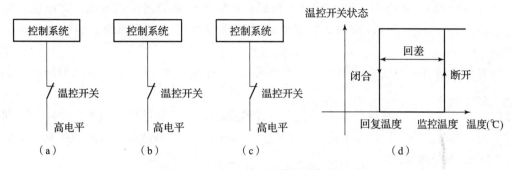

图 4 – 3 – 1　温控开关的接通与断开
(a) 常温度；(b) 到达监控温度；(c) 回到回复温度；(d) 温控开关状态

量的温度是感温元件所在范围内介质中的平均温度。热电阻大多由纯金属材料制成，目前应用最多的是铂和铜。金属铂电气性能稳定、温度和电阻关系近于线性、精度高，成为制造热电阻的首选材料。它能够制造成体积微小的薄膜形式，或者缠绕在陶瓷和云母基板上制造出高稳定性的温度传感器，能够适应各种复杂的测温场合。一般在 – 200 ~ 400 ℃ 时，Pt100 热电阻温度传感器是首选测温元件。

Pt100 热电阻温度传感器的外观如图 4 – 3 – 2 所示。

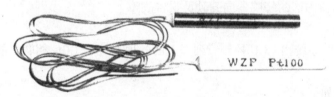

图 4 – 3 – 2　Pt100 热电阻温度传感器

热电阻的输入电路如图 4 – 3 – 3 所示，由 R_1、R_2、R_3 和被测电阻组成普通四臂电桥温度测量电路。当然考虑到铂热电阻的阻值较小，在某些精确度较高的场合应采用三线制测量电路，从而消除引线电阻的影响。温度传感器的输出为模拟量，而不像温控开关那样输出的是一个开关量，只要将 $V+$ 和 $V-$ 之间的差值乘上一个系数再加上常数：$T = (V+ - V-) \cdot A + B$，便可以测得目标物体的具体温度。

地铁列车上的 Pt100 热电阻温度传感器主要用于监测制动电阻、制动斩波器和牵引逆变器相模块的温度。

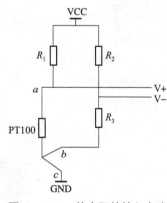

图 4 – 3 – 3　热电阻的输入电路

任务 4.4　控制单元模块的构造与检修

4.4.1　中央控制单元（CCU）

1. 功能

CCU 的全称为中央控制单元（Central Control Unit），CCU 主要实现对控制电路的主断路器（高速断路器）、受电弓、摩擦制动的控制，对辅助回路的辅助逆变器、蓄电池、空压机、车钩、车门等的控制以及对监控系统的故障诊断系统、广播系统、照明空调系统的控制。

CCU 位于每节 B 车的电子柜内，其控制系统为 SIBAS – 32 系统软件。六节编组列车共有两个 CCU。

CCU 对列车和车辆总线具有主控功能，并监控指定的车辆部件，当发生故障时，列车故障数据将通过总线送至 CCU 用于记录，包括记录 CCU 的内部故障。读取故障则需要运用 SIBAS 32 MONITOR 软件。

2. 总线系统组成

(1) 连接 KLIP 分站到 CCU 的分站控制总线（KUP 总线）。

(2) CCU 接口总线：提供一个 CCU 与外部计算机的接口，用于监测 CCU 内部数据。

(3) 用于将三节车单元中的智能型部件连接在一起的车辆总线（DIN 总线），包括 KLIP、CCU、TCU（牵引控制单元）、BECU（制动电子控制单元）。

3. 中央故障存储单元（CFSU）

每节 B 车的中央控制单元 CCU 中包含一个 CFSU，其主要功能如下：

(1) 记录故障发生顺序、时间和环境，且向显示器发送。

(2) 通过显示器内部的蜂鸣器向驾驶员报告故障。

4. 故障评估

列车的故障诊断系统由 CCU 控制，列车上的各种系统和 CCU 相联，故障时，发送专用信号给 CCU。

故障评估等级如下：

1 级（严重故障）——乘客必须在下一站下车。

2 级（中级故障）——影响运营的故障：列车应在线路的终点退出运营，即运营一圈后回至车辆段。

3 级（轻级故障）——不影响运营的故障：在下次日检时，列车应在车辆段进行检查。

5. 面板介绍

面板包括故障显示区、CPU 模块、电源模块、模块插接区、风扇模块等，如图 4 – 4 – 1 所示。

图 4 – 4 – 1　中央控制单元（CCU）面板

1—CPU 模块；2—故障显示区；3—电源模块；4—模块插接区；5—风扇模块

4.4.2 牵引控制单元 TCU

TCU 的全称为牵引控制单元（Traction Control Unit），它安装在每个牵引箱内，用于监控和控制 PWM 逆变器。

TCU 是一个控制牵引的电子设备，由一个机架组成，采用 SIBAS-32 微处理技术，由不同的 SIBAS-32 模块系统组成，它能进行完整的闭环牵引控制和对电流、电压及温度实际状态的监控。SIBAS-32 由一个协同处理器系统进行操作，该处理器系统有清晰的分级任务配置，一个带 32 位处理器的中央计算机用于更高一级的功能，所有时间处理功能由信号处理系统来完成，为中央计算机的从属系统工作。TCU 的主要功能是控制牵引和制动力。

1. 模块组成

（1）风扇部件（BLOW）：风扇部件的作用是对 TCU 部件进行强制冷却。

（2）电源变压器 110 V/5 V、110 V/±15 V、110 V/24 V（PCS）：对 TCU 系统的不同部件进行供电。

（3）中央处理系统（CPU）：整个 SIBAS-32 系统处理中心，芯片为 80386。

（4）启动电源单元（PSU110）：对输入/输出欠电压作监测，同时也控制 TCU 的启动和关闭。

（5）串行接口（RS485）：RS485 通过列车总线或车辆总线使得各个设备之间得以通信。

（6）信号处理单元（SPU）：SPU 在 SIBAS-32 系统中是一个高速处理单元。

（7）电压/频率输入（IVF）：IVF 把电压信号转换成频率信号。

（8）110 V 二进制输入变压器（ICBP 110 V）：ICBP 110 V 用 110 V 电压作为二进制输入。

（9）110 V 二进制输出（BOCD 110 V）：BOCD 110 V 用 110 V 电压作为二进制输出。

（10）模拟输出接口（ABIF）：ABIF 模块用作 CPU 和模块输入/输出之间的接口。

（11）模拟输入/输出（IOA）。

（12）电源接口（APCS）：APCS 模块是把面板前的电源变压器模块所生成的电压供给到机架后部。

（13）逆变监测（INVM）：INVM 模块是监测、控制逆变器的。这个模块连接在触发设备和实际控制量（门信号）之间。

2. 功能

（1）电压监控：TCU 在直流连接电压中对牵引逆变器进行过压保护。

（2）电流监控：除了闭环电流控制器外，TCU 还包括一个实施三级过流保护的模块，该模块与软件无关。

（3）温度监控：温度传感器用于监控温度，TCU 将其测得的实际值与存储的极限值进行比较，如果超过极限值，则产生相应的反应。

（4）牵引箱内设备风机的监控：TCU 检查数据来确认设备风扇是否损坏。

3. 工作过程

（1）在电源接通后，程序模块开始对系统初始化。

（2）处理系统和其他的硬件开始初始化，包括对 RAM 内存写入数据、时间的参数化、中断控制器和串行接口。

(3) 牵引，制动的控制信号为数字信号，由 TCU 读取，调压（导通角）和频率是连续变化的，在门极单元中将这两个参数的组合作为脉冲形式。门极单元产生触发脉冲，然后由放大器放大后将其传送给 GTO 模块，从而驱动电动机工作，同时检测从模块处发生的检查返回信号来确认导通指令已被执行。

4. 面板组件

面板组件如图 4-4-2 所示。

图 4-4-2 面板组件

1—SPU 模块；2—CPU 模块；3—电源模块；4—模块接插区；5—风扇模块

5. 控制流程

控制流程如图 4-4-3 所示。

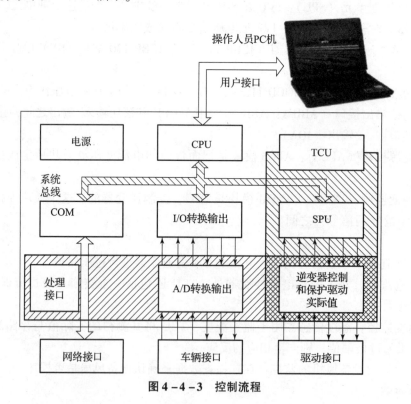

图 4-4-3 控制流程

4.4.3 制动电子控制单元（BECU）

每节车有一个 BECU，该单元提供制动力指令和防滑的部分控制。BECU 由列车电源总线（110 V DC）正极供电，由制动控制单元电源保护，当车辆控制启动继电器吸合，BECU工作。

BECU接收车辆上各种监控信号，当制动控制系统出现故障时，使车辆在条件限制的情况下进行低性能运行。

1. 输入信号

以下输入信号供给BECU：

（1）总风缸压力。

（2）参考值信号：BECU接收主控制器中的参考值转换器产生的参考值信号，即脉宽调制（PWM）信号。

（3）非制动命令。

（4）停车制动缓解：该信号由TCU供给。

（5）停车制动施加：该信号由停车制动控制系统供给。

（6）摩擦制动正常：该信号由TCU供给。

（7）速度传感器：每根轴上的速度传感器提供信号至TCU，该信号用于防空转保护系统。

2. 输出信号

（1）气制动控制组合的控制：BECU控制气制动控制组合，包含制动控制系统阀的部分。

（2）限速继电器：限速继电器在限速系统不动作时吸合。BECU有故障时，限速发生作用，限速继电器分断，发出限速限制信号给制动电子控制单元。

（3）速度信号（只有B车和C车）：BECU产生一个速度信号，该信号是由从防滑系统收到的个别速度传感器信号推导出的。将该信号送到TCU，该速度信号用于与TCU的速度信号比较。

（4）负载信号（仅用于B车和C车）：BECU监控列车车辆（也包括A车）的负载状态（重力或质量），将负载信号传递到TCU，用于气制动系统的控制。

（5）防滑保护系统阀：电子制动控制单元在每节车上为气制动系统提供防滑系统阀的控制。

（6）电子制动系统停止指令：若气制动系统起作用（车速 < 10 km/h），电子制动系统将给TCU一个电子制动系统的停止指令。

3. 负载校正

负载校正（负载质量）与气制动指令信号和负载正比系数有关。车辆负载压力传感器将转向架上的空气弹簧压力转换成相应的电信号，将其传给BECU车辆空气制动的电子模拟系统，经过逻辑运算，输出合适的制动力使车辆制动。

4. 故障显示

BECU的监控功能由诊断器来完成。该诊断器插件板由一个两位数字显示。输入电路信号处理、输出电路及CPU自诊断的故障信号均被存储显示在两位数字的显示器上。如果存在故障，当钥匙打开后，则全部故障按照3 s一个的顺序来显示。如果中断电源，故障不会消失。故障显示器可以进行快速诊断并确认任何故障，同时把所有的故障通过CCU传给彩色显示屏，以文字形式在彩色显示屏上显示，同时有相关的建议和处理方法供驾驶员参考。

本模块习题

1. 地铁电动列车主回路电流传感器可以实现哪些保护？
2. 怎样进行电流传感器 U100、U110 测试？
3. 熔断器的作用是什么？
4. 熔断器的熔断过程一般可分为哪四个阶段？
5. 电压传感器的作用是什么？它能对主回路进行哪些保护？
6. 怎样测试电压传感器 U150、U160 的好与坏？
7. 避雷器的作用是什么？
8. 什么是避雷器的伏秒特性？
9. 用 Pt100 热电阻温度传感器测量被测物体温度的原理是什么？
10. 中央控制单元（CCU）的主要功能是什么？
11. 简述列车故障等级及措施。
12. 牵引控制单元的主要保护功能有哪些？
13. 制动电子控制单元（BECU）的主要输入与输出信号有哪些？

模块 5

城市轨道交通车辆辅助系统的构造与检修

(1) 掌握列车辅助系统主要设备的作用与结构、检修要求。
(2) 了解列车辅助系统主要设备的工作原理。
(3) 会对列车辅助系统的主要设备进行日常维护。
(4) 会分解、组装列车辅助系统主要设备的关键部件。
(5) 会使用专用工具、设备对列车辅助系统的主要设备进行拆装。
(6) 能读懂列车辅助系统的典型电路图。

本模块导读

电动列车辅助系统主要为除牵引系统以外的所有用电系统供电,其供电的主要负载有列车空调、客室照明、设备通风冷却、电器电子装置、蓄电池充电等。整个辅助电路由逆变器、蓄电池及相应的部件组成。在列车的动车和拖车中都有辅助电路,其工作状态正常与否直接影响列车的功能。

任务 5.1 认识辅助系统供电网络

5.1.1 辅助系统的供电网络

以上海地铁 DC01 型列车为例,电动列车辅助系统的供电网络主要有辅助逆变器、蓄电池、低压总线、控制器、断路器、继电器、接触器等。

1. 直流高压电的传输

辅助系统由 DC 1 500 V 触网供电,经受电弓传输到列车总线,在线网电压正常的情况下,受电弓将高压直流电通过列车总线同时传输给各节车的辅助逆变器。各节车的辅助逆变器处于并联工作状态,这样即使只有一只受电弓工作,所有逆变器也都能正常工作,每个辅助逆变器是由接触网提供的 DC 1 500 V 供电。为了避免逆变器在不正常情况下工作,在线网电压小于 DC 1 100 V 的情况下,逆变器将停止工作,如线网电压上升至大于 DC 1 100 V 并持续 3 s 以上,逆变器重新启动工作。

当电动列车在检修时需做某些测试工作,如空调试验等,考虑到工作时的人身安全,此时 DC 1 500 V 接触网断电,采用车间外接电源供电,车间外接电源只有在受电弓落弓条件

下才能接通负载而得电,它们之间的联锁由所有受电弓落弓继电器完成,或由高压电源开关来选择电源(受电弓或车间电源插座)。如图 5-1-1 所示,受电弓供电接触器与车间电源供电接触器的电源互相联锁,在受电弓升弓情况下,2K7 和 3K14 闭合,受电弓供电接触器得电吸合,接触网 1 500 V 直流电通过图 5-1-2 中的受电弓供电接触器主触头送到各台逆变器上。当列车在静调线静调时,接触网就要断电,受电弓落弓,此时图 5-1-1 中的 7K8 闭合,车间外接电源接上后,车间电源短接线处相连,电源供电接触器吸合,1 500 V 直流电送到各台逆变器上。交流电源为 380 V、三相、50 Hz,有电隔离的交流中压,为下列设备提供电源:

(1) 电机——空气压缩机单元。
(2) 客室和驾驶室空调。
(3) 牵引设备的通风设备。
(4) 辅助逆变器的通风设备。
(5) 在每个驾驶室和每列车的电气柜中都有一个 AC 220 V/50 Hz/单相的方便插座,为维修人员检测设备提供电源。

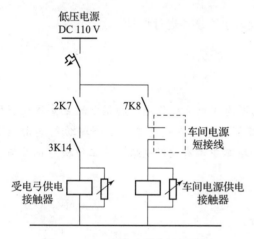

图 5-1-1 受电弓供电接触器与车间电源供电接触器

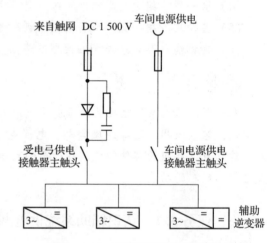

图 5-1-2 接触网与车间电源供电

2. 中压总线(AC 380 V)和低压总线(DC 110 V)

列车一半的 AC 负载是由两个 AC 网络中的一个供电,当一个 AC 网络发生故障时,由它提供电源的一些重要 AC 负载会自动切换至另一个 AC 网络,保证这些 AC 负载能继续工作(如牵引箱的通风冷却风机等)。

蓄电池部件提供紧急电源,每个蓄电池设备以浮充电模式与一个蓄电池充电器相联,列车上的所有蓄电池通过二极管与负载反向隔离,在失去高压的情况下,给主要的直流负载、客室通风和紧急照明供电 45 min。

3. 蓄电池

DC 网络的电源是由带蓄电池充电设备的 AC/DC 蓄电池充电器通过二极管来提供的。蓄电池充电器内 AC/DC 变换器提供蓄电池充电和 DC 电源。DC 蓄电池充电器提供额定 110 V DC 电源,直接提供至:内部紧急照明;外部照明(包括 24 V DC/DC 变换器);其他驾驶室设备；控制电子（牵引/制动、静止逆变器、车门等）；蓄电池充电；通信系统；维护和诊断系统；监测/控制电路。

5.1.2 辅助逆变器的负载

电动列车辅助逆变器系统主要由各节车的逆变器并联组成，并向空调通风、照明、蓄电池充电，为设备冷却风机、低压电源提供电源，如图 5-1-3 所示。

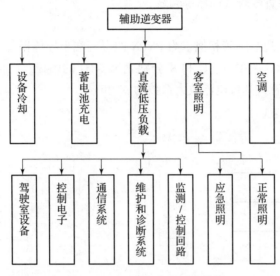

图 5-1-3 辅助逆变器的负载

在某台逆变器发生故障时，为了保证列车仍能可靠运行，在负载分配上采取了以下措施：将整列车的辅助逆变器按其负载的性质分成两组供电系统，一组供电系统为整列车的空调提供电源，这组供电系统由整列车中的几台辅助逆变器并联组成，分别提供本单元每节车辆一台通风空调（每节车有两台通风空调系统）的电源，这样当一台逆变器发生故障时，能保证在每一节车辆上有一台通风空调系统能够得电工作。

另一组供电系统由存余的几台辅助逆变器组成，它为整列车的下列设备提供电源：

内部照明；外部照明；驾驶室设备（除空调）；控制电子；蓄电池；通信系统；维护和诊断系统；监测/控制回路；列车自动控制；主要电气设备冷却通风。

在正常工作状态时，该组供电系统内的两台辅助逆变器各负担全列车一半主要电气设备的冷却通风负载。当有一台辅助逆变器发生故障后，该逆变器所承担的负载自动切换至另一台逆变器承担，以保证整列电动列车主要电气设备的冷却通风正常工作。

任务 5.2　认识轨道交通车辆常用辅助逆变器电路

5.2.1 辅助逆变器主要部件

辅助逆变器的主要部件是大功率半导体开关器件。早期的直流传动地铁车辆中，逆变器采用大功率 GTO 器件（门极可关断晶闸管），如地铁 DC-01 型列车使用 4 500 V/600 A 的

GTO。随着技术的进步,大功率的 IGBT(绝缘栅双极晶体管)及 IPM(智能型功率模块)问世,在新建的地铁或轻轨动车中都使用 IGBT 器件。

1. GTO

GTO 是一种通过门极来控制器件导通和关断的电力半导体器件。GTO 耐高压、耐浪涌能力强,价格便宜,同时又具有自关断能力,无须辅助关断电路。目前 GTO 的生产水平已达到 6 000 V、6 000 A、1 kHz,其研制水平可达到 9 000 V、8 000 A。GTO 广泛应用于电力机车的逆变器和大功率直流斩波调速等领域。

1) GTO 的结构

GTO 结构原理与普通晶闸管相似,为 PNPN 四层三端半导体器件,其结构、等效电路及符号如图 5-2-1 所示。图中 A、G 和 K 分别表示 GTO 的阳极、门极和阴极。其等效电路中的 PNP 和 NPN 晶体管共基极电流放大系数为 a_1 和 a_2。

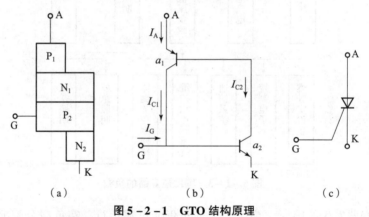

图 5-2-1 GTO 结构原理
(a) 结构;(b) 等效电路;(c) 符号

GTO 的外部引出三个电极,但内部却包含数百个共阳极的小 GTO,这些小 GTO 称为 GTO 元。GTO 元的阳极是共有的,门极和阴极分别并联在一起。这是为实现门极控制关断所采取的特殊设计。

2) 工作原理

GTO 的开通原理与普通晶闸管相同。在图 5-2-1(b)所示的等效电路中,当阳极加正向电压、门极同时加正向触发信号时,在等效晶体管 PNP 和 NPN 内形成图 5-2-2 所示正反馈过程。

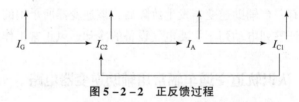

图 5-2-2 正反馈过程

随着晶体管 $N_2P_2N_1$ 的发射极电流和 $P_1N_1P_2$ 发射极电流的增加,两个等效晶体管均饱和导通,CTO 完成导通过程。

与普通晶体管不同的是,GTO 导通时,GTO 处于临界饱和状态,为用门极负信号去关断阳极电流提供了可能性。

GTO 的关断机理及关断方式如下：图 5-2-3 所示为 GTO 关断过程等效电路。关断 GTO 时，将开关 S 闭合，门极加上负偏置电压 E_G，晶体管 $P_1N_1P_2$ 的集电极电流 I_{C1} 被抽出，形成门极负电流 $-I_G$。由于 I_{C1} 的抽走，使晶体管 $N_1P_2N_1$ 的基极电流减小，进而使 I_{C2} 也减小，引起 I_{C1} 进一步下降。如此循环，最后导致 GTO 的阳极电流消失而关断。

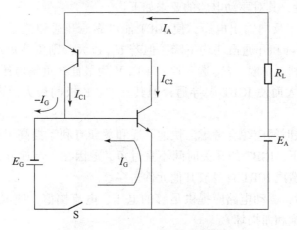

图 5-2-3 GTO 关断过程等效电路

2. IGBT

IGBT 是 20 世纪 80 年代出现的新型复合器件，它将 MOSFET 和 GTO 的优点集于一身，既具有输入阻抗高、工作速度快、热稳定性好和驱动电路简单的特点，又有通态电压低、耐压高和承受电流大等优点，因此发展很快。

目前，IGBT 的研制水平可达到 4 500 V、2 500 A。IGBT 未来的发展趋势是高电压、低损耗，并趋向于将控制和数控逻辑集成于一体，将散热器也引入功率模块。

1）IGBT 的工作原理

IGBT 的剖面结构如图 5-2-4 所示。IGBT 是在功率 MOSFET 的基础上增加了一个 P^+ 层，并由此引出集电极 C。IGBT 的图形符号如图 5-2-5 所示。

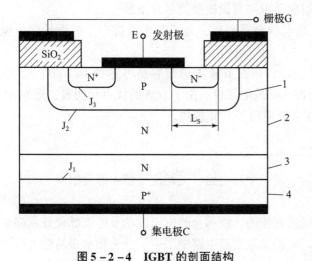 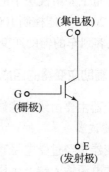

图 5-2-4 IGBT 的剖面结构　　　　图 5-2-5 IGBT 的图形符号
1—体区；2—漂移区；3—缓冲区；4—注入区

IGBT 的开通和关断是由栅极电压来控制的。栅极施以正电压时，给 PNP 晶体管提供基极电流，从而使 IGBT 导通。在栅极上施以负电压时，PNP 晶体管的基极电流被切断，IGBT 即关断。

2）IGBT 的栅极驱动电路

根据 IGBT 的特性，其对驱动电路的要求如下：

（1）提供适当的正反向输出电压，使 IGBT 能可靠地开通和关断。当正偏压（$+U_{GE}$）增大时，IGBT 通态压降和开通损耗均下降，但若 U_{GE} 过大，则负载短路时其 I_C 随 U_{GE} 增大而增大，对其安全不利，一般 $+U_{GE}$ 选 $+12\sim +15$ V 为最佳；负偏电压（$-U_{GE}$）可防止由于关断时浪涌电流过大而使 IGBT 误导通，但其受 G、E 极间最大反向耐压限制，一般取 $-5\sim -10$ V。

（2）IGBT 的开关时间应综合考虑。快速开通和关断有利于提高工作频率，减小开关损耗。但在大电感负载下，IGBT 的开关时间不宜过短，原因在于高速开通和关断会产生很高的尖峰电压，极可能造成 ICBT 自身或其他元件击穿。

（3）IGBT 开通后，驱动电路应提供足够的电压、电流幅值，使 IGBT 在正常工作及过载情况下不至于退出饱和而损坏。

（4）驱动电路应具有较强的抗干扰能力及对 IGBT 的保护功能。IGBT 为压控型器件，当集射极加高压时很容易受外界干扰，使栅射电压超过 U_{CE}，引起器件误导通。为了提高抗干扰能力，除驱动 IGBT 的触发引线应尽量短且应采用双绞线或屏蔽线外，在栅射极间还应并联栅射电阻。信号控制电路与驱动电路之间应采取抗干扰能力强、传输时间短的高速光电耦合器件加以隔离。

3. IPM

IPM 是 IGBT 智能化功率模块，它将 IGBT 芯片、驱动电路、保护电路和限位电路等封装在一个模块内，不但便于使用而且大大有利于装置的小型化、高性能化和高频化。

IPM 设有过流和短路保护、欠电压保护，当工作不正常时，通过驱动电路封锁 IGBT 的栅极信号同时发出报警信号。过热保护是通过设置在 IPM 基板上的热敏器件检测 IGBT 芯片温度，当温升超过报警额定值时，通过驱动电路封锁栅极信号并报警。

控制系统和 IPM 的接口一般采用光电耦合器隔离，为了防止干扰产生的误动作，模块还设有干扰滤波器。

IPM 的容量主要由模块中的 IGBT 决定，目前 IPM 的电流容量可达到 10~600 A，电压有 600 V 和 1 200 V，能控制 100 W~100 kW 的电动机。由于 IPM 的优点很明显，地铁 AC01 和 AC02 型电客列车的辅助逆变器已在多处使用了 IPM 模块。

5.2.2 辅助逆变器的组成

辅助逆变器主要由线路滤波器、斩波器、中间电路、三相逆变器 4 部分组成。

1. 线路滤波器

辅助逆变器是经过受电弓直接和线网相连的，线网上的电压波动及电流脉动分量都会对辅助逆变器的电源输入端产生影响，同时辅助逆变器电路中采用了开关频率很高的大功率电力电子器件，它们工作时会产生高次谐波，因此在辅助逆变器的电源输入端要接有线路滤波器。线路滤波器包括线路滤波电抗器和线路滤波电容器。

1) 线路滤波器的作用

（1）滤平输入电压。

（2）抑制电网侧发生的过电压对逆变器的影响，例如变电所的操作过电压、雷击过电压等。

（3）抑制逆变器因换流引起的尖峰过电压。

（4）抑制电网侧传输到逆变器直流环节的谐波电流，抑制逆变器产生的谐波电流对电网的影响。

（5）限制变流器的故障电流。

2) 线路滤波电抗器和线路滤波电容器

电抗器用于直流回路，为保证电感在任何电流值时均恒定，均采用空心线圈结构。对于网压为 DC 1 500 V 的城市轨道车辆，逆变器容量在 1 000 kV·A 以上的系统，电感量一般为 5~8 mH。

线路滤波电容器是一种承受直流高电压的电容器，它用于逆变系统的直流环节（DCLink）。要求它能承受很大的谐波电流，因此称作"直流脉冲电容器"。

2. 斩波器

辅助逆变器的主电路采用先降压斩波后逆变的模式，目的是使逆变器输入电压稳定，即使在负载变换时，也保证斩波器有稳定的输出电压，另外也可使逆变器使用低电压的 IGBT 元件。

基本斩波器的原理电路如图 5-2-6（a）所示，Q 为斩波开关，R 为负载。斩波开关可用普通晶闸管、可关断晶闸管或自关断器件来实现。

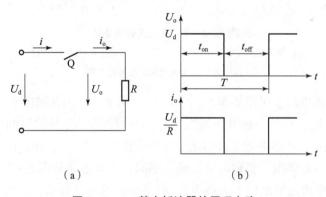

图 5-2-6 基本斩波器的原理电路

通过连续地接通和关断斩波开关，使直流电源电压间断地接到负载上。当开关 Q 合上时，直流电压加到 R 上并持续 t_{on} 时间；当开关切断时，负载上电压为零并持续 t_{off} 时间。斩波器的输出波形如图 5-2-6（b）所示，工作周期 $T = t_{on} + t_{off}$，占空比 $\alpha = t_{on}/T$，可以看出负载电压的平均值为

$$U_o = t_{on}/T \cdot U_d = \alpha U_d$$

可见只要调节周期就可以调节负载的平均电压。通常斩波器的工作方式有两种：

①脉宽调制（PWM）：改变 t_o，维持 T 不变。

②频率调制（PFM）：改变 T，维持 t 不变。

其中脉宽调制工作方式应用较普遍。

在地铁列车辅助逆变器中一般采用降压式斩波电路和升压式变换电路。

（1）降压式斩波电路。电路如图 5-2-7（a）所示，因为其输出电压平均值 U_o 总是小于或等于输入电压平均值，所以它是一种降压斩波电路。通过控制 VT 导通时间的占空比，可以在 $0 \sim U_d$ 控制输出电压。该电路的工作原理：当 VT 导通时，U_d 通过电感 L 向负载传递能量，此时电压增加，电感储能增加，等效电路如图 5-2-7（b）所示。在电感足够大，电感电流连续的条件下，VT 断开，由于电感电流 i_L 不能突变，故 i_L 通过二极管 VD 续流，电感上的能量逐步消耗在电阻 R 上，电压降低，L 上储能减小，等效电路如图 5-2-7（c）所示。

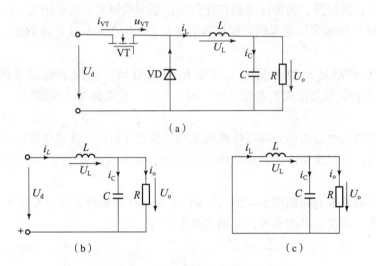

图 5-2-7 降压式斩波电路

(a) 降压式斩波电路原理；(b) 降压式斩波电路导通等效电路；
(c) 降压式变换电路关断等效电路

（2）升压式变换电路。电路如图 5-2-8（a）所示，因为其输出电压平均值 U_o 总是大于或等于输入电压 U_d，它是一种升压斩波电路。通过控制 VT 导通时间的占空比，可以在 U_d 之上控制输出电压。该电路的工作原理：VT 导通时，$U_L = U_d > 0$，i_L 增加，电感储能增加，同时负载由电容 C 供电，负载电路与输入隔离，等效电路如图 5-2-8（b）所示。在电感足够大，电感电流连续条件下关断 VT，因电感电流不能突变，i_L 通过 VD 向电容 C 和负载供电，电感上储存的能量传递到电容、负载侧，此时 i_L 减小，故 $U_o > U_d$，等效电路如图 5-2-8（c）所示。

在地铁 AC01/02 型列车的辅助逆变器 DBU15.1 中同时采用了降压式斩波电路和升压式变换电路。

3. 三相逆变器

通常把交流电能变换成直流电能的过程称为整流，相控整流为最常见的交直变换过程。在逆变电路中，把直流电能经过直交变换，向交流电源反馈能量的变换电路称为有源逆变电路，相应装置称为有源逆变器。相控角大于 90°的相控整流器为常见的有源逆变器。把直流电能变换到交流电能，再直接向非电源负载供电的电路，称为无源逆变电路。

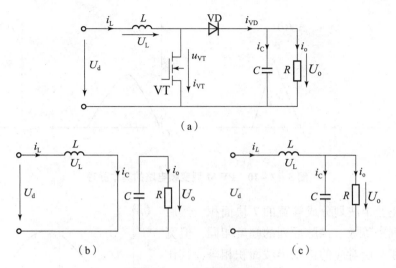

图 5-2-8 升压式变换电路

(a) 升压式变换电路原理；(b) 升压式变换电路导通等效电路；
(c) 升压式变换电路关断等效电路

下面介绍常用的脉宽调制（PWM）电压型逆变器。

1）脉宽调制（PWM）电压型逆变器的工作原理

全控型高频率、大功率新型功率器件的不断出现和成熟以及微机控制的发展，为 PWM 型控制技术的发展创造了有利条件，现在大量应用的逆变电路中多数是 PWM 型逆变电路。如图 5-2-9 所示，该电路图就是典型的辅助逆变器中的三相逆变部分，它的控制采用的是双极性 PWM 的控制方式。

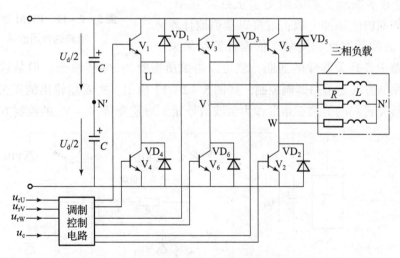

图 5-2-9 典型三相逆变原理

根据采样控制理论，冲量（脉冲面积）相等而形状不同的窄脉冲分别加在具有惯性的环节上时，其输出波形基本相同，也就是说，尽管脉冲形状不同，但只要脉冲面积相等，其作用的效果基本相同，这就是 PWM 控制的重要理论依据，如图 5-2-10 所示。

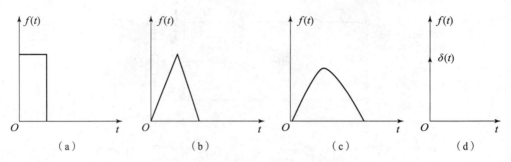

图 5-2-10 PWM 型变频电路的基本原理

将一个正弦半波划分成等宽的 7 块面积,然后用一列脉冲列来等效。该脉冲列的幅度相同,但宽度不一,面积与所对应的正弦半波面积相等,其作用效果基本相同。对于正弦负半波,用同样方法可得到 PWM 波形来取代正弦负半波。要获得不同的输出电压(即正弦波的幅值),只要按同一比例改变脉冲的宽度即可,如图 5-2-11 所示。

2)单相桥式 PWM 变频电路工作原理

单相桥式 PWM 变频电路如图 5-2-12 所示。设负载为电感性,控制方法可以有单极性和双极性两种。

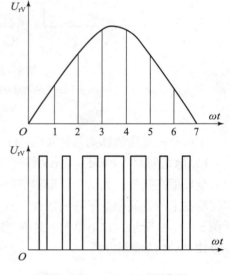

图 5-2-11 PWM 型变频电路的作用效果

(1)单极性 PWM 控制方式工作原理。按照 PWM 控制的基本原理,如果给定了正弦波频率、幅值和半个周期内的脉冲个数,就可以准确地计算 PWM 波形各脉冲的宽度和间隔。依据计算结果来控制逆变电路中各开关器件的通断,就可以得到所需要的 PWM 波形。但是这种计算很烦琐,较为实用的方法是采用调制控制,如图 5-2-13 所示,把希望输出的正弦波作为调制信号 u_r,把接受调制的等腰三角形作为载波信号 u_c。对逆变桥 $V_1 \sim V_4$ 的控制方法如下:

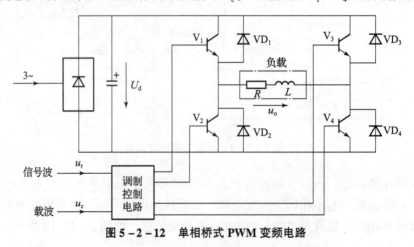

图 5-2-12 单相桥式 PWM 变频电路

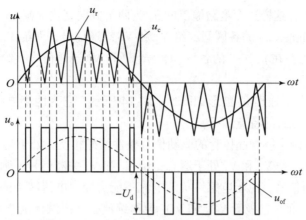

图 5-2-13 单极性 PWM 控制方式工作原理

当 u_r 正半周时，让 V_1 一直保持通态，V_2 保持断态。在 u_r 与 u_c 正极性三角波交点处控制 V_4 的通断，在 $u_r > u_c$ 各区间控制 V_4 为通态，输出负载电压 $u_o = U_d$；在 $u_r < u_c$ 各区间控制 V_4 为断态，输出负载电压 $u_o = 0$，此时负载电流可以经过 VD_3 与 V_1 续流。

当 u_r 负半周时，让 V_2 一直保持通态，V_1 保持断态。在 u_r 与 u_c 负极性三角波交点处控制 V_3 的通断，在 $u_r < u_c$ 各区间控制 V_3 为通态，输出负载电压 $u_o = -U_d$；在 $u_r > u_c$ 各区间控制 V_3，为断态，输出负载电压 $u_o = 0$，此时负载电流可以经过 VD_4 与 V_2 续流。

逆变电路输出的 u_o 为 PWM 波形，如图 5-2-13 所示，u_{of} 为 u_o 的基波分量。由于在这种控制方式中 PWM 波形只能在一个方向变化，故称为单极性 PWM 控制方式。

（2）双极性 PWM 控制方式工作原理。电路仍然是图 5-2-13，调制信号 u_r 仍然是正弦波，而载波信号 u_c 改为正负两个变化的等腰三角形，如图 5-2-14 所示。对逆变桥 $V_1 \sim V_4$ 的控制方法如下：

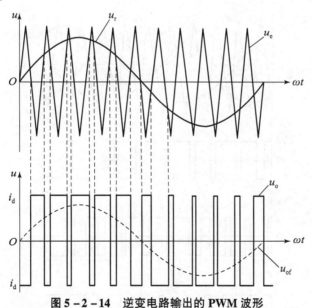

图 5-2-14 逆变电路输出的 PWM 波形

在 u_r 正半周，在 $u_r > u_c$ 的各区间，给 V_1 和 V_4 导通信号，而给 V_2 和 V_3 关断信号，输出负载电压 $u_0 = U_d$；在 $u_r < u_c$ 的各区间，给 V_2 和 V_3 导通信号，给 V_1 和 V_4 关断信号，输

出负载电压 $u_0 = -U_d$；这样逆变电路输出的 u_0 为两个方向变化等幅不等宽的脉冲序列。

在 u_r 负半周，在 $u_r < u_c$ 的各区间，给 V_2 和 V_3 导通信号，而给 V_1 和 V_4 关断信号，输出负载电压 $u_0 = -U_d$；在 $u_r > u_c$ 的各区间，给 V_1 和 V_4 导通信号，给 V_2 和 V_3 关断信号，输出负载电压 $u_0 = U_d$。

双极性 PWM 控制的输出 u_0 波形如图 5-2-14 所示，它为两个方向变化等幅不等宽的脉冲序列。这种控制方式的特点如下：

① 同一半桥上下两个桥臂晶体管的驱动信号极性恰好相反，处于互补工作方式。

② 电感性负载时，若 V_1 和 V_4 处于通态，给 V_1 和 V_4 关断信号，则 V_1 和 V_4 立即关断，而给 V_2 和 V_3 以导通信号，由于电感性负载电流不能突变，电流减小的感应电动势使 V_2 和 V_3 不可能立即导通，而是二极管 VD_2 和 VD_3 导通续流，如果续流能维持到下一次 V_1 和 V_4 重新导通，则负载电流方向始终没有变，V_2 和 V_3 始终未导通。只有在负载电流较小无法连续续流情况下，在负载电流下降至零，VD_2 和 VD_3 续流完毕，V_2 和 V_3 导通，负载电流才反向流过负载。

3）三相桥式 PWM 变频电路的工作原理

三相桥式 PWM 变频电路图如图 5-2-15 所示。三相调制信号 u_{rU}、u_{rV} 和 u_{rW} 为相位依次相差 120° 的正弦波，而三相载波信号是共用一个正负方向变化的三角形波 u_c，其工作原理如图 5-2-15 所示。U、V 和 W 相自关断开关器件的控制方法相同，以 U 相为例：在 $u_{rU} > u_c$ 的各区间，给上桥臂电力晶体管 V_1 以导通驱动信号，而给下桥臂 V_4 以关断信号，于是 U 相输出电压相对直流电源 U_d 中性点 N' 为 $u_{UN} = U_d/2$。在 $u_{rU} < u_c$ 的各区间，给 V_1 以关断信号，V_4 为导通信号，U 相输出电压相对直流电源 U_d 中点 N' 为 $u_{UN} = -U_d/2$，输出电压 u_{UN} 波形就是三相桥式 PWM 逆变电路 U 相输出的波形（相对 N' 点）。V 相和 W 相的控制方式和 U 相相同。

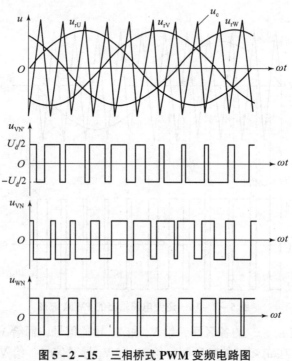

图 5-2-15　三相桥式 PWM 变频电路图

5.2.3 辅助逆变器与低压电源的电路结构

目前在城市轨道车辆中应用的辅助逆变器系统有以下几种结构形式。
(1) 形式 1：电路结构如图 5-2-16 所示。

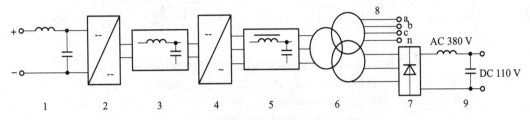

图 5-2-16 辅助逆变器与低压电源的电路结构 1
1—线路滤波器；2—升/降压斩波器；3—滤波器；4—逆变器；5——相输出电抗器；6—隔离变压器；
7—另一组次边绕组输出（带二极管整流桥）；8—隔离变压器的一组次边绕组输出
（带中点的 AC 380 V）；9—滤波器（输出 DC 110 V）

(2) 形式 2：电路结构如图 5-2-17 所示。

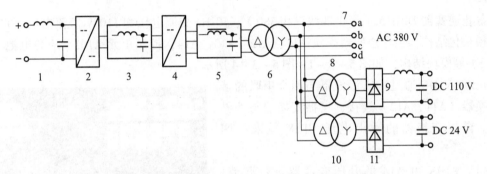

图 5-2-17 辅助逆变器与低压电源的电路结构 2
1—线路滤波器；2—降压斩波器；3—滤波器；4—逆变器；5——相输出电抗器；6—隔离变压器；
7—隔离变压器的一组次边绕组输出（带中点的 AC 380 V）；8，10—降压变压器；
9—二极管整流滤波（输出 DC 110 V）；11—二极管整流滤波（输出 DC 24 V）

(3) 形式 3：电路结构如图 5-2-18 所示。

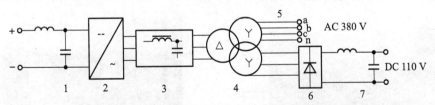

图 5-2-18 辅助逆变器与低压电源的电路结构 3
1—线路滤波器；2—逆变器；3—三相输出电抗器；4—隔离变压器；
5—隔离变压器的一组次边绕组输出（带中点的 AC 380 V）；
6—另一组次边绕组输出（带二极管整流桥）；7—滤波器（输出 DC 110 V）

(4) 形式 4：电路结构如图 5-2-19 所示。

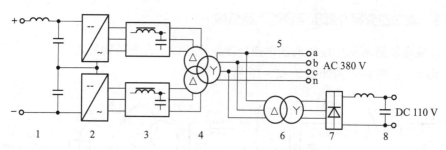

图 5-2-19 辅助逆变器与低压电源的电路结构 4

1—线路滤波器；2—两台串联的逆变器；3—两台独立的三相输出电抗器；4—隔离变压器；
5—隔离变压器的一组次边绕组输出（带中点的 AC 380 V）；6—另一组次边绕组降压变压器；
7—相控整流器；8—滤波器（输出 DC 110 V）

任务 5.3　辅助逆变器的构造与检修

5.3.1　A 车辅助逆变器高压回路（DBU15.1）

静止逆变器 DBU15.1 产生四线三相 380 V、50 Hz 交流电压和 110 V 直流电压。它的内部是模块化结构，包含逆变器模块 A11、A12、A13、A14，控制单元 A101，应急电池 A16，风扇 E1 等模块结构，如图 5-3-1~图 5-3-4 所示。

1 500 V DC 通过输入滤波器与两个串联的谐振变换器（A11，A12）连接，谐振变换器与外界绝缘。谐振变换器的输出电压 UDIX 是未经调节的。

（1）UDIX 由 A14 的升压变换器进行调节，并作为直流电压 UD2X。调节后的电压通过 A14 的中心线对脉冲控制逆变器（PWR）供电。

（2）UDIX 由 A13 的降压变换器进行调节，作为直流电压 UD3X。调节后的电压为蓄电池提供 DC 110 V，并与另一个谐振变换器绝缘。

图 5-3-1　辅助逆变器箱

图 5-3-2　辅助逆变器内部（1）
1—风扇；2—A13；3—A14

图 5-3-3　辅助逆变器内部（2）
1—A11；2—A12；3—A101

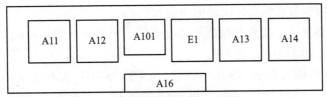

图 5-3-4 辅助逆变器内部模块布置

下面分别介绍辅助逆变器的主要模块。

1. 谐振变换器 A11、A12

A11 与 A12 是功率为 45 kW 的谐振变换器，其中 A11 带预充电设备（电阻和晶闸管）。模块上装有变换器和线路电容（0.8 mF），它们的切换频率为 20 kHz，采用软切换，切换损失小。它们的连接方式为串联输入并联输出，未经调节的直流输出电压为 300～600 V。

A11 与 A12 模块包含印刷线路板 PCB A301、PCB A302（仅 A11 上有），温度开关 BL，电容器 C_1～C_6，变压器 T1，电流传感器 U1，半导体元件 V1～V5 以及电阻器 R_1、R_2、R_3、R_5 等器件。

2. 降压变换器与谐振变换器 A13

降压变换器模块上装有直流电抗器，工作频率约 5 kHz，未经调节的直流输入电压为 300～600 V，调节后的直流电压约 270 V。

谐振变换器模块上装有变换器，工作频率约 20 kHz，调节后的直流输入电压约 270 V，输出电压为 120 V，名义电压下的输出功率 22 kW，10 min 短时功率 30 kW。

模块 A13 包含印刷线路板 A301、A302、A303 和电容器 C_1～C_8、电抗器 L1、变压器 T1、电阻 R_1、电流传感器 U1、半导体元件 V1～V6 等器件，如图 5-3-5 所示。

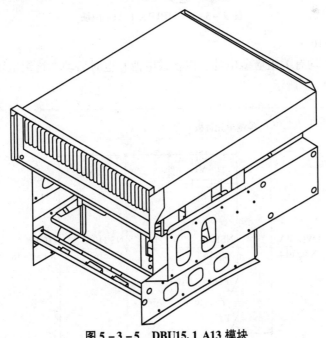

图 5-3-5 DBU15.1 A13 模块

3. 升压变换器和脉冲控制逆变器 A14

升压变换器的电感器位于冷却风道内，工作频率为 5 kHz，未经调节的直流输入电压为

300~600 V，经过调节的直流连接电路电压为 650 V。

脉冲控制逆变器模块上装有三相四线滤波电感，工作频率约 6 kHz，调节后的直流输入电压为 650 V，输出交流电压为 380 V。

模块 A14 包含印刷线路板 A301、A302、A303、A304、A305、A310、A311 和电容器 $C_1 \sim C_8$、电抗器 L1、电阻器 $R_1 \sim R_6$、电流传感器 U1、半导体元件 V1~V6 等器件，如图 5-3-6 所示。

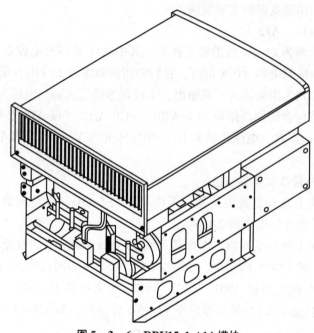

图 5-3-6　DBU15.1 A14 模块

4. 应急电池 A16

每个 DBU15.1 均有 1 组应急电池，以备蓄电池亏电时启动。这组电池由 9 个 12 V 蓄电池构成，如图 5-3-7 所示。

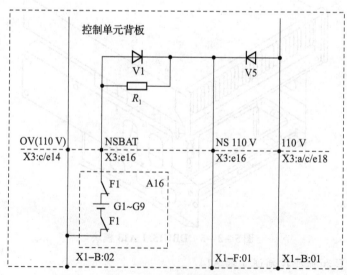

图 5-3-7　应急电池结构

这组电池通过 R_1 充电,通过二极管 V1 供电。这个回路布置在控制单元(A101)的背面。

插头 X3 是控制单元的接头,插头 X1 是单元的外部插头。输出端 NS 110 V 向用电器供电,包括逆变器控制单元在内总输出功率不超过 150 W。

5. 其他部件

(1) A15:子系统滤波电容。
(2) A101:逆变器控制单元。
(3) E1:冷却风扇单元。
(4) F1:160 A 主熔断器。
(5) L1:5 mH 线路电感。
(6) L2:升压变换器电感(只用于 DBU15.1)。

5.3.2 B 车辅助逆变器高压回路(DBU15.2)

静止逆变器 DBU15.2 产生三相 380 V/50 Hz 交流电。DC 1 500 V 经过输入滤波器,与两个谐振变换器(A11,A12)连接。谐振变换器相互绝缘,谐振变换器的输出电压 UDIX 未经调节,由 A13 的升压变换器调节为直流电压 UD2X。调节后的电压输入到脉冲控制逆变器(A14)。

主回路的重要部件和结构如图 5-3-8 所示。DBU15.2 未装有应急电池(A16)。

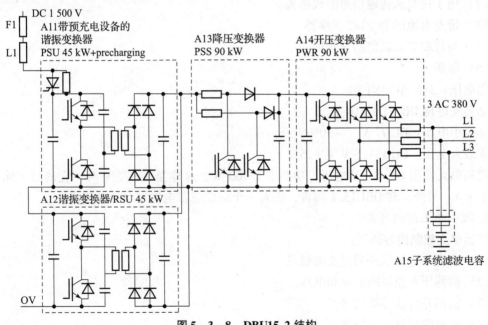

图 5-3-8 DBU15.2 结构

1. 谐振变换器 A11、A12

DBU15.2 谐振变换器 A11、A12 与 DBU15.1 相同。

2. 升压变换器 A13(90 kW)

升压变换器装有电感,工作频率为 5 kHz,未经调节的直流输入电压为 300~600 V,经过调节的直流连接电路的电压为 650 V。

模块 A13 包含印刷线路板 PCB A301、A310，电抗器组 L1/L2，电容器 $C_1 \sim C_8$，电阻 $R_1 \sim R_6$，电流传感器 U1、U2，半导体元件 V1～V4 等器件。

3. 脉冲控制逆变器 A14

脉冲控制逆变器模块上装有三相滤波电感，工作频率约 6 kHz，调节后的直流输入电压为 650 V，交流输出电压为 380 V。

模块 A14 包含印刷线路板 PCB A301、A302、A303、A311 和电抗器 L1，电容器 $C_1 \sim C_4$、C_6，电阻 $R_1 \sim R_4$，半导体元件 V1～V6 等器件。

4. 其他部分

(1) A15：子系统滤波电容。
(2) A101：逆变器控制单元。
(3) E1：单元风扇。
(4) F1：160 A 主熔断器。
(5) L1：5 mH 线路电感。

5.3.3　控制单元 A101

1. 控制单元构成

控制单元 A101 由以下部分构成：

(1) 1 块 PCB CCU2。
(2) 用于接收和传输信号的线路板。
(3) 带有电池的 DC/DC 变换器。
(4) 与控制单元联络的显示屏。
(5) 电源：

①电压：3/N AC 380 V。
②名义电压 UB：DC 110 V。
③最小电压：DC 77 V（-30%）。
④最大电压：DC 137.5 V（+25%）。

控制单元使用 DC 110 V 电压，功率小于 100 W。这样当 $u = 77$ V 时，它的最大输入电流为 1.3 A。另外，对 DBU15.1 而言，还有一个向应急蓄电池充电的电流。

2. 控制单元控制内容

控制单元控制内容如下：

(1) 所有半导体器件通过光缆触发。
(2) 检测所有模块的电流和电压。
(3) 检测并传输外部信号。
(4) 按故障规格记录故障。
(5) 通过接口 RS232 处理过程数据和故障记录。

控制单元的核心由不同的集成电路构成，每个集成电路完成不同的功能。微控制器 80C167 控制静止逆变器的工作，限定调节的数值，记录过程数据并产生三相逆变器的控制信号。逻辑网络序列（LCA）可提供快速保护并产生谐振变换器的控制信号，数字信号处理器（DSP）对升压和降压变换器进行调节。软件可以下载到相应的快速存储器内。

3. 控制单元接口

控制单元具有以下接口：

（1）6 个彼此绝缘的数字量输入通道。

（2）6 个不绝缘的数字量输入通道。

（3）4 个彼此绝缘的数字量输出通道（继电器）。

（4）4 个不绝缘的数字量输入通道。

（5）24 个由光缆控制的数字量输出通道。

（6）14 个电流和电压传感器的输入通道。

5.3.4 监控和保护

在保护措施作用下，所有的半导体元件一直处于截止状态，直到逆变器控制器重启。这时，逆变器封锁信号通过一个断开触点传向车辆控制器。

当 DC 线路电压高于接触电压时，三相 AC 逆变器继续工作，这样就可以完成对 DC 线路电容的放电。故障发生时，系统会记录下故障代码、日期和时间。

1. 预充电电阻的监控

线路电容通过预充电电阻充电，这样与电路连接时，就可以防止线路电压过高造成损坏。预充电完成后，可控硅导通，短接预充电电阻。预充电电阻的接通通过电压和时间控制。当电压处于允许范围内，$T-T_H$ 时间段后 IGBT 就会触发。这样就可以产生输入谐振变换器的触发脉冲。

2. 输入电压监控（线路电压）

电压传感器监控输入电压 UEX，以确保处于允许范围。否则，逆变器所有半导体元件都会被截止。

故障代码 E110：LTEX 过压。

3. 输入谐振变换器的保护功能

静止逆变器的启动阶段，IGBT 触发信号的脉宽缓慢加宽，以平稳启动。否则由于电压 UD1 过低，会使得电流增大。

为了减小线路干扰，A12 的 IGBT 触发信号与 A11 的相差 90°。

A11/A12 的初级变换电流由电流传感器测量。当电流超过其限定值时，静止逆变器就会被封锁。而后系统自动重新启动，如果在规定时间内重启次数超过设定值，所有半导体被截止，系统必须重启。

故障代码 E112：谐振变换器 1 过流。

故障代码 E113：谐振变换器 2 过流。

4. 三相交流输出的保护功能

如果三相交流逆变器或升压变换器的监控系统有响应，DBU15.1 的直流输出不会立即被影响。只有发生 1 个持续性故障，静止逆变器才会完全被封锁。

5. 升压变换器的保护功能

（1）过流监控。升压变换器的输入电流由电流传感器监控。如果电流在 2 ms 内有 6 次超过其规定最大值，升压变换器会屏蔽 100 ms。如果电流在规定时间段内数次超过规定值，所有半导体元件会被截止，直到控制单元重启。

(2) 过压监控。升压谐振变换器的输入电压由电压传感器监控。如果发生故障，两个输入谐振变换器的控制脉冲会中断 100 ms。如果在规定时间段内故障发生次数超过设定值，所有半导体元件将被截止，控制单元需要重新启动。

6. 直流输出的监控功能

注意：只有 DBU15.1 才具有直流输出的监控功能。

如果降压变换器或电池谐振变换器监控系统有响应，三相交流输出不会立即受到影响。只有发生一个持续性故障，静止逆变器才会完全被封锁。

1) 降压变换器的保护功能

(1) 过流监控。降压变换器的输出电流由传感器探测。如电流在 2 ms 内 6 次超过设定值，降压变换器的控制脉冲将屏蔽 100 ms。

(2) 过压监控。降压变换器的输出电压由传感器探测。监控系统会显示输出电压是否超过规定最大值，如果发生该故障，降压变换器的控制脉冲将屏蔽 100 ms。如在规定时间内这种屏蔽发生次数超过 3 次，所有半导体元件被截止，单元需要重启。

2) 电池的保护功能

(1) 电池充电电压过低。电流传感器检测电池充电电流，监控系统判断 IBX 值是否超过最大充电电流。如果电池的充电电压、充电时间超过规定值，但电池电压没有达到要求，电池谐振变换器将被屏蔽，充电过程中断，逆变器需要重启。

电压传感器检测充电电压 UBX 在 T – UB – MIN2 后，是否低于 UB – MIN。如果发生这种情况，所有半导体元件被屏蔽，变换器需要重启。

(2) 直流输出全部电流。降压变换器输出端的电流传感器监控输出电流在规定时间内是否超过最大值。如果发生这种情况，降压变换器将被屏蔽 10 s。如果 120 s 内这种屏蔽发生的次数超过设定值，所有半导体元件将被截止，控制单元需要重启。

7. 半导体元件的监控

静止逆变器中 IPM 的保护功能由集成在其内部的电路执行，而 IGBT 的保护功能由 CCU2 通过门极控制电路执行。半导体元件发生故障将强行关闭 DBU 单元。

IGBT 和 IPM 的门极控制电路均向控制器传输 110 kHz 的信号。如果发生故障，信号将被中断。不同类型的故障采用不同波特率的中断，这样控制单元将可以检测到发生故障的半导体。

受控半导体见表 5 – 3 – 1。

表 5 – 3 – 1 受控半导体

模块	静止逆变器	半导体型号	半导体类型
A11，A12	DBU15.1，DBU15.2	V1，V2	IGBT
A13	DBU15.1	V1，V3，V4	IPM
A14	DBU15.1	V1，V3，V4，V5，V6	IPM
A13	DBU15.2	V1，V2	IPM
A14	DBU15.2	V1，V2，V3，V4，V5，V6	IPM

1）IGBT 的监控

输入谐振变换器（A11 和 A12）均装有 IGBT。IGBT 具有过电流监控和供电电压监控的功能。对于监控系统的任何响应，IGBT 均会屏蔽相应的 IGBT 元件，并中断校验返回信号。

如果有上述信号发生，所有的半导体元件被截止，直至控制单元重启。

2）IPM 的监控

IPM 具有以下监控功能：

（1）过电流监控（校验返回信号中断时间 $1\ \text{ms} < t < 2\ \text{ms}$）。

（2）温度监控（校验返回信号中断时间 $t > 2\ \text{ms}$）。

（3）供电电压监控（校验返回信号中断时间 $t > 2\ \text{ms}$）。

如果任何监控功能有响应，相应的半导体元件就会自动屏蔽。

8. 辅助逆变器的冷却保护

辅助逆变器主电路及控制单元中半导体元、器件在工作中会产生热量，引起逆变器箱内的温度升高到逆变器设计时的最高温度时，为了保护逆变器中的元、器件，逆变器将自动关断。

为了使逆变器能正常、可靠工作，逆变器箱的设计充分考虑了通风冷却、通风风道的布置及冷却风扇的控制，使其工作在允许的工作温度中。

逆变器的冷却是采用冷却风扇进行强迫对流冷却方式，外部空气通过进风口进入箱体中，水分离器是进风口的一个组成部分，防止水和雨滴进入逆变器箱。空气流经模块的散热器各模块同时进行冷却，空气流经模块后，进入中心风道，风扇将空气从箱体后部排出。

逆变器内部元件是密封的，只有热交换模块的电磁部件和风道与外部空气接触，散热元件安装在散热器表面，电磁元件由流经的空气冷却，这样既保证了逆变器内元、器件的冷却，同时又保证了内部元件的清洁。

逆变器冷却风扇的工作电源为三相 380 V、50 Hz。

5.3.5 检修方法与步骤

1. 安全与保护措施

由于 DBU 的最大输入电压达 1 800 V，为防止人员被电击伤，在 DBU 的盖板内侧安装有弹性导电触点，该触点通过接地连接器与车辆相连接。当对 DBU 进行作业时，该保护装置被拆卸，因此必须采取其他保护措施以取代原有的保护装置。所以，检修时必须遵守以下规定：

（1）在系统的任何一个部件上作业必须切断电路，即将系统从所有未接地的导体中切除或隔离。

（2）切断电路的设备，如开关必须可靠断开，并确保不会再合上。

（3）采用相应的断开和接地设施，防止在重新闭合时造成间隔装置与 DBU 之间的短路和进线接地。

（4）所有部件的开路必须通过测量来确定已无电压，以确保开路状态，并记录。

2. 拆卸与安装

1）拆卸

（1）所有的工作包括松开线头、接触器、挡板或端盖都必须由熟练的工人进行操作。

（2）遵守电工操作准则。

（3）DBU 的电路中不再有高压电时，才可以打开 DBU 的维护盖和端盖。

（4）拆卸时，确保设备不带电。

（5）材料必须满足要求。

（6）工作结束后，拿走箱内所有工具或材料。

（7）机械部分。

①拧松 M16 外六角螺母，但不要取下。

②将抬车设备置于静态逆变器，升起设备，使静态逆变器落在设备上。

③取下所有六角螺母，升起设备，使托板不再受力。

④取下所有垫片，并做标记。

⑤取下托架上的 M12 六角螺母，将托板从框架取出。

⑥放低逆变器。

（8）电气部分。

①拧松螺纹接头，取下盖板。

②拧松连接导线与 DBU 接触导轨的螺纹接头。

③拔下电缆的保护管。

④拧松导线螺纹接头的压力螺母。

⑤使用电缆夹将连接线拔出。

⑥拧松接头的夹子，拆下夹子。

2）安装

（1）拆线和打开端盖等工作均要由熟练的工人操作。

（2）处理电气设备时应遵守电气安全规则。

（3）打开 DBU 端盖前，检查受电弓是否落下，确信即使由于短路或 DBU 进线接地也不可能造成单元启动。

（4）只有在单元没有电的情况下才可以对单元进行处理。

（5）工作中要使用合适的材料。

（6）作业完成后，取出箱内残留的材料和工具。

（7）机械部分。

①使用起重设备将逆变器放置到位。

②将支架板放置在框架内。

③紧固支架板，紧固扭矩为 55 N·m。

④DBU 下降，对 M16 螺母使用 Gleitom 805 预处理。

⑤放置平衡垫圈、六角螺栓、垫圈和螺母，用手拧紧。

⑥检查尺寸，必要时调整。

⑦紧固螺纹，扭矩为 160 N·m。

（8）电气部分。DBU 外壳通过铜条与车体连接，铜条通过接地螺母与 DBU 后部连接。首先进行安全接地，紧固铜条的 M20 六角螺母、垫圈，扭矩为 30 N·m。每个 DBU 有 4 个接地接头。对所有的螺纹进行预处理。

DBU 连接线的连接如下：

①取下导线螺纹接头下方的盖板。

②拧松导线螺纹接头的固定螺母。
③安装时，将电缆的线脚穿过导线固定接头。
④只适用于 DBU15.1 电缆的 7 号接头装有螺纹接头，螺纹拧松后，电线通过螺纹接头连接。
⑤按照旧件的尺寸对电缆进行加工。
⑥在电缆末端装上电缆夹，将其夹紧。
⑦对螺纹进行处理。
⑧用六角螺母、垫圈和环型螺母将电缆夹固定在接线排上。
⑨按照规定的扭矩紧固电气螺纹连接。
⑩检查电气螺纹连接。
⑪在所有的导线外面套上保护管。

3. 周检

1）准备工作

（1）系统必须断电或者将每一侧非接地的导线与系统断开。

（2）断开开关设备，确保不能再接通。

（3）必须证实没有电压并采用对额定电压 DC 1 500 V 有效绝缘的设备进行测量并记录。

（4）再次通电时必须防止短路以及 DBU 的输入线接地。

注意：搬动模块、电抗器或盖子时，要带工作手套。

（5）打开箱子：先开锁，然后打开盖子（最大30°），最后取下盖子。

2）维修过程

（1）螺母和螺栓不能用手拧松，连接件无减少，无锈蚀，无损伤。

（2）悬挂点无损伤或锈蚀的迹象。

（3）目测端盖和面板是否移位。螺母和螺栓不能用手拧松，连接件无减少。

（4）检查有无锈蚀和损伤。

（5）检查标记和铆钉的位置。

（6）目测所有端盖的密封条有无损伤和变形。不需要打开端盖，从外部检查。

（7）检查所有的锁是否处于锁闭位置。

4. 月检

1）准备工作

月检的准备工作与周检相同。

2）维修过程

（1）检查排水孔。

①箱体左右内边均有 4 个排水孔，使用螺纹工具从下方刺穿排水孔。

②使用吸尘器清除灰尘，吹净排水孔内异物。如果过脏，使用刷子清洁。

（2）清洁压力触点，导轨和触点必须洁净。

①拧松压力触头上的螺母。

②取下压力触头，进行功能检查，并做标记。

③使用清洁剂清洁压力触点。

注意：不要锉触头表面的银镀层。长时间使用后，可能会有黑色的氧化物，这些氧化物

是不导电的,必须清除。

④使用铜刷清除表面的杂物。

⑤在滑动面和压力触头上涂一薄层压力触点油。

⑥清洁端盖的接触面,并重新上油。

⑦重新安装压力触头。

注意:拧紧压力触头螺母,扭矩为 3 N·m。

⑧使用吸尘器清洁接触导轨。

⑨使用铜刷清洁接触点。

⑩如果导轨表面由于电热效应而变形,必须更换接触导轨。

(3) 检查紧急启动电池有无污染。

注意:蓄电池为 110 V 直流电。

①从外部清洁模块 A16:从下方清洁电池盒、清洁排水孔。

②取出模块 A16(如果污染严重):打开模块 A16 的接头 X1;拧松 4 个接触螺母;取出包括回路断路器 F1 在内的紧急启动电池。

③紧急启动电池的安装:按拆卸过程倒序安装;接触点涂上接触油;接触螺母表面使用螺纹预处理剂。

5. 更换 DBU15.1 和 15.2 中的模块,组件及元、器件

1) 拆卸模块 A11、A12、A13、A14

(1) 打开箱盖:先开锁,然后打开盖子(最大 300),最后取下盖子。

(2) 松开模块与箱体之间的电路连接:松开 SVB – D 插头上的固定螺钉;拔下 SVB – D 插头及光纤电缆插头;松开模块之间的接触轨道。

(3) 取下模块:松开模块上的固定螺钉;将抬升设备(图 5 – 3 – 9)升到模块滑轨的同样高度;将设备两端伸入到模块两端的孔中,把模块从箱体中拖出到叉车上,如图 5 – 3 – 10 所示。

图 5 – 3 – 9　拆卸模块专用抬升设备

图 5 – 3 – 10　拆卸模块

(4) 将光纤波导管的裸露一端遮盖住以防尘。

2) 安装模块 A11、A12、A13、A14

(1) 按拆卸时的相反步骤插入模块到辅助逆变器箱体中。在每个模块的导轨上有金属角铁,这样可以保证模块的位置不会放错。

(2) 在固定螺钉的螺纹上涂上预处理剂。

(3) 将接触油脂涂在接触轨道之间的接触表面上。

(4) 对角拧紧固定螺钉，防止模块歪斜。

(5) 清洁箱盖上的接触表面，并用接触油脂上油，该处通过压力触点使箱盖接地。

(6) 将所有无关的物品，如工具、剩余的导线、清洁物品等清除出箱子。

(7) 盖上箱盖，由下方向下压并锁紧。

3) 分解模块

以 DBU15.1 中的 A14（图 5 - 3 - 11）为例说明模块的分解。

(1) 用专用抬升设备把模块从辅助逆变器箱体中取出，沿水平方向将模块翻转过来，使散热器朝下平放在专用工作台上。

(2) 将工作台推入维修间，准备好分解工具。

(3) 拔下印刷线路板 PCB A301 和 A302 的接线插头。

(4) 用十字螺钉旋具拧下固定插头接口架与箱体的连接螺钉和插头的连接螺钉，把固定插头接口架卸下。

(5) 用套筒螺钉旋具拧下 6 个电容之间的电气连接螺钉。

(6) 拔下 PCB A311 的插头。

(7) 用套筒螺钉旋具松开箱体侧面的交叉支撑固定螺钉。

(8) 拿下电容 $C_1 \sim C_6$。电容 $C_1 \sim C_6$ 是一个完整的组件，如图 5 - 3 - 12 所示。

图 5 - 3 - 11　模块 A14

图 5 - 3 - 12　电容 $C_1 \sim C_6$ 组件与 PCB A311

A14 模块中 PCB 的分布如图 5 - 3 - 13 所示。

(9) 用扳手旋下印刷线路板 A310 的固定螺钉，拿出印刷线路板 A310。

(10) 用套筒扳手拧下电容 C_7、C_8 的固定螺钉，卸下电线端子，将其取出。

(11) 用套筒扳手拧下低感母排的固定螺钉，记下控制线的连接位置，卸下控制线，取出低感母排。

(12) 拔下模块后部靠近散热器一端的 3 个印刷线路板 PCB A303、A304、A305 的控制线插头和光纤波导管插头。

(13) 松开 3 个 PCB 固定装置上的固定螺钉，垂直向上拔出 3 个印刷线路板 PCB A03、A304、A305。

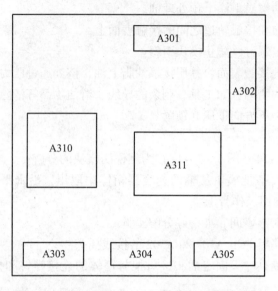

图 5-3-13　DBU15.1 A14 模块中 PCB 的分布

（14）清洁所有的零部件，如图 5-3-14～图 5-3-16 所示。

图 5-3-14　清洁 PCB

图 5-3-15　清洁低感母排

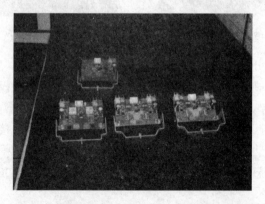

图 5-3-16　印刷线路板 PCB A303、A304、A305 与 A301

4）组装模块

以 DBU15.1 中的 A14 为例说明模块的组装。

（1）安装低感母排。

（2）分别把电线端子套在两个电容器 C_7、C_8 的接线端，固定两个电容器。

（3）安装印刷线路板 A301。

（4）安装印刷线路板 A310。

（5）固定模块后部靠近散热器一端的 3 个印刷线路板 PCB A303、A304、A305，并连接控制线插头和光纤波导管插头。

（6）安装 PCB A302。

（7）把 6 个电容组件放入箱内，用螺钉固定在交叉支撑上，分别用螺钉固定好电阻 $R_1 \sim R_6$。

（8）再次确认紧固各个固定螺钉，防止遗漏。

（9）给各个插头连线，安装固定接口架，检查各个接口连线是否牢固。

（10）用专用抬升设备把模块推入辅助逆变器箱内的对应位置上。

（11）连接模块 A14 的控制线路。

（12）用螺栓把模块固定在辅助逆变器箱体内。

5.3.6 AC03 辅助逆变器组成

1. AC03 辅助逆变器组成

AC03 辅助逆变器是个很宽的容器，安装在列车的两端 TC 车和中间 M 车的下部，由 7 个部分组成：开关装置区域（H01）、连接终端接口（H02）、控制器与多种模块部分（H03 - H04 - H05）、输入滤波感应器（H06）、缠绕组件区域（H07），如图 5 - 3 - 17 所示。

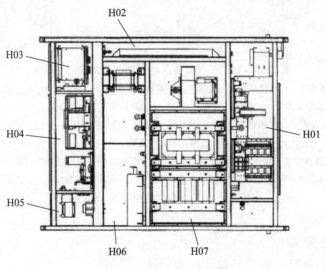

图 5 - 3 - 17 辅助逆变器

1）开关装置区域（H01）

开关装置区域（H01）内部元、器件如图 5 - 3 - 18 所示。

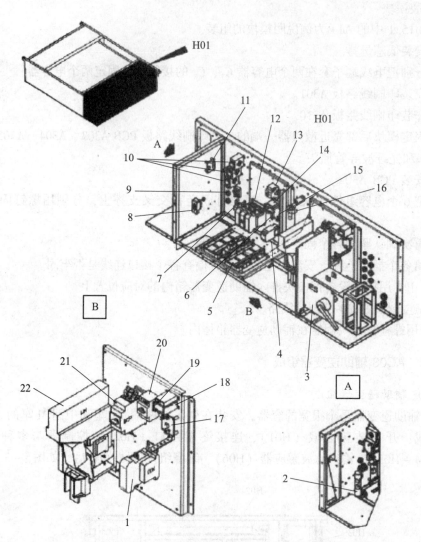

图5-3-18 开关装置区域（H01）内部元、器件

1—预充电接触器（CCK）；2—中性地电阻（GNZ）；3—绝缘和接地开关（IES）；4—自益蓄电池接触器（FBSK）；5—自益电池；6—自益蓄电池电阻（FBSLZ）；7—三相输出过压测量装置（AOVMD）；8—中性地电路断路器（GNP）；9—交流输出电压测量装置（AOVMDR）；10—三相输出过流测量装置（AOCMD）；11—电流检测接口（A4-X1）；12—三相接触器（AOIK）；13—自益蓄电池输入电路断路器（FBSP）；14—自益蓄电池变压器（FBST）；15—自益蓄电池二极管桥路（FBSR）；16—电容充电电阻；17—电流检测接口（A5）；18,19—风扇电流监测装置（FANCMD）；20—风扇电路断路器（FANP）；21—蓄电池充电输入电路断路器（BCP）；22—主接触器（LIK）

2）接口终端连接（H02）

接口终端连接（H02）如图5-3-19所示。

3）输入滤波感应器区域（H06）

为了防止振动和噪声，逆变器的输入滤波感应器和风扇是弹性装配的，如图5-3-20所示。

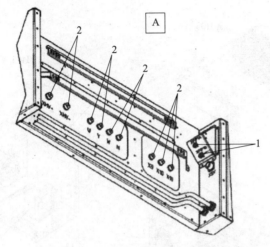

图 5-3-19 静态逆变器接口终端连接

1—跨接线接口；2—电缆密封管

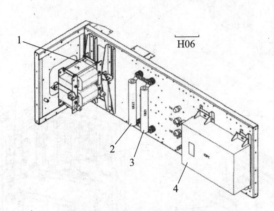

图 5-3-20 输入滤波感应器区域（H06）

1—滤波感应器（LFL）；2，3—消弧电阻（CBZ1 和 CBZ2）；4—逆变器输出滤波电容（IOFC）

4）控制模块区域（H03-H04-H05）

这一区域是密封隔间，内有变流器、撬棒模块、蓄电池充电模块和控制单元，如图 5-3-21 所示。

5）缠绕组件区域（H07）

缠绕组件区域（H07）如图 5-3-22 所示。

2. AC03 辅助逆变器基本工作原理

AC03 型车辆使用 IPM 将直流电转换为车辆需要的三相交流电。

1）PWM 逆变器

PWM 逆变器使用脉冲宽度调制（PWM）方法，将 1 500 V 直流输入电压转换成固定频率为 50 Hz、固定输出电压为 400 V 的三相交流电，其电路如图 5-3-23 所示。

此电路由两个部分组成：PWM 逆变器和三相输出滤波器。PWM 逆变器电路中使用 6 个静态开关器件，将输入的直流电压转换为交流电压。i 相输出滤波器用于过滤 PWM 电压方波，输出平滑稳定的正弦波。

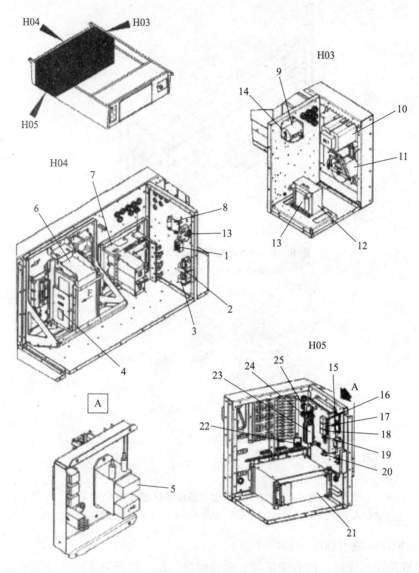

图 5-3-21 控制模块区域（H03-H04-H05）

1—电池充电器输入整流器（BCRM）；2—电池充电器监控器（BATCMD）；3—全部蓄电池充电器电流监控器（BCOCMD）；4—消弧电路嵌板（CBP）；5—低压测量设备（LVMD）；6—直流电压"变压器"（IM）；7—蓄电池充电器模块（BCM）；8—蓄电池充电器滤波器（BCFCZ）；9—蓄电池充电器滤波电容（BCMFC）；10—蓄电池充电器变压器（BCT）；11—蓄电池充电器滤波感应器（BCMFL）；12—蓄电池充电器输入滤波感应器（BCFL）；13—蓄电池充电器恒定输出电路断路器（BCPOP）；14—带有蓄电池充电器滤波器放电电阻（BCMFZ）；15—风速传感器接口板（A7）；16—控制三相接触器 AOIK 继电器（QAOIK）；17—k制预充电接触器 CCK 继电器（QCCK）；18—控制主接触器 LIK 继电器（QLIK）；19—DC 110 V 电源开关（S1）；20—DC 110 V 供电二极管（PSD）；21—AGATE 辅助控制单元；22—风速传感器（B1）；23—接线排（X110）；24—蓄电池保护二极管（SBD）；25—电缆密封圈

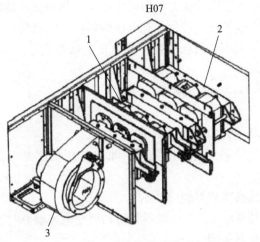

图 5-3-22 缠绕组件区域（H07）

1—逆变器输出滤波器（IOFL）；2—逆变器输出变压器（IOT）；3—风扇

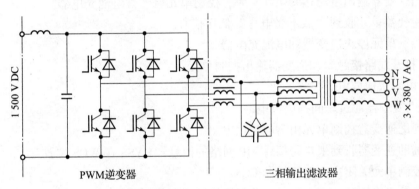

图 5-3-23 PWM 逆变器电路

2）电池充电器原理

电池充电器由 4 个部分组成，即单相半桥变换器、变压器、二极管整流器、输出滤波器，如图 5-3-24 所示。

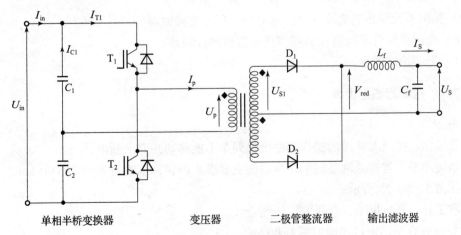

图 5-3-24 电池充电器

单相半桥变换器将输入电压变换为矩形电压以满足初级变压器需要。变压器使电池输出电压与初级电压之间形成电隔离，避免干扰电压的影响。二极管整流器和输出滤波器将产生一个直流电压满足电池和110 V负载需要。电池充电器相当于一个变压比率可变的DC/DC变压器。

3. AC03辅助逆变器启动和关闭次序

1）受电弓供电

（1）辅助逆变器控制单元由电池电压供电。

（2）逆变器收到一个"高压存在"信号，来自高压检测继电器（110 V高电平代表高压存在）。

（3）控制单元关闭预充电接触器（CCK）。

（4）当输入电压达到900 V，主接触器关闭和预充电接触器打开。

（5）逆变器输出接触器关闭。

（6）控制单元启动逆变器。

（7）当逆变器输出电压达到400 V时，控制单元启动蓄电池充电器。

（8）逆变器单元收到"放下受电弓"低压信号。

（9）控制单元停止逆变器和电池充电器。

（10）打开线路接触器和逆变器输出控制单元。

（11）电容快速放电。

2）辅助变频器通过车间插座供电

（1）辅助逆变器控制单元由蓄电池供电。

（2）辅助逆变器收到来自跨接线FIP网络的信息"HVSS在WOS位置"。

（3）控制单元关闭预充电接触器CCK。

（4）当输入电压到达900 V时，关闭主接触器和打开预充电接触器。

（5）逆变器输出接触器关闭。

（6）控制单元启动逆变器。

（7）当逆变器输出电压达到400 V时，控制单元启动蓄电池。

（8）跨接线FIP信号"HVSS在WOS位置"消失。

（9）控制单元停止逆变器和电池充电器，打开主接触器。

（10）控制单元打开线路接触器和逆变器输出接触器。

（11）电容快速放电。

5.3.7 检修方法与步骤

1. 维护

准备工作：按照车辆段的操作程序确保列车不能移动并要求断电。

清洁辅助逆变器过滤网是辅助逆变器的主要维护内容，车辆每运行25 000 km都要进行一次，如图5-3-25所示。

标准工具：开口扳手、金属刷、压缩空气。

（1）松开6个固定过滤网的螺钉和垫圈。

（2）打开过滤网架，从过滤网架上抽出金属过滤网并展开。

（3）用金属丝刷慢慢地刷金属过滤网。

（4）用压缩空气吹金属丝网以清除残余灰尘。

（5）将金属丝网折叠并放入过滤网架1，关上过滤网架3，并用螺钉和垫圈固定。

2．元、器件更换

元、器件更换的准备工作：

（1）遵照车间程序保证列车不会被移动并且断开电源。

图 5－3－25　辅助逆变器过滤网

1，3—过滤网架；2—金属过滤网

（2）任何拆卸或安装工作前必须断电，保证接地，并且保证在工作时电源不会形成回路。

（3）工作前让设备有足够的时间降温，一些元件的工作温度会很高。

（4）移动盖子前，要先看清箱盖上的警示牌，工作时要严格按照警示牌的指示做。

（5）用合适的电压表检查滤波电容器在电源工作前是否被放电，不能接触电源电路。

1）交流输出电流监控装置的更换

交流输出电流监控设备的更换如图 5－3－26 所示。

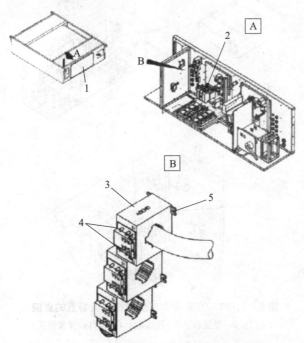

图 5－3－26　交流输出电流监控设备的更换

1—紧固电气装置门；2—电线；3—监控装置；4，5—螺栓

标准工具：套筒扳手；备件：一套交流输出电流监控装置；消耗品：黏结剂。

（1）松开紧固电气装置门的螺栓。

（2）注意电源线的编号和它们在交流输出绝缘接触器上的接线联系。

（3）断开交流输出绝缘接触器的电源线。

（4）注意电线编号和它们在交流输出绝缘接触器前端的相应端子。

（5）松开两个螺栓再断开终端的连线。

(6) 支撑住监控装置再松开 4 个 M4 螺栓和弹簧垫圈。
(7) 拉下电缆上的交流输出监控装置。
(8) 移开静止逆变器上的监控装置。
(9) 连接电缆上的交流输出监控装置。
(10) 支撑住监控装置并正确查找它在面板上的位置。
(11) 在螺栓的螺纹上涂一定数量的黏结剂。
(12) 用 4 个固定 M4 螺栓和弹簧垫圈将监控装置固定到面板上。
(13) 根据拆卸过程中的接线编号,连接终端的连线并拧紧螺栓。
(14) 根据拆卸过程中的接线编号,连接交流输出绝缘接触器的电线。
(15) 检查在箱体中所有的工具和设备是否已经移出。
(16) 安装并紧固电气装置门。
(17) 检查静止逆变器的运行情况。

2) 交流输出电压监控整流装置的更换

交流输出电压监控整流装置的更换如图 5-3-27 所示。

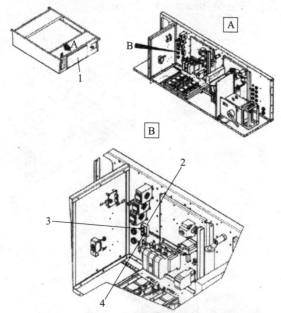

图 5-3-27 交流输出电压监控整流装置的更换
1—门;2—整流器;3—接线端;4—螺钉,弹簧垫片

标准工具:套筒扳手;备件:一套交流输出电压监控整流设备;消耗品:黏结剂。
(1) 拆掉电子设备门上的螺钉并移开门。
(2) 对连接线的线号和它们与整流器的连接点做详细记录。
(3) 断开辅助终端块上的接线。
(4) 拆除将整流器固定到安装板上的两个 M4 的螺钉和弹簧垫片。
(5) 把交流输出电压监控整流器从逆变器箱中取出。
(6) 把交流输出电压监控整流器放到安装板的正确位置上。
(7) 在螺纹上抹一点黏结剂。

（8）用两个螺钉和两个弹簧垫片将整流器安装在安装板上。
（9）参照拆除时做的记录将线连接到接线端。
（10）检查所有的工具和元、器件是否都已从接触器箱移开。
（11）安装并紧固电子设备箱门。
（12）检查静态逆变器的运行。

3）逆变器模块的更换

逆变器模块的拆卸如图 5-3-28 所示，安装如图 5-3-29 所示。

标准工具：套筒扳手、扭力扳手、扁嘴钳、移动台；特殊工具：金属板；备件：一套逆变器模块；消耗品：黏结剂、塑料保护套。

（1）拆下模块箱盖上的 10 个螺钉，然后拆下箱盖。

（2）拆逆变器模块。

①记下与逆变器模块输入输出端相连的接线盒和接线的线号以及与它们相关的接线。

②拆下在逆变器模块左边的用于固定接地编织物装置的 M8 螺钉、弹簧垫圈和垫片。

图 5-3-28　拆卸逆变器模块

③拆下用于固定逆变器模块接地编织物的 M6 螺母、弹簧垫圈和垫片。

④拆下用于固定到接线端的线的 3 个 M8 螺钉、弹簧垫圈和垫片。

⑤拆下用于固定到接线端的线的 3 个 M8 螺钉、弹簧垫圈、垫片和螺母。

⑥拆下 3 个接线盒。

⑦拆下所有连接于逆变器模块接线上的塑料线夹，将拆下来的接线放置在一边。

（3）取出逆变器模块。

（4）移动逆变器模块。

①将放置有金属板的移动台靠紧逆变器，金属板起到了保护密封垫圈的作用。

②当把逆变器模块支撑住以后，将用于把逆变器固定在支架上的 9 个 M8 螺钉和弹簧垫圈拆下。

③轻轻摇动逆变器模块。

④将逆变器滑动到右边，继续摇动逆变器模块。

⑤将逆变器取下放在移动台上，取出逆变器模块。

注意：逆变器模块重 50 kg。

（5）安装逆变器模块，如图 5-3-29 所示。

①将逆变器模块放在置有金属板的移动台上。

②将逆变器模块推入。

③摇动逆变器并将其推入正确的位置，确保没有导线或者套管被缠绕。

④将逆变器滑到左边并放在正确的安装位置。

⑤当把逆变器模块支撑住以后，拧紧 9 个 M8 螺钉和弹簧垫圈。

⑥降低并挪走移动台。

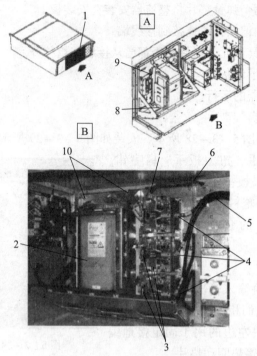

图 5-3-29 安装逆变器模块

1—箱盖；2—逆变器模块；3—接线盒；4、7、8、9、10—螺钉、螺母、弹簧垫圈和垫片；5—接线；6—接地编织物

(6) 连接逆变器。

①根据前面拆卸时的记录，连接 3 个接线盒。

②根据前面拆卸时的记录，将接线端的线重新连接好，并拧紧 3 个 M8 螺钉、螺母、弹簧垫圈和垫片。

③根据前面拆卸时的记录，将接线端的线重新连接好，并拧紧 3 个 M8 螺钉、弹簧垫圈和垫片。

④用 7.5 N·m 的扭力将螺钉拧紧。

⑤重新接好接地编织物并拧紧 M6 螺母、弹簧垫圈和垫片。

⑥重新在逆变器模块左边接好接地编织物，并且拧紧 M8 螺钉、弹簧垫圈和垫片。

⑦在连接逆变器模块的导线上重新套上塑料线夹。

(7) 将所有工具和不用的零部件从蓄电池箱中取出。

(8) 盖上主模块箱的端盖，并用 10 个螺钉紧固。

(9) 检测静止逆变器工作是否正常。

4) 风扇的更换

辅助逆变器风扇的更换如图 5-3-30 所示。

标准工具：套筒扳手、管型扳手、升降台；备件：一个风扇。

(1) 拆掉风扇下端板上的 M6 螺钉和弹簧垫圈，并移走面板。

(2) 对风扇上的线号和它们相应的连接终端做详细记录。

(3) 断开电机电缆，将电缆放到安全的地方避免损坏。

(4) 拆除风扇接地电缆上的 M8 螺钉、弹簧垫圈和垫片。

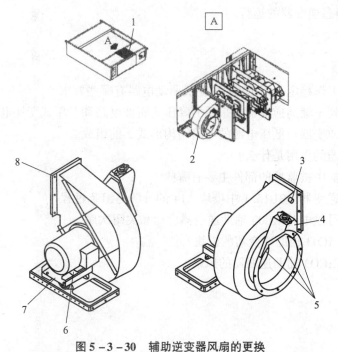

图 5-3-30 辅助逆变器风扇的更换

1—面板;2—风扇;3,5,6,8—螺钉、螺栓、弹簧垫圈和垫片;4,7—安装板

(5) 将升降机放到风扇的下面。

(6) 慢慢升起升降台直到承受到风扇的重量。

注意:移走风扇时不要损坏电缆。

(7) 拆除风扇支撑架上的 M10 螺钉、弹簧垫片和 M8 螺钉、弹簧垫片和螺栓。

注意:风扇重 50 kg。

(8) 小心地降下电感,使它从辅助逆变器箱中露出。

(9) 将风扇从辅助逆变器箱中移走。

(10) 拆除螺钉和弹簧垫片,并移走该安装板。

(11) 用螺钉和弹簧垫片安装好风扇下的安装板。

(12) 用螺钉和弹簧垫片安装好风扇侧面的安装板。

(13) 用升降台将风扇升到电器箱中,确保风扇的方向正确。

注意:安装时不要损坏电缆。

(14) 紧固风扇支撑架上的 M10 螺钉、M8 螺栓、弹簧垫片和螺栓。

(15) 放下并移走升降台。

(16) 连接接地带到终端板,并紧固 M8 螺钉、弹簧垫圈和垫片。

(17) 参照拆卸时做的记录,连接电线到电机。

(18) 检查所有的工具和零部件是否都已从箱中移走。

(19) 通过车间电源给列车供电。

注意:在通电之前,务必警告列车上的工作人员。

(20) 检查叶片的旋转方向是否正确,正确的方向用箭头标示在风扇上。

(21) 用 M6 螺钉和弹簧垫圈安装风扇下的板。

（22）检查静态逆变器的运行。

本模块习题

1. 为使电路工作稳定，对 IGBT 的栅极驱动电路有哪些要求？
2. 说明地铁列车辅助逆变器中采用的降压式斩波电路和升压式变换电路的工作原理。
3. 说明辅助逆变器与低压电源的电路结构形式 2 的组成。
4. 辅助逆变器的作用是什么？
5. 辅助逆变器中被监控的部件主要有哪些？
6. 说明辅助逆变器 DBU15.1 中模块 A14 的分解与组装过程。
7. 说明受电弓供电时 AC03 辅助逆变器启动和关闭次序。
8. 怎样更换 AC03 辅助逆变器的模块？
9. 怎样更换 AC03 辅助逆变器的风扇？

模块 6
城市轨道交通车辆蓄电池系统的构造与检修

学习目标

(1) 掌握蓄电池的功能与结构参数。
(2) 掌握蓄电池的测试与维修方法。
(3) 了解蓄电池充电器的内部结构。
(4) 对蓄电池充电器外部电路进行检查。
(5) 掌握蓄电池充电器的正常启动与紧急启动方法。

任务 6.1 蓄电池检修

6.1.1 主蓄电池在车辆上的功能

车辆的主蓄电池是由 80 或 84 只镍镉可充电电池单体相互串联组成的，主蓄电池的外壳由防火塑料制成，并放置在不锈钢框架内，固定在车辆底部，如图 6-1-1 所示。电解液的液面可以在框架外以目测法方便地检测。列车起动时，主蓄电池为车辆起动时的电气设备提供直流电源，直至车辆辅助逆变器正常工作，主蓄电池处于浮充电状态与逆变器充电器相连接，每一蓄电池组装在蓄电池箱内，采用充足的自然通风。

图 6-1-1 蓄电池组

在车辆运行过程中，若车辆失去高压电源，主蓄电池的容量也能够为紧急照明、车辆控制和监视设备、通信设备、头灯及尾灯、紧急通风等负载提供 45 min 的电能。

除了为以上负载提供 45 min 的电能，还要求能打开或关闭车门一次。这样在车辆失去高压的紧急状况下，主蓄电池保证了车辆上的必要设备能继续工作，保障了车辆的安全性能。

在国内已运行的车辆中,蓄电池容量为 60 A·h、120 A·h、140 A·h、160 A·h。

6.1.2 蓄电池的放电倍率

电池放电电流的大小常用"放电倍率"表示(简称"放电率")。
$$放电倍率 = 额定容量(A·h)/放电电流(A)$$

换言之,电池的放电倍率以放电时间来表示,或者说,以一定的放电电流放完额定容量所需的小时数来衡量。例如,某电池额定容量为 20 A·h,若用 4 A 电流放电,则放完 20 A·h 额定容量需用 5 h,也就是说以 5 小时倍率放电,用符号"C/5"或"0.2C"表示;若以 0.5 小时倍率放电,就是用 40 A 电流放电,用符号"C/0.5"或"2C"表示。由此可见,放电倍率所表示的放电时间越短,即放电倍率越高,则放电电流越大。

根据放电倍率的大小,电池可分成低倍率、中倍率、高倍率和超高倍率 4 类(有时,也习惯不区分高倍率还是超高倍率,而统称为高倍率电池)。其区分标准大致如下:小于 0.5C 为低倍率;0.5~3.5C 为中倍率;3.5~7C 为高倍率;大于 7C 为超高倍率。

放电倍率对电池放电容量的影响很大,放电倍率越大,即放电电流越大,电化学极化和浓差极化急剧增加,使电池放电电压急剧下降,电极活性物质来不及充分反应,电池容量会减少很多。

6.1.3 镍镉电池的性能特点

镍镉电池具有使用寿命长(充放电循环周期高达数千次)、机械性能好(耐冲击和振动)、自放电小、低温性能好(-40 ℃)等优点,被广泛应用在各个领域。

6.1.4 电池的失效

尽管镍镉电池使用寿命很长,但使用时间久了总会出现不能正常工作甚至完全不能工作的失效现象。

镍镉电池的失效分为两类:可逆失效和不可逆失效。当电池符合规定的性能要求,通过适当的活化处理能恢复到可用状态,就称为"可逆失效"。当电池通过活化或其他方法仍不能恢复到可用状态,就称为"不可逆失效"或"永久失效"。

1. 可逆失效

当电池以恒电流充放电和固定时间反复循环时,可能受到可逆的容量损失,这种效应称为"记忆效应"。无论大电流放电到较低的终止电压或小电流放电到较高的终止电压,其效应相同。容量衰减的基本原因就是浅度放电。电池在重复浅放电循环中,由于放电平均电压降低而导致电池容量减少。

长期过充电也可使电池发生可逆失效,在高温下更是如此。由于长期过充电引起放电快终止时的"过渡阶梯",虽容量仍可适当利用,但工作电压比较低,这也是可逆失效,通过几次深充放电循环后可恢复到额定电压和期望的容量。

2. 不可逆失效

密封圆柱电池永久失效的原因主要有两个:短路和电解液干涸。

电池内短路会导致电池无使用价值。电解液稍有损耗即会引起容量减少。容量损耗与电解液减少量成正比。电池反复反极、高温下高倍率充电、直接短路等都会引起电解液损耗。

由电解液损耗所引起的容量减少在高倍率放电时更为明显。

另外,高温会降低电池寿命,温度较高会促使隔膜受损并增加短路的可能,较高温度还会使水通过密封圈迅速蒸发,尽管这种影响是长期的,但温度越高电池损坏越快。

3. 电池失效现象

1) 电池短路

(1) 低电阻短路:电池开路电压为 0,以 0.1C 倍率电流充电 20 h,充电终止电压仍低于 1.25 V。

(2) 高电阻短路:电池充电终止电压大于 1.25 V,充电后立即放电也能放出部分容量,但长时间搁置又降至 0(称为微短路)。

(3) 间隙短路:这种电池受到振动后,电压忽有忽无或忽高忽低。

2) 电池断路

由于制造厂商工艺控制不严,电池内部焊接脱开或螺纹松动,充电控制失调,使用维护不正确等造成电池无电能输出。

(1) 电池膨胀。由于充电电压高,电池常处于过充电状态,造成半烧结电池的负极膨胀、壳体变形。圆柱电池也会发生电池膨胀问题。

(2) 气体阻挡层失效。由过充电电流过大、过充电温度过高或电解液液面低时的高倍率放电所引起。

(3) 热失控。这是气体阻挡层失效的电池在恒电位充电场合所引起的后果。镍镉电池的电压与温度成反比,环境温度升高时,电池电压则下降。过充电时电能部分转变成热能,产生的热量使电池温度升高。随着温度上升,电池电压则下降。若采用恒电压充电,就会造成充电电流增加,致使过充电量也增加。循环往复,使电池温度进一步升高,电压进一步下降,出现热失控。热失控可使电解液温度达到沸腾的程度,使隔膜受到严重损坏,直至电解液耗干,造成电池内部短路。

6.1.5 电池的保护

1. 隔离保护

电池通过手动开关和低压网络隔离,在没有高压且蓄电池已放电 45 min 后,如电池电压降至最低值时(84 V),此时由电压继电器控制的接触器将蓄电池与载荷隔离。

2. 过热保护

通过一个温度传感器来监控蓄电池充电,保护蓄电池因过热引起故障。

3. 回流保护

在辅助逆变器的输出端接一个二极管,以避免从 DC 110 V 网络回流至蓄电池。

4. 蓄电池熔断器保护

在蓄电池的正极和负极上都设有熔断器,以保护线路。

6.1.6 蓄电池检修方法与步骤

1. 使用维护镍镉电池前的注意事项

(1) 不要敲拆、砸毁或焚烧电池,否则会飞溅出腐蚀性碱液伤人或引起爆炸。

(2) 不允许在电池上放置金属工具或其他器具,否则会使电池急放电而过热,损坏电池。

（3）充电前打开气塞盖或将闷塞换成通气塞，带有闷塞的电池充电会发生气胀而有可能引起电池爆炸。

（4）充电场所应保持通风，防止氢氧气体积累发生爆炸事故。

（5）不允许有明火接近充电的电池。

（6）电解液是腐蚀性较强的碱性溶液，手或其他皮肤接触电解液时，应立即用硼酸水冲洗。

2. 拆卸

对蓄电池进行维修和检修作业时，必须将电池从车底向外拉出板界1 200 mm；单个蓄电池安装在电池盒内。电池盒由面板和底架构成，是一个可滚动的钢结构，侧面装有轴承。通过起重轴承可以将整个电池组吊起。通过延伸杆和外壳的滑动面可以移动电池组。

拆卸步骤：

（1）拧下限位螺母的安全螺母。

（2）拧下门上的螺帽。

（3）放下前端面板。

（4）将延伸杆扣到门的限位处。

（5）确信套筒的功能良好。

（6）调整套筒上的调整螺钉，以保证延伸杆的位置尽可能平行及保持水平。

（7）用手抓住手柄尽可能平衡地将箱子拉出，不要使用带动力的工具以避免重约500 kg的物体产生过大的加速度。

（8）箱子拉出来后将会停在延伸板的上挡处。

（9）拉出蓄电池单元。利用起吊工具将完整的电池单元吊起后运输。

3. 安装

（1）在检查完蓄电池之后，在车下将电池放到箱体原来的位置上。

（2）释放套筒，向上旋转至延伸杆上，并用插销定位。

（3）旋转延伸杆。在作业过程中，特别重要的是先将右侧延伸杆放入蓄电池内，再对右侧延伸杆进行操作，箱子这时的位置相对于车辆纵向轴来说是斜的。蓄电池箱中的上挡保证箱子的运动方向与牵引方向一致。

（4）关闭前板，这样可以锁住延伸板并对运输轮进行卸载。

注意：在关闭前板的螺栓后，附加的安全螺栓必须转到垂直位置，直到上挡螺栓不再旋转。

4. 电池的活化

电池的活化处理（也称电池性能调节）是镍镉电池使用维护不可缺少的重要环节之一。电池长期处于浮充电状态或其他恒压电压充电使用状态，会出现电池容量不足和单体电池之间容量不均匀等问题，要求每年进行一次活化。实际上，就是进行1~3次深充电、深放电，使电池的电化学活性"复活"，电容量恢复到一定的水平。

具体的活化处理方法如下：

（1）先对电池以0.1C倍率充电8~14 h，停置1 h，以0.2C倍率放电。放电终止电压为1.0 V，记录放电时间，计算电池容量。若与初期容量差不多，可再通过1~2次充电放电循环直到恢复。若容量相差较大，则需按下列步骤处理。

（2）再用0.1C倍率充足电后，以0.2C倍率放电到每个电池平均电压约0.5 V，分别将每个电池的正、负极接短路12 h以上。

（3）拆除短路导线，以0.1C倍率充电，充电5 min后检查测量单体电压。如高于1.50 V则认为电池内阻大，应补加蒸馏水，10 min后再次测量电池电压，将高于1.55 V和低于1.20 V的电池取出另外处理。

（4）连续充电14~16 h，测量并记录单体电压。如电池电压低于1.50 V，则认为该电池不正常，必须更换。

（5）以0.2C倍率放电，放电终压为1.0 V，记录放电时间并计算电池容量。

（6）若放电容量不足，可重复（2）、（3）、（4）、（5），直到恢复一定容量为止。如活化多次仍达不到额定容量的70%，则认为电池已失效。

5. 调试

这些调试方法适用于型号为FNC 222LR，$C=160$ A·h的镍铬电池，没有添加或放空混合电解液。

（1）特殊工具：蓄电池单节电池加注设备。

（2）材料：用于LR型单元的预先混合的碱性电解液，成分为用蒸馏水或去离子水调制的氢氧化钾溶液。它包括一定比例的氢氧化锂：21.3 g/L，电解质浓度为1.19 kg/L，温度为20 ℃。另外，还有视保眼镜、橡皮手套、湿布和玻璃管。

1）安全预防

（1）碱性电解液是具有腐蚀性的物质，工作时应使用橡胶手套、视保眼镜、长袖衣服。

（2）确认用于清洗的水已准备好，如果电解液意外溅出到皮肤或衣服上，应立即用水冲洗10~20 min。

（3）如果眼睛受到影响，用水冲洗并寻找特种药物。

2）加注电解液

（1）将电解液拿进充电室。

（2）在灌注前将蓄电池黄色运输塞盖拿开。

注意：有黄色运输塞盖时，对电池不要充放电。

（3）使用加注设备对蓄电池最初加注到最低刻度线上15 mm处。

注意：在这里，不要安装白色通风栓。如果使用白色加注栓，相应地调整灌注的高度。灌注电解液后，读取并记录所有单元的开路电压。在调试记录上记录所有数据。

3）初次充电

注意：以下工作必须由熟练的电工操作，并应遵守有关电工规则及电工注意事项，使用绝缘工具。

（1）正、负极检查。

①在将蓄电池极板连接好后，检查80个电池的端电压，端电压为：80×1.27 V，相应大约101.6 V。

②如果端电压小于101.6 V，检查极性。

（2）与充电器相连。

①初次充电时，将DC 110 V蓄电池连接到充电/放电装置。

②仔细观察并保证正确的极性，蓄电池正极与充电器正极相连，负极与负极相连。
③将蓄电池连接到充电器后，充电器的显示器或电压指示器显示应为80组101.6 V。

(3) 开始充电过程。
①在将蓄电池连接充电器及加注电解液存放10 h后，方可开始充电。
②用恒定的32 A电流充电，充电时间为7.5 h，在充电期间，电池电压依温度从1.30 V/每节上升1.75~1.85 V/每节。

注意：充电电压应该为2 V/节，确认在7.5 h的充电时间内，充电电压没有被充电器限制。在充电期间，读取并记录每节电池的充电电流、充电电压、电解液温度及浓度。

(4) 充电调试。
①在第一次充电后，放置24 h，可将电池电解液加注至最高位。电解液的高度可以通过盒中的高低亮/暗线来区分，它必须在最低及最高刻度线之间，如果无法看清，打开盒子检查电解液液面。

注意：碱性电解液有很强的腐蚀性，不要将金属物弄进盒内，小心着火。
②用湿布清除多余的氢氧化物或灰尘。
③加装白色通风栓，充毕后，80组电池装备好装车。

6. 检修

检修时要检查电解液的液面。至少6个月检查一次蓄电池充电电压。检查所用材料：蒸馏水、玻璃管、电压表。检修内容如下：

(1) 检查电解液液面。测量电解液液面，在盒中通过亮/暗接合线来判断电解液液面，它必须在最高及最低刻度线之间，如果检查有困难，打开盒子检查。

注意：不要让金属部件进入盒内，否则会损坏蓄电池盒子。

(2) 检查电池充电情况。充电的固定电压为126 V，如果超出范围，调整DC/DC变换器。

任务6.2 蓄电池充电器检修

6.2.1 蓄电池充电器的电路结构

1. 概述

蓄电池充电器给全部的DC 110 V负载供电，其中包括蓄电池，充电器给蓄电池以限压恒流的浮充电对蓄电池持续充电。

6辆编组列车的两辆A车各设有一个蓄电池充电器，并联对6辆车供电。如果一个蓄电池充电器故障，将由另外一个蓄电池充电器给全部6辆车供电，连接DC 110 V列车线的接触器自动把它们连接在一起，此时充电器故障端的蓄电池不再使用，列车可不受限制地继续运行。

蓄电池充电器内部有一个紧急蓄电池用于紧急启动，通过按下充电器紧急启动按钮可激发此功能。

2. 蓄电池充电器的布局结构

GVG 1500/110 - 25 型蓄电池充电器包括下列元件（图6 - 2 - 1）：

(1) 充电机模块 GVG 1500 – 02。
(2) 连接和蓄电池配电模块（也称开关模块）AMG – 03。
(3) 输入扼流圈（2 片）。
(4) 输出变压器。

输入扼流圈和输出变压器放在通风区（IP21）内，其他元件放在封闭的区域（IP54）内，这些区域被隔离物分开，电缆从一个区域到另一个区域要经过防水通道。

所有元件都能从模块的前面拔出，而模块 GVG 1500 – 02 和 AMG – 03 都用卡紧旋转接头紧固，其作用就像锁一样防止任何非正常的拔出。

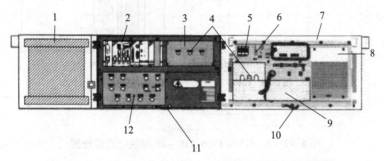

图 6 – 2 – 1 GVC 1500/110 – 25 型蓄电池充电器前视图
1—输入扼流圈，输出变压器；2—系统控制插入卡；3—充电机模块 GVG 1500 – 02；
4—内部连接 DC 110 V；5—断路器；6—控制信号插；7—开关模块 AMG – 03；
8—带熔断器的 DC 110 V 闸刀开关；9—电池负极熔断器；10—提升绳；
11—电池负极接地电缆；12—内部连接高压

连接高压和 DC 110 V 的外部电缆从箱体后部的法兰板通过，这些电缆被连接在开关模块 AMG – 03 的柱头螺栓端子上。为了实现该连接，箱体后部的检查门必须打开（图 6 – 2 – 2）。

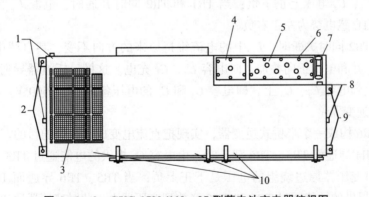

图 6 – 2 – 2 GVG 1500/110 – 25 型蓄电池充电器俯视图
1，8—接地点；2，9—运输点；3—通风区；4—翼缘板高压电缆；5—翼缘板 DC 110 V 电缆；
6—检查门；7—控制信号插；10—前门

内部电源和控制连接、熔断器和插入卡都可以从前面接触到。车载蓄电池负极接地端子也同样与设备前部箱体接地电位相连。

使内部紧急蓄电池与其他设备断开的插头 X290，位于高压连接的柱头螺栓端子 X200 和 X201 的后面，在检查门的后面可以接触到。

3. GVG 1500/110 – 25 模块的工作原理

如图 6 – 2 – 3 所示，GVG 1500/110 – 25 模块电路由滤波电路、升压斩波电路、半桥式逆变器、变压器隔离、整流电路等部分组成。

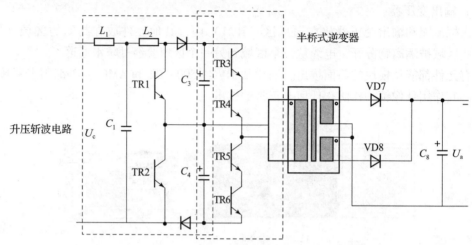

图 6 – 2 – 3　GVG 1500/110 – 25 模块电路原理图

1) 滤波电路

由线路电抗器 L_1 与电容 C_1 组成滤波电路，抵制寄生电流，使输入的电源 DC 1 500 V 减少谐波分量。

2) 升压斩波电路

由电容 C_1、C_3、C_4，电抗器 L_2，TR1 和 TR2（IGBT）构成升压斩波电路。其中电抗器 L_2 的漏抗比较大。

电容 C_1、C_3、C_4 电压上正下负；当 TR1 和 TR2 同时开通时，电源 U_c 向电抗器 L_2 充电，此时电抗的自感电势为左正右负。

当 TR1 和 TR2 同时关断时，L_2 中的电流维持原来的方向不变，其自感电势改变极性，变为左负右正，并和电源正向叠加，向电容 C_3、C_4 充电。这样，斩波器导通时储存在电感中的能量便释放到电容 C_3、C_4 上，即电容 C_3 和 C_4 的电压各为 DC 1 500 V。

3) 半桥式逆变器

由 TR3 ~ TR6 构成一个半桥式逆变器，实现把直流电变成交流电的目的。

当 TR3、TR4 导通而 TR5、TR6 截止时，由电容 C_3 提供的电能通过 TR3 和 TR4 释放到变压器上，此时变压器原边绕组的电压是下正上负；当 TR5、TR6 导通而 TR3、TR4 截止时，由电容 C_4 提供的电能通过 TR5 和 TR6 释放到变压器上，此时变压器原边绕组的电压是上正下负。

通过一定的控制，在 TR3 ~ TR6 之间形成了一个全响应开关换流器，用于产生 1 kHz 的交流电。

4) 变压器隔离

为了人身安全，低压系统及控制电源必须与 DC 1 500 V 高压系统实现电气隔离。最佳且最实用的隔离方式是采用变压器隔离。采用性能好的高频变压器，能使其体积与质量较普通变压器成倍地减小。目前高频变压器的磁芯大都采用进口的铁氧体磁芯或国产铁基微晶合金的磁芯。

5）整流电路

由输出变压器进行电隔离后，通过星形连接整流，并使波形平滑，软开关整流器 VD7、VD8 和一个电容器 C_8 可起到恒定输出电压的作用。

6.2.2 蓄电池充电器检修

1. 注意事项

由于蓄电池充电机中含有高压电容器，因此即使在正常情况下在切断高压电 5 min 后，仍然有高压危险，一旦设备发生故障，这种危险周期也会相当长。只要主蓄电池没有从蓄电池充电机上断开，该设备上就有电压。

1）运输、储存和安装前的注意事项

为保证人身安全，进行运输、储存，安装前必须注意以下事项：

（1）打开断路器 03F51。
（2）打开 03Q03 确保断电。
（3）蓄电池有气体，在通风口附近不要产生火焰。
（4）如果损坏紧急启动蓄电池的外壳，腐蚀的电解液会泄漏。
（5）注意蓄电池的安全数据。
（6）只有在设备与所有供电电源完全隔离时才允许对蓄电池充电器进行操作。

2）对蓄电池充电器进行操作时的注意事项

蓄电池充电器仅由有资格的人员操作，对蓄电池充电器进行操作时，应时刻遵守下列安全说明：

（1）断开设备。
（2）确认不会再次合上开关。
（3）检查设备是否处于 0 状态下。
（4）接地并短路。
（5）覆盖或屏蔽附近带电设备。
（6）操作时，安全地关闭和锁紧所有箱门和凸轮板，否则会掉下来。

2. 检修内容

1）每 3 个月检修

（1）检查箱体的紧固螺栓是否松动。
（2）检查箱体紧固处是否有损伤。
（3）清洁输入扼流圈和变压器。
（4）检查箱体密封件是否密封，并清洁受污模块。
（5）调换受损密封件。
（6）检查散热装置是否受污，必要时清洗。
（7）清洁排水螺栓。

2）每年检修

（1）检查箱体承载点是否受到腐蚀。
（2）检查箱门是否关紧。

(3) 检查模块是否紧固。
(4) 检查电气连接安装是否紧固（绝缘体、端子、插头等）。
(5) 更换 RE144 上的蓄电池。
(6) 规定更换蓄电池的时间和日期。

3) 每 5 年检修

(1) 更换紧急蓄电池 03G51。
(2) 外壳受损的紧急启动蓄电池应立即处理并更换。
(3) 库存的备用设备必须每 2 年运行一次，以补偿无电势电解电容器的老化影响。

3. 故障处理

依据插入卡 RE144 中的故障代码进行故障处理（这些故障代码对应于维修软件 MEE control 的程序，它能帮助用户读取内存中的临时故障记录）。表 6-2-1 列出了一些常见故障例子。

表 6-2-1 蓄电池充电器故障及处理方法

显示	描述	故障解决方法
-1n	缺少 15 V 电压	更换 SV74
-6n	缺少供给电能的电压	更换 SV73、SV74 或 GSA-04（A108）
-12n	蓄电池温度电缆破损	检测线路 W102（端子 X282：12 和 15）是否受到扰动； 检测线路（端子 AOIX2：3 和 4）是否受到扰动； 检测信号 30420/30425 是否受到扰动； 检测熔丝 03A01； 如果没有则更换 ST132（A104）
-14n	蓄电池温度达最大值	蓄电池温度超过 55 ℃，检测蓄电池

注：n 为操作码。

有时会出现一些不规律的可观测到的故障，如表 6-2-2 所列一些例子。

表 6-2-2 不规则故障及处理建议

问题	故障解决方法
板卡 SV74、ST132、RE144、PGU 指示灯无显示	检测信号 30426（DC 110 V 供给），30423（启动），30422（紧急供给）； 检测断路器 03F51 是否操作； 检测熔丝 03A01； 检测插头 X290， 检测电缆 W103、W104、W101、W102； 更换 SV74、ST132、RE144、PGU
ST132 指示灯亮，RE144 显示 -1（等待状态）	检测输入端高压
RE144 显示 9999，但是蓄电池没有充电	检测熔丝 03Q03-F03

本模块练习

1. 简述蓄电池充电器的主要组成。
2. 分析蓄电池充电器模块的升压斩波工作原理。
3. 检修蓄电池充电器有哪些注意事项？
4. 对于检修蓄电池充电器规律性的故障如何处理？
5. 正常情况下，蓄电池充电器如何启动？
6. 如何紧急启动蓄电池充电器？
7. 紧急蓄电池使用多长时间需要更换？

模块 7
照明系统操作

(1) 掌握外部照明系统的构成及显示意义。
(2) 掌握内部照明系统的设备布置。
(3) 对外部照明及内部照明系统进行检查与故障分析。

本模块导读

列车照明系统是指地铁电动列车完成正常运行全过程所必需的车辆照明系统。该系统包括列车运行必需的外部照明系统、客室照明系统及列车操作过程所必需的工作照明系统。它们应具备列车运行过程及检修所需的所有照明功能。

按照列车照明功能的要求，它们又分为正常照明及应急照明两部分。其中，正常照明是指列车在供电接触网受流的情况下，由列车辅助逆变器提供全部照明电源。应急照明是在列车辅助逆变器无法正常工作时，由列车主蓄电池提供部分必需的照明电源。

任务　列车照明系统操作

一、认识照明系统

1. 照明系统构成

照明系统分为车辆外部照明和车辆内部照明，外部照明包括（远、近）前照灯、尾灯和运行灯，外部照明布局如图 7-1-1 所示；车辆内部照明包括驾驶室照明和客室照明。

2. 主要参数

1）前照灯

前照灯又称为**头灯**，分远、近光两种，属于汽车灯系列，其技术参数如下：

工作电压：12 V；

功率：55 W；

照度（在视觉清晰的天气情况下，包括在直线隧道内）≥2 SI（勒克斯）（离列车前端 215 m 处选择"亮"位）。

2）尾灯

尾灯为**红色警示标志灯**，用于向附近的车辆及人员告知本车的位置。尾灯的技术参数如下：

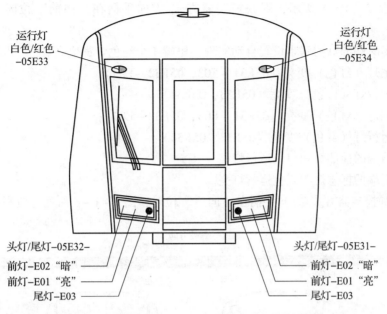

图 7-1-1　外部照明布局

正常工作电压：DC（77~137）V；

额定工作电压：110 V；

功率：8 W；

可见距离（视觉清晰的天气状况下，包括在直线隧道内）：215 m。

3）运行灯

运行灯用于指示运行灯技术参数如下：

工作电压：110 V；

功率：2 W。

3. 外部照明应遵循的逻辑关系

（1）如图 7-1-2 所示，当列车停车待命（DC 110 V 低压电源仍工作）时，每一端的标志灯（尾灯）和红色运行灯应亮。在待命状态下，驾驶控制器调速手柄不动作。

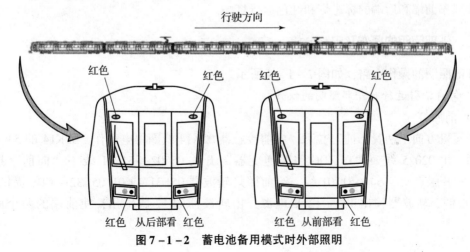

图 7-1-2　蓄电池备用模式时外部照明

（2）如图7-1-3所示，驾驶控制器方式/方向手柄在"向前"位时，以下所列灯应亮：

激活列车时端部灯的基本设置自动实现：每端4个红色灯都变亮。

前端：尾灯（红色）变亮（05E31-E03，05E32-E03）；
　　　运行灯（红色）变亮（05E33，05E34）。

后端：尾灯（红色）变亮（05E31-E03，05E32-E03）；
　　　运行灯（红色）变亮（05E33，05E34）。

①列车前端的前照灯和白色运行灯亮。
②列车后端的标志灯和红色运行灯亮。

（3）驾驶控制器方式/方向手柄在"向后"位时，图7-1-3所列灯应亮：

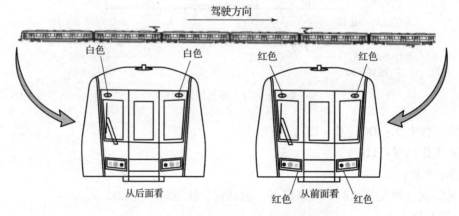

图7-1-3　列车牵引工况时外部照明显示

前端：驾驶端头灯（白色）变亮（05E31-E02，05E32-E02）：
　　　运行灯（白色）变亮（05E33，05E34）。

后端：尾灯（红色）变亮（05E31-E03，05E32-E03）；
　　　运行灯（红色）变亮（05E33，05E34）。

①列车前端和后端的前照灯和白色运行灯亮；
②列车前端和后端的标志灯和红色运行灯亮。

二、外部照明的操作及电路分析

外部照明的操作电路，如图7-1-4所示。

1. 向前牵引运行时外部照明的操作

1）前照灯

当司机方向手柄置"前"位后，向前接触器02K14线圈得电动作，02K14的53-54触点接通，由02025线→"DC/DC照明逆变器"开关05502→51001线→"向前"接触器02K14常开触点43-54→51101线，给前照灯斩波器05E31-G01/05E32-G01提供DC+110 V电源，斩波器输出DC+12 V电源，由斩波器的17脚输出，使前端的两个前照灯点亮。

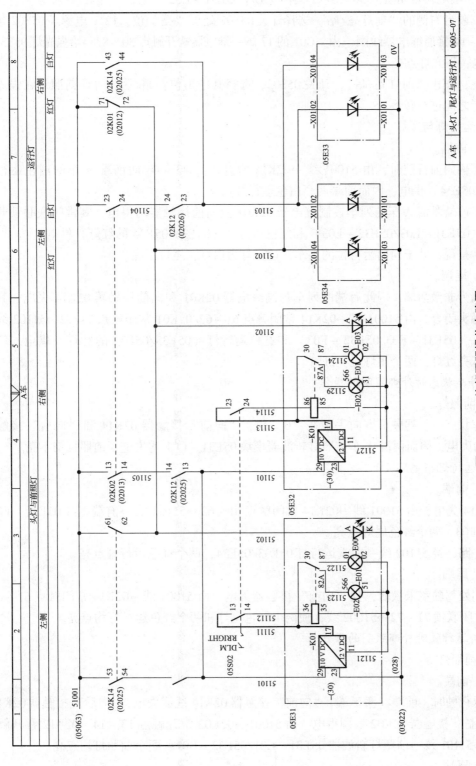

图 7-1-4 外部照明操作电路图

当驾驶台右侧的"前灯亮/暗"选择开关05S02处于"暗"位时，继电器不得电，由-G01的17脚→继电器常闭触点30-87A→给暗光灯05E31-E02供电，暗光灯点亮。

当驾驶台右侧的"前灯亮/暗"选择开关05S02处于"亮"位，12 V电源经05S02常开触点13-14接通继电器线圈，由-G01的17脚→继电器常开触点30-87→给强光灯05E31-E01供电，强光灯点亮。

因此，操作"前灯亮/暗"，开关05S02，选择其中1位：暗/明，可使前照灯在强光和暗光两者之间进行转换。

2）运行灯与尾灯

（1）前端。

当车辆向前行驶时，由51001线→02K14常开触点43-44向前端A车的白色运行灯（05E33/05E34）供电，因而前端两个白色运行灯点亮。

由于前端激活A车的列车控制继电器02K01及向前接触器均得电，其常闭联联锁开红色尾灯（05E31-E03/05E32-E03）和红色运行灯（05E33/05E34的红灯）供电。

也就是说，处于向前运行位的头车，运行灯为白灯，尾灯不亮。

（2）尾端。

后端为非激活端，因此后端的列车控制继电器02K01和向前接触器02K14失电，其常闭联锁触头闭合。由51001线→02K14常闭触点61-62/02K01常闭触点71/72→51102线向红色尾灯（05E31-E03/05E32-E03）和红色运行灯（05E33/05E34的红灯）供电，使两个运行灯亮红灯，两个尾灯也亮红灯。

2. 停车状态时外部照明的操作

1）前照灯

停车状态时，驾驶员方向手柄在"0"位，"向前"接触器02K14和"向后"接触器02K12均失电，因而两端A车前照灯斩波器模块05E31-G01均失电，前照灯均不亮。

2）运行灯与尾灯

（1）前端。

02K14失电，由51001线→02K14常闭触点61-62→51102线→前端尾灯05E31-E03/05E32-E03，两个红色尾灯点亮。

另一路，经51102线→前端运行灯05E33/05E34，两个红色运行灯点亮。

（2）尾端。

后端处驾驶室未激活，且"向前"接触器无电，由51001线—02K14常闭触点61-62/02K01常闭联锁71-72→51002线，使两个红色尾灯和两个红色运行灯均点亮。

3. 折返行驶时外部照明的操作

1）前照灯

（1）前端。

折返行驶时，前端（激活端）"向前"接触器02K14线圈失电，"向后"接触器02K12、"列车控制"接触器02K02线圈得电。由51001→02K02常开触点13-14→02K12常开触点14-13→51101线→前照灯斩波器05E31-G01/05E32-G02，两个前照灯均点亮。

（2）尾端。

尾端（非激活端）处于向前运行状态，"向前"接触器02K14线圈得电，经51001→

"向前"接触器 2K14 常开触点 43 - 54—51101 线,给前照灯斩波器 05E31 - G01/05E31 - G01 供电,因而尾端的两个前照灯也点亮。

2) 运行灯与尾灯

(1) 前端。

由 51001 线→02K02 常开触点 23 - 24→02K12 常开触点 24 - 23→05E33/05E34 白灯,两个白色运行灯点亮。

由 51001 线 02K14 常闭触点 61 - 62→51102 线,向红色尾灯 05E31 - E03、05E32 - E03 及红色运行灯 05E33/05E34 供电,两个红色运行灯及两个红色尾灯也点亮。

(2) 尾端。

由 51001→02K14 常开触点 43 - 44→05E33/05E34 白灯,两个白色运行灯点亮。

由 51001→02K01 常闭触点 71 - 72→51102 线,使两个红色运行灯及两个红色尾灯均点亮。

三、内部照明的操作

1. 客室、驾驶室照明灯布置

客室和驾驶室顶棚照明灯采用 DC 110 V 供电。为了保证在紧急情况下能保留一定的照明,客室照明分两路,一路为普通照明,另一路为紧急照明。当接触网供电故障、两台蓄电池充电机均故障等情况发生时,普通照明即断开,而紧急照明在任何时候都保持供电。

如图 7 - 1 - 5 所示,A 车紧急照明由 6 盏普通的 36 W 日光灯组成,B 车和 C 车的紧急照明由 7 盏普通的 36 W 日光灯组成;正常客室照明是由 21 盏 36 W 的日光灯组成,分为两组供电,并由两个不同的微型断路器进行保护。

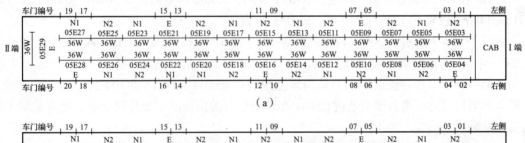

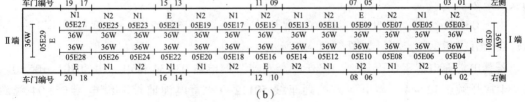

图 7 - 1 - 5 列车照明布置

(a) A 车照明布置;(b) B 车和 C 车照明布置

驾驶室照明为 1 盏普通的 36 W 日光灯,由驾驶室照明开关 05S03 单独控制。另外,驾驶室还设有 DC 24 V 照明,由斩波器将 DC 110 V 供电变换成 DC 24 V,给双针压力表、速度表、阅读灯及驾驶室蜂鸣器供电。

2. 驾驶室照明操作及电路分析

1）开关灯操作

操作设备："驾驶室照明开/关" 05S03。

操作方法：不必解锁驾驶台，把驾驶台上的非自复式旋转开关"驾驶室照明开关" 05S03 旋转到合/分位，即可打开和关闭驾驶室照明灯。

2）开关灯电路分析

开关灯电路如图 7-1-6 所示。

由 30271 线→"全部客室照明"微型断路器 05F01→50101 线→驾驶室照明开关 05S03 向驾驶室灯 05E35 供电，即可打开和关闭司机室照明灯 05E35。但是，如果列车电源关闭或蓄电池欠压，驾驶室的照明将被关闭。

3. 客室照明操作

操作设备：位于副驾驶台上"客室照明"瞬时开关 05S01，此开关有 3 个位置，分别是"分""O"和"合"。

操作方法：把 05S01 打到"合"位，打开全列车客室照明，客室照明打开后，副驾驶台上的白色指示灯"客室照明接通"（05H01）灯亮，表明客室照明处于接通状态。

把 05S01 打到"分"位，关闭全列车客室照明，客室照明关闭后，05H01 也熄灭。

"O"位为正常位。

4. 电路分析

1）开灯

把"客室照明"开关 05S01 置"合"位，由 30271 线→"全部客室照明"微型断路器 05F01→50101 线→05S01 触点 13-14→开灯列车线 50110→"关闭照明"接触器 05K02 常闭触点 22-21→"紧急照明"接触器 05K01 线圈，05K01 得电后，由 50101→05K01 常开触点 13-14→二极管 05V01→50110 线，使 05K01 自持。

如图 7-1-7 所示，05K01 得电，经 30271→A 车"紧急照明 1" 05F04→05K01 常开触点 23-24→向紧急照明灯 05E09、05E21 和 05E29 供电；另一路经 30271→A 车"紧急照明 2" 05F05→05K01 常开触点 33-34→向紧急照明灯 05E04、05E16 和 05E28 供电，A 车的 6 个紧急照明灯打开。紧急照明通过 05F04 和 05F05 开关由两路电源分别供电，提高系统工作的安全系数。

由于 05K01 得电，经 50101→05K01 常开触点 13-14→50102 线→"客室照明"白色指示灯 05H01，指示灯点亮。如图 7-1-6 所示。

若蓄电池充电器工作正常，"DC/DC 变换器"继电器 03K34 得电，由 50101→05V04→03K34 常开触点 12-4→蓄电池监控列车线 50112→"蓄电池监控"继电器 05K04 线圈，05K04 得电后，由 50110 线→05K04 常开触点 13-14→"客室照明开"接触器 05K03 线圈得电。如图 7-1-6 所示。

普通照明分 1&2 及 3&4 两组。实际上，1&2 路共 10 个灯，并联供电；3&4 路共 11 个灯，则分成 3 条支路供电。

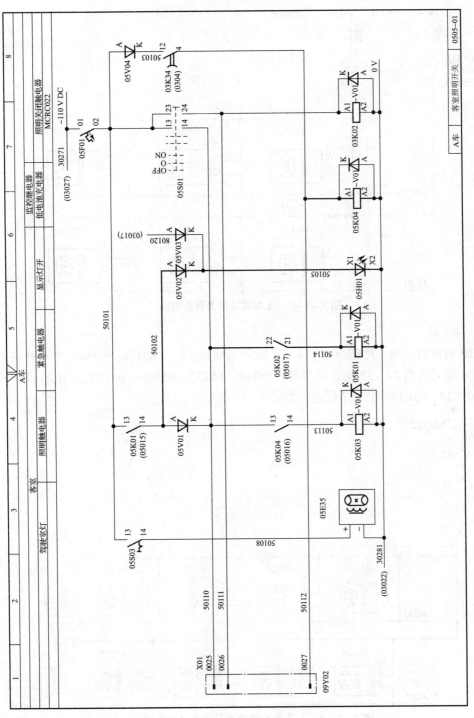

图7-1-6 开关灯电路

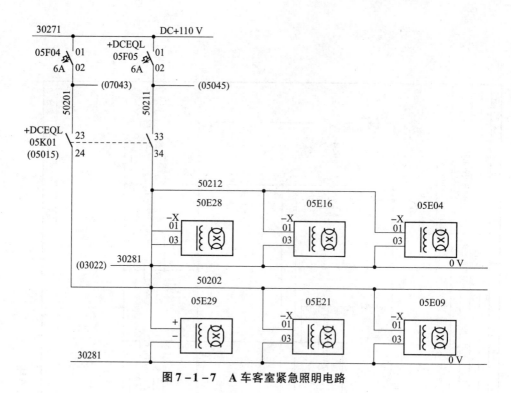

图7-1-7 A车客室紧急照明电路

（1）1&2路。

05K03得电后，第一路经30271→"客室照明回路1&2" 05F06→05K03常开触点13-14→05K03常开触点24-23向普通照明灯05E08、05E12、05E20、05E22、05E26及05E05、05E13、05E17、05E23、05E27供电，如图7-1-8所示。

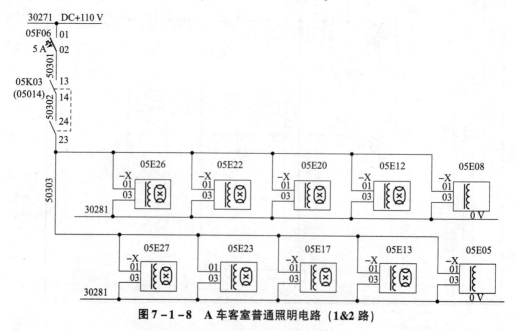

图7-1-8 A车客室普通照明电路（1&2路）

（2）3&4路。

第1路经"客室照明回路3&4" 05F07→05K03常开触点33-34向普通照明灯05E11、

05E15、05E19、05E25供电。

第2路经"客室照明回路3&4"05F07→05K03常开触点43-44向普通照明灯05E14、05E18、05E24供电。

第3路经"客室照明回路3&4"05F07→05K03常开触点53-54向普通照明灯05E03、05E07、05E06、05E10供电,如图7-1-9所示。

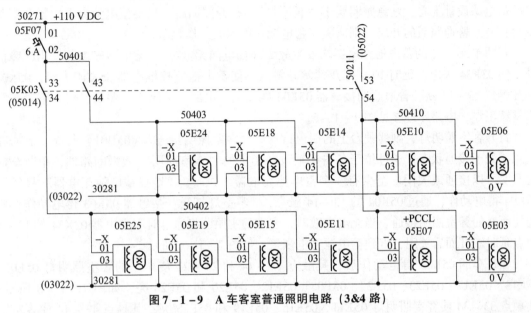

图7-1-9 A车客室普通照明电路(3&4路)

开灯线(50110)、关灯线(50111)及蓄电池监控线(50112)经车钩电路连接器连接到本单元B车、C车及另一单元。打开照明时,各车的紧急照明接触器05K01、普通照明接触器05K03得电闭合,使紧急照明及普通照明打开,具体电路如图7-1-10所示。B、C车照明负载电路与A车相似,唯一区别是,B、C车的紧急照明灯为7盏。

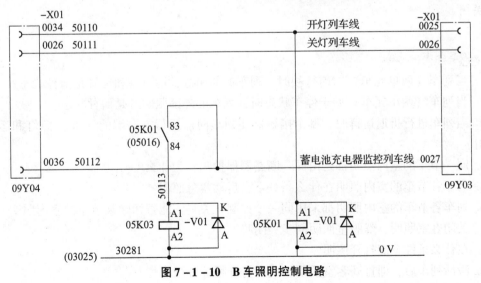

图7-1-10 B车照明控制电路

2)关灯

把"客室照明"开关05S01置于"分"位,经30271线→05F01→05S01触点23-24→

关灯列车线 50111→"关闭照明"继电器 05K02 线圈，05K02 得电后，其常闭联锁断开 05K01 自持电路。同时，由于 50111 线得电，另一单元 A 车"关闭照明"继电器 05K02 也得电，断开该车 05K01 供电电路，使开灯列车线 50110 失电，各车紧急照明接触器 05K01 及普通照明接触器 05K03 均失电打开，全部客室照明关闭。如图 7-1-6 所示。

3）紧急照明监控

从电路设计上看，紧急照明属于"长明灯"，打开照明后，只要蓄电池有电，紧急照明就会打开。普通照明的开启，则取决于蓄电池充电器的工作状态。

若两单元 A 车的蓄电池充电器均发生故障（如电网无电时），蓄电池充电器发出故障信号，使 03K34 失电，延时 10 s 打开其常开触点，使蓄电池监控继电器 05K04 失电，05K04 常开触点 13-14 断开普通照明接触器 05K03 线圈供电电路，关闭普通照明，仅余下紧急照明继续工作，电路原理参见图 7-1-6。

打开客室照明灯，副驾驶台上的白色指示灯"客室照明接通"（05H01）灯亮，表明客室照明处于接通状态。通过位于各自车辆设备柜上的"客室照明"微型断路器，单节车辆的照明可以接通或关闭。至少有一个蓄电池充电器工作时，"监控蓄电池充电器"接触器 05K04 得电动作，通过 05K04 的 13-14 触点，"客室灯打开"接触器 05K03 得电动作，才能使所有的客室照明接通。当充电失败时，客室的主照明将通过时间继电器 03K34 的 12-4 触点延时断开而后关闭，直到蓄电池充电恢复，如图 7-1-6 所示。

当每车的 05K03 得电动作后，其触点 13-14 和 24-23 使本车的客室照明灯 05E05、05E13、05E17、05E23、05E27、05E08、05E12、05E20 和 05E26 亮，如图 7-1-8 所示；其触点 33-34 使客室照明灯 05E11、05E15、05E19 和 05E25 亮；其触点 43-44 使客室照明灯 05E14、05E18 和 05E24 亮；其触点 53-54 使客室照明灯 05E03、05E06、05E07 和 05E10 亮。正常照明通过 05F05、05F06 和 05F07 开关由三路电源分别供电，提高系统工作的安全系数。如图 7-1-9 所示。

注：若把位于副司机台上的"客室照明"（05S01）开关置"OFF"位，则全列车客室照明关闭。

本模块习题

1. 当列车（两单元车）向前行驶时，列车的前照灯、运行灯和尾灯是何种状态？
2. 当列车（两单元车）处于停车状态时，列车的外部照明灯是何种状态？
3. 当列车进行折返运行时，哪个接触器使列车向前运行方向端的 A 车前照灯和运行灯亮绿灯？
4. 同一节车的室内照明都是由同一断路器保护吗？为什么？
5. 列车各节车的室内照明在什么条件下会启动紧急照明？
6. 列车各节车的室内照明都采用同一个控制开关吗？能否切除某节车的室内照明？
7. 关闭客室照明，驾驶室照明同步关闭吗？
8. 在什么条件下能打开照明？
9. 激活列车后，即打开客室照明，此时打开哪部分照明灯？
10. 当 05F01 跳闸时，列车照明发生什么变化？

模块 8
城市轨道交通车辆空调的构造与检修

（1）掌握空调通风系统的基本功能和特点。
（2）掌握空调通风系统的制冷原理和布置。
（3）掌握空调通风系统的组成和各部分作用。
（4）掌握空调通风系统的控制方法。
（5）熟练空调常见故障处理方法。

任务 8.1 空调通风系统的基本功能和特点

8.1.1 空调通风系统的基本功能

城市轨道车辆空调装置是把经过一定处理后的空气，通过一定的方式、以一定的流速送入客室内，并将室内一定量的污浊空气排出车外，从而控制客室内空气温度、湿度及清洁度等质量，以提高车内舒适性，改善乘车环境的设备。

车辆空调装置一般具备通风、制冷、加热、加湿等功能。典型车辆空调装置通常都由通风系统、空气冷却系统、空气加热系统、空气加湿系统以及控制系统等五大部分组成。

通风系统一般指机械强迫通风。通风系统的作用是将车外新鲜空气吸入并与车内再循环空气混合，在滤清灰尘和杂质后，再通过风机压送分配到客室内，同时排出车内的污浊空气，以保证车内空气的洁净度以及合理的流动速度和气流组织。

空气冷却系统（也称制冷系统）一般采用蒸气压缩式制冷设备，蒸发器为空气冷却器，它的作用是对客室内的空气进行降温、减湿处理，使客室内空气的温度与相对湿度保持在规定的范围内。冷却系统工作时，由制冷剂通过蒸发器冷却将要送入客室内的空气，由于蒸发器表面的温度低于空气的露点温度，空气中的部分水蒸气就会凝结，因此空气在通过蒸发器冷却的同时也得到了减湿处理。

空气加热系统的作用是在低温时对进入客室内的空气进行预热和对客室内的空气进行加热，以保证客室内空气的温度在规定的范围内。此系统一般只在铁路列车上考虑设置，城市轨道车辆上基本不安装。

空气加湿系统的作用是在客室内空气相对湿度较低时，对空气进行加湿处理，以保证客室内空气的相对湿度在规定的范围内。目前，我国在一般车辆的空调装置中都没有空气加湿系统，只在某些特殊要求的车辆上才设此系统。

控制系统的作用是控制各功能系统按给定的方案协调、有序地工作，以使客室内的空气参数控制在规定的范围内，并同时对空调装置起到保护作用。

因考虑到城市轨道车辆空调通风系统的实际运用情况，以下各节中只对通风系统、空气冷却系统和控制系统做进一步的讲解和阐述，空气加热、加湿系统这里不再描述。

8.1.2 城市轨道车辆空调通风系统的特点

在我国早期的城市轨道车辆中没有设置空调装置，只有简易的通风系统。随着国力的增强和人们对舒适度需求的提高，空调通风系统已成为城市轨道车辆的必需设备。

考虑到实际运行特点和运营需要，车辆空调系统一般具有以下一些特点：

1. 小型轻量化

由于受到质量、体积等的限制，空调机组等设备要做到尽量减小体积、降低质量，以满足在城市隧道内等特殊运营条件的要求。

2. 自动化程度高

因城市轨道车辆运行中并不专门配置设备操作和巡检人员，因此要求系统具备集中控制、自我检测和自我调节恢复的功能。

3. 可靠性高

空调机组除了要抗振、耐腐蚀之外，系统各软、硬件也要保证有很高的可靠性能，同时在系统的设计上也必须考虑异常情况下的运转要求，以满足乘客安全的需要。

4. 便于维护

由于受到场地和检修停时等限制，空调机组、系统部件等要尽量方便检测、维护和更换，系统要具备能够储存必要的运行数据和一定的自我诊断功能，以保证检修人员能最方便地修复系统。

5. 较低的噪声

城市轨道车辆基本上运行在城市之中，因此在设计上要考虑尽可能地减小车辆噪声对市民的影响，选用低噪声的设备，如低噪声风机。

任务 8.2 空调制冷基本原理及系统布置

8.2.1 空调系统制冷循环原理

制冷是指人工制冷技术，它包括研究低温的产生、应用及有关物质的物理及化学变化的特性等技术。工业及科研上通常将制冷分为普冷（高于 -120 ℃）及深冷（低于 -120 ℃），这一规定的界限并不是很严格。空调制冷则属于普冷的一个分支。

制冷方式大致有以下几种：蒸气压缩式制冷、半导体制冷、吸收式制冷、蒸气喷射式制冷、涡流管制冷。进入 21 世纪后，在新的制冷理论及实践方面又有许多进展，如一些西方发达国家正在开展的热声制冷技术的研究和运用。

在几种制冷方式中，蒸气压缩式制冷应用最为广泛，一般城市轨道车辆也都采用蒸气压缩式制冷，这里只对这种制冷方式的原理进行介绍。

图 8-2-1 所示为蒸气压缩式制冷循环示意图，整个循环包括压缩、冷凝、节流和蒸发 4 个过程，制冷机组主要由压缩机、冷凝器、节流阀（膨胀阀）和蒸发器 4 大部件组成。

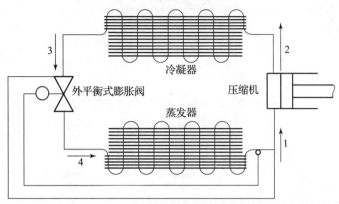

图 8-2-1 蒸气压缩式制冷循环示意图

制冷工作过程如下：

1→2：从蒸发器出来的低温低压气体（制冷剂）通过压缩机压缩后，转变成高温高压气体进入冷凝器。

2→3：高温高压的制冷剂气体经过冷凝器时，被环境空气（或水）冷却，制冷剂蒸气放出热量后被冷凝成高温、高压的液体。

3→4：高温、高压的液体经过节流阀（膨胀阀）节流，变成低温低压的液体进入蒸发器。

4→1：低温低压的液体流经蒸发器时，吸收被冷却物质（如客室内外的空气）的热量，而蒸发汽化成低温低压的气体后被压缩机吸入。

这样，通过压缩机的（压缩）做功，实现制冷剂在系统管路中的循环；而制冷剂的循环（状态的变化）实现了对周围空气的冷却，达到了制冷的目的。

8.2.2 城市轨道车辆空调通风系统基本布置

如前所述，当前，空调通风系统已成为城市轨道车辆的必需设备，下面就城市轨道车辆空调通风系统的基本布置做一简要介绍。

1. 系统布置和气流组织

为便于安装、维护，城市轨道车辆空调装置基本采用集中式布置，即除了一些控制部件外，将空调制冷通风系统的主要部件都集中布置于一个机箱内，整个机组箱体安装于车辆顶部。这样的设计使得机组具有结构紧凑、占用空间小、制冷管路短、可以实现快速整体更换的优点，此布置方式目前为轨道车辆普遍采用的一种形式。

图 8-2-2 所示为较为典型的轨道车辆空调机组布置方式。

车顶空调机组将经过处理的空气，从一端（或两端）通过送风口送出，为保证均匀送风，车厢顶部还设置有送风通道，通过送风通道将风均匀地输送到整节车厢。而回风一般不设专门的回风通道，回风方式也没有固定的模式。目前大致有以下三种模式：通过车厢顶部中间回风、通过车厢顶部两侧回风和通过车厢（座位）底部回风。图 8-2-3 所示为一种空调机组送、回风口布置类型。

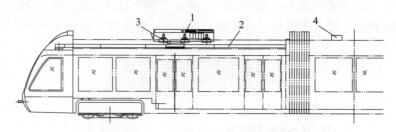

图 8-2-2 轨道车辆空调机组布置方式
1—空调机组；2—送风道；3—回风道；4—废排装置

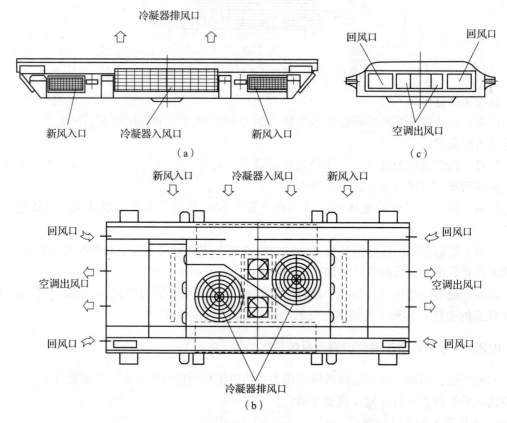

图 8-2-3 空调机组送、回风口布置三视图
(a) 正视图；(b) 顶视图；(c) 左视图

2. 空调机组基本布置

前面提到，空调（制冷）装置主要包括压缩机、冷凝器、节流阀（膨胀阀）和蒸发器4大部件，不同时期、不同厂家生产的空调机组虽然在外观形状、部件设计布局上有些不同之处，但其基本构造都是大同小异的。

图 8-2-4 所示为一种空调机组主要部件的布置图。本类机组内部包含两套独立的制冷系统，压缩机等主要部件都设置了两台，机组通过控制调节后，两套系统可以实现独立运行。本机组为两端送、回风设置，新、回风通过风门调节不同的混合比例后进入空气处理室，经过处理的空气则由送风机送入客室。

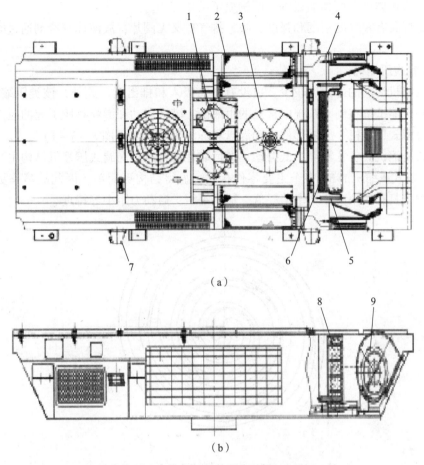

图 8-2-4 空调机组主要部件的布置图
(a) 顶视图；(b) 前视图
1—压缩机；2—冷凝器；3—冷凝风机；4—送风温度传感器；5—新风温度传感器；
6—空气压力开关；7—送风机；8—风门；9—风门电动机

任务 8.3　车辆空调系统部件

8.3.1　车辆空调系统主要部件

城市轨道车辆空调机组内的主要部件包括压缩机、蒸发器、冷凝器、节流装置。

1. 压缩机

压缩机的主要功能为压缩从蒸发器过来的制冷剂气体，使其变成高温高压气体。现城市轨道车辆空调选用的制冷压缩机主要有两种类型：螺杆式压缩机和涡旋式压缩机。

1）全封闭螺杆式压缩机

压缩机、螺杆机构及供油系统组装在一个密封的机壳内。螺杆式压缩机具有结构简单、易损件少、压比大、对湿压缩不敏感、平衡性能好等特点。螺杆压缩机机体内装有一对相互啮合、具有转向相反的螺旋形齿的转子，其齿面凸起的转子称阳转子，齿面凹进的转子称阴转子、齿槽、机体内壁面和端盖等共同构成了工作容积。

由于螺杆具有较好的刚度和强度，吸、排气口又无阀片，故液体制冷剂通过时不容易产生"液击"。

2）涡旋式压缩机

该类压缩机活动的部件比较少，也没有动态吸入和排出阀。此外，该类压缩机振动小、噪声低，并且能抵抗在制冷系统中常见的由液击、满液启动和漂浮物所引起的应力。涡旋式压缩机属容积式压缩机，压缩部件由动涡盘和静涡盘组成（见图 8-3-1）。

涡旋式压缩机具备低噪声、低振动、高可靠性的特点，涡旋式压缩机结构主要零件仅有 5 个，与往复式压缩机的 30 多个主要零件相比，显得结构更简单，因此故障率更少；并且涡旋式压缩机具有效率高、功率消耗低、输出平缓、启动力矩小等特点。

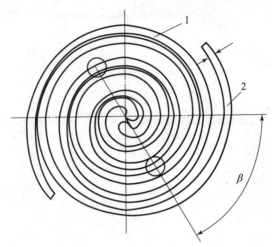

图 8-3-1 涡旋式压缩机的动涡盘和静涡盘组成
1—动涡盘；2—静涡盘

2. 蒸发器、冷凝器

城市轨道车辆空调的蒸发器与冷凝器的结构基本一致，都是在铜管盘管上套翅片的结构，而二者的功能则不一样。冷凝器的主要功能是将从压缩机排出的高温高压制冷剂气体冷却为高温高压的液体；蒸发器的主要功能是使低温低压的制冷剂液体吸收热量蒸发为低温低压的气体。蒸发器、冷凝器一般是由铜管、铝散热片或铜散热片与带有不锈钢端板/支撑板构成的（见图 8-3-2）。蒸发器、冷凝器的换热主要通过空气流过蒸发器、冷凝器时，其翅片吸收空气中的热量或将自身的热量传递给空气来实现的。翅片表面积越大，表面情况越好，蒸发器、冷凝器的换热性能就越好。因此蒸发器、冷凝器翅片布置均匀、表面情况良好是保证蒸发器、冷凝器换热性能的主要措施。

3. 节流装置

通过冷凝器的制冷剂为高温高压的液体，在制冷剂进入蒸发器前需进行降压处理，节流装置就是对制冷剂液体进行降压的装置。城市轨道车辆选用的节流装置主要有两种类型：热力膨胀阀和毛细管。

1）热力膨胀阀（见图 8-3-3）

它通过控制蒸发器出口气态制冷剂的过热度来控制进入蒸发器的制冷剂流量。热力膨胀

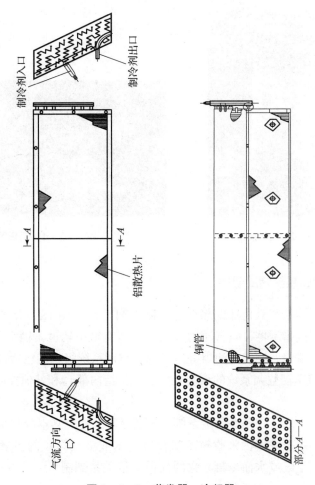

图 8-3-2 蒸发器、冷凝器

阀由离开蒸发器的吸气温度和蒸发器均分管处的温度来调节。热力膨胀阀因平衡方式不同（即蒸发压力引向膜片下内腔内的方式不同），分为内平衡式和外平衡式两种。容量是热力膨胀阀的重要特性参数，而影响容量的主要因素包括膨胀阀前后的压力差、蒸发温度、制冷剂过冷度。

2）毛细管（见图 8-3-4）

这是一根有规定长度的小孔径管子，它没有运动部件，依靠其流动阻力沿长度方向产生的压力降来控制制冷剂的流量和维持冷凝器和蒸发器的压差。其结构简单，造成方便，价格低廉；没有运动部件，本身不易产生故障和泄漏；具有自动补偿的特点，即制冷剂在一定压差（$\Delta P = P_k - P_0$）下，流经毛细管时的流量是稳定的，当制冷负荷变化，冷凝压力 P_k 增大或蒸发压力 P_0 降低时，ΔP 值增大，制冷剂在毛细管内的流量也相应增大，以适应制冷负荷变化对流量的要求，但这种补偿的能力较小；制冷压缩机停止运转后，制冷系统内的高压侧压力和低压侧压力可迅速得到平衡，再次启动运转时，制冷压缩机的电动机启动负荷较小，故不必使用启动转矩大的电动机，这一点对半封闭和全封闭式制冷压缩机尤其重要。

图 8-3-3 热力膨胀阀

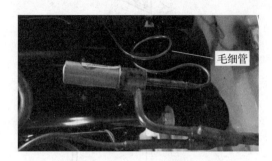
图 8-3-4 毛细管

8.3.2 车辆空调系统辅助部件

城市轨道车辆空调系统其他辅助部件包括制冷剂、高/低压压力开关、送风机、冷凝风机、干燥过滤器、湿度指示器、空气压力开关（非所有城市轨道车辆空调系统都具备）、电磁阀、温度传感器、风门、空气过滤器等。另外，空调系统组成还包括紧急逆变器、空调控制器（部分城市轨道车辆空调系统的该装置安装在机组内部）和其他控制继电器等部件。

1. 制冷剂

制冷剂又称制冷工质，它是在制冷系统中不断循环并通过其本身的状态变化以实现制冷的工作物质。制冷剂在蒸发器内吸收被冷却介质（水或空气等）的热量而汽化，在冷凝器中将热量传递给周围空气或水而冷凝。它的性质直接关系到制冷装置的制冷效果、经济性、安全性及运行管理。

现城市轨道车辆空调选用的制冷剂主要有两种类型：R134a 和 R407c。

R134a 制冷剂是一种环保型的制冷剂，属于中温制冷剂，它的标准沸点为 -26.2 ℃，凝固温度为 -101 ℃，其热力性能与 R12 接近。

R407c 制冷剂是一种非共沸混合制冷剂，它是由 HFC32/125/134a 按 23/25/52 的混合比率混合而成的。在气液共存时，气相和液相的组成不同，充填时需加以注意。另外，制冷剂的漏出也分气相侧漏出和液相侧漏出两种情况，其中气相侧漏出使组成变化较大。基于以上两方面的原因，对于以 R407c 为制冷剂的城市轨道车辆空调系统，当发现泄漏比较严重时，不能采取充填制冷剂的方法，而应先将泄漏点找出修复好，然后将全部制冷剂抽出，并将制冷回路内部抽真空，然后再重新注入新的 R407c 制冷剂。

R134a 制冷剂因其不存在 R407c 混合制冷剂的特点，所以在发现泄漏时可以先将泄漏位置找出修复好，然后充填制冷剂。

2. 高/低压压力开关

制冷剂蒸气在压缩机内部可能会出现压力过低或压力过高的问题，在制冷剂蒸气压力过高和过低时，压缩机持续运行将造成压缩机的损坏，因此需在压缩机的出口、进口管路设置高、低压压力开关。高、低压压力开关监测压缩机高、低压出入口的压力，从而实现对压缩机的保护。如果高压出口排气压力超过或低压入口吸气压力低于它们各自的设置值，每个安全压力开关将会使电路切开，设备即停止运转，以保护压缩机。

高、低压压力开关元件包括可调式压力开关、元件式压力开关（见图8-3-5）。可调式压力开关与元件式压力开关的工作原理类似，都是通过一特殊的膜片来检测压缩机相应部位的制冷剂蒸气压力，当制冷剂蒸气压力值达到保护设定值时膜片产生相应形变而触发电路接通或断开。而该两类压力开关的不同就是可调式压力开关的压力保护设定值可人工进行一定范围的调节，元件式压力开关的压力保护设定值为定值，且不能进行调节。

图8-3-5　元件式压力开关

3. 送风机、冷凝风机

为了使蒸发器、冷凝器与空气之间更好地进行热交换，空气由送风机、冷凝风机的风扇强迫通过蒸发器盘管、冷凝器盘管。送风机使过滤后的新风、回风混合空气循环流过蒸发器，蒸发器吸收空气中的热量使空气冷却后再被送入客室，从而将客室温度降低，保证客室温度适宜。冷凝风机使环境空气循环流过冷凝盘管，冷凝盘管把来自压缩机的高温高压的制冷蒸气中的热量传给环境空气，从而使高温高压的制冷剂蒸气冷凝成液态。

城市轨道车辆空调的冷凝风机通常是使用轴流式风机（见图8-3-6），即吹风方向与风扇主轴方向一致。轴流式风机工作时，动力机驱动叶轮在圆筒形机壳内旋转，气体从集流器进入，通过叶轮获得能量，提高压力和速度，然后沿轴向排出。轴流式风机主要由叶轮、机壳和集流器等部件组成。

送风机通常是使用离心式风机（见图8-3-7），离心式风机工作时，动力机（主要是电动机）驱动叶轮在蜗形机壳内旋转，空气经吸气口从叶轮中心处吸入。由于叶片对气体的动力作用，气体压力和速度得以提高，并在离心力作用下沿着叶道甩向机壳，从送气口排出。因气体在叶轮内的流动主要是在径向平面内，故又称径流通风机。离心式通风机主要由叶轮和机壳组成。

图8-3-6　轴流式风机

图8-3-7　离心式风机

风机的性能参数主要有流量、压力、功率、效率和转速。另外,噪声和振动的大小也是通风机的主要技术指标。流量也称风量,以单位时间内流经通风机的气体体积表示;压力也称风压,是指气体在通风机内的压力升高值,有静压、动压和全压之分;功率是指通风机的输入功率,即轴功率。通风机有效功率与轴功率之比称为效率。通风机全压效率可达90%。

4. 干燥过滤器

干燥过滤器的作用是吸收制冷系统中的水分,阻挡系统中的杂质使其不能通过,防止制冷系统管路发生冰堵和脏堵。由于系统最容易堵塞的部位是毛细管(或膨胀阀),因此干燥过滤器通常安装在冷凝器与毛细管(或膨胀阀)之间。

5. 湿度指示器

一般情况下湿度指示器位于干燥过滤器之后。系统中多余水分的指示是通过观察此装置的窥视镜来确定的。用窥视镜能够清楚地观察到制冷剂液流,看是否有气泡进入和一些异常的情况。

6. 空气压力开关

部分城市轨道车辆空调的送风机装有一个空气压力开关(见图8-3-8),其用来检测相应的送风机的运行和空气流速。当空气流速达到正常等级时,压力开关发出一个信号给空调控制器,指示蒸发器风扇正常工作。一旦空调控制器接到此信号,空调机组就准备按要求的循环运行。如果空调控制器没有接收到此信号,设备将不能启动工作。此开关主要是用于具备电制热功能的城市轨道车辆空调。对于制冷工况而言,在送风机不工作造成压缩机吸入压力降低时,压缩机的低压压力开关会进行相应的动作以保护压缩机;而对于电制热的城市轨道车辆空调,在送风机不工作时,若没有这个检测设备,空调将继续进行电制热,此时热量不能散发,将造成空调机组内部件过热损坏。

7. 电磁阀

空调制冷管路上设有电磁阀(见图8-3-9)。电磁阀的基本原理是:通电时,电磁线圈产生电磁力把关闭件从阀座上提起,阀门打开;断电时,电磁力消失,弹簧力把关闭件压在阀座上,阀门关闭。设置电磁阀的作用是当机组不运行时,阻止液体制冷剂进入压缩机。电磁阀通常是关闭的,除非它们被触发或通电。

图8-3-8 空气压力开关

图8-3-9 电磁阀

部分城市轨道车辆空调机组在制冷系统高压和低压管路之间安装了两个气体管线旁通电磁阀,其目的是通过向热力膨胀阀和蒸发器盘管之间的管线内注入从压缩机排出的热气流来调节压缩机容量对蒸发器的负荷。

8. 温度传感器

为了保证客室舒适性,空调系统需设置温度传感器(见图 8-3-10)检测送风、回风和新风的温度,以有效地控制空调机组制冷量。通过它们,空调控制器监控不同的温度并选择最好的运行模式,为乘客提供最舒适的环境。城市轨道车辆空调机组的温度传感器一般采用的是 NTC 型,这种传感器的温度与电阻呈负曲线关系,即温度值越高,电阻值越低。城市轨道车辆空调温度传感器一般包括新风温度传感器、回风温度传感器和送风温度传感器。

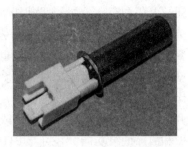

图 8-3-10　温度传感器

9. 风门

送入客室的空气为经蒸发器吸热、除湿后的新、回风混合空气,而新、回风混合比例的控制是通过风门来实现的。足够的新风是保证人体舒适的必要条件,而新风也不能过高,新风比例过大会导致空调机组消耗功率增大;回风的循环使用能降低空调机组的能耗,而在城市轨道车辆正常运行期间也不能完全采用全回风,因此新、回风的比例需控制得当。城市轨道车辆空调的风门装置主要有电控气动和电控电动两种类型:电控气动的风门通过风缸装置控制风门动作,电控电动的风门通过伺服电动机控制风门动作。

在紧急模式下,风门处于只允许新风进入的位置以保证紧急情况下乘客安全的要求。在预冷模式下,风门关闭新风入口或回风入口,只允许循环空气或新风进入客室,这样就可以快速地使客室温度下降到合适的温度水平。

10. 紧急逆变器

在空调机组运行所需的三相电源失效情况下,制冷系统将不再运行,正常通风系统无法保持。为了保证客室内乘客的安全,空调系统运行转为紧急通风模式,在此模式下,紧急逆变器将蓄电池的 110 V 直流电逆变为交流电供给空调机组送风机,此时新风量比正常通风有所减少,但紧急通风时采用的是全新风,因此此时的新风量是能够满足乘客空气质量要求的。紧急逆变器的安装有机组内、车顶、车厢和车底各种不同位置,相比而言不宜安装在机组内,因为机组内运行环境恶劣易导致该部件出现故障。

11. 空调控制器

空调机组的运用控制由空调控制器来实现,空调控制器可对空调机组的运行模式和温度值进行设定,并能完成故障的诊断和记录。

城市轨道车辆空调控制器主要使用两种类型的控制器:微处理器和 PLC。相比而言微处理器功能强大,其维护界面和方式可以做得更人性化,方便用户对空调机组的维护及使用;而 PLC 运行稳定,故障率低。

任务 8.4　车辆空调系统控制

8.4.1　车辆空调系统控制基本形式

城市轨道车辆空调系统必须在激活端的驾驶室进行运行或停机操作,通过按压设在驾驶台的空调"开""关"按钮即可开启或关闭整列车的空调机组,且可以通过"A 车空调"按钮只开停列车 A 车的空调机组。

城市轨道车辆空调由一个基于温度控制的微处理器或 PLC 来控制，它一直传送车内所要保持最佳温度的指令，并且也是控制和保护空调系统内部元件的自动装置。空调控制器根据接收到送风、新风、回风温度传感器信号，并根据 UIC 553 温度曲线或其他设定温度值对比实时空调制冷量是否足够，若不足，控制器就发出相关命令控制相关继电器动作来控制空调机组内的相应部件顺序运行或停止，以满足温度的要求。空调控制器还具备相关的自动保护和故障记录功能，并可与 PTU 连接，通过相关应用软件进行实时通信功能。

8.4.2 车辆空调系统控制基本步骤

城市轨道车辆空调系统的启动顺序均为送风机、冷凝风机、压缩机，若前级不能启动，后级则不被允许启动。此种启动顺序是基于对压缩机的保护，避免送风机不运行时压缩机吸入口压力过低和冷凝风机不运行时压缩机排出口压力过高。

控制器通过数字输入/输出与列车信息系统相连，并通过硬线或总线报告故障、启动请求、启动许可和自检结果。

城市轨道车辆空调设定温度在自动模式下是按 UIC 553 温度曲线进行设定的（如下定义中，T_{ext} 为外界空气温度）：

当外界温度（T_{ext}）< 19 ℃时，温度设定值 = 22 ℃。

当 $T_{ext} \geq 19$ ℃时，温度设定值 = 22 + 0.25（T_{ext} – 19）（℃），城市轨道车辆空调设定温度还可通过人工设定为既定的值（19 ~ 27 ℃）或偏离 UIC553 曲线一定的值来定义。

为了实现温度设定的功能，控制器需给出相关命令控制空调机组中的不同元件（压缩机、电机等），以使空调的制冷量能够满足客室内的要求。

控制器计算出由温度传感器检测的室温和设定温度之间的差值，得到一个误差函数，再根据这个误差函数控制空调机组的运行模式，空调机组提供给客室的制冷量取决于这个误差函数，并且受新风和供风温度影响。

8.4.3 车辆空调的运行

1. 初始启动

控制器和空调机组得电后，控制器进行空调自检。以微处理器控制器为例，通常自检过程包括风门计算（计算风门从全开到全关位置所需的时间，并将此时间值用于后续控制风门的打开、关闭程度）和紧急逆变器自检。自检完成后，控制器必须得到驾驶室的"空调 ON/OFF"信号后启动送风机。然后，信号"压缩机启动请求"被传送到总线上，控制器一直等到信号"压缩机启动释放"出现后，才开始进行温度调节。

2. 正常运行

城市轨道车辆平均每节车安装两台空调机组，两台空调机组在正常运行时是同时运行的。空调控制器可对空调机组的运行模式和温度值进行设定，控制空调机组内部件的运行、启停，并能完成故障的诊断和记录。

空调机组内各部件的启动命令是由控制器决定和驱动的，并设定相应的前级保护功能，保证空调系统安全运行。如果其中一个部件启动失败，其相关的后续部件将被禁止启动并且有一个相应的故障信息给出并被记录。

3. 空调运行模式

城市轨道车辆空调机组的运行模式一般包括：制冷调节、预冷、测试、紧急通风、减少新风模式。

1）制冷调节循环

无论何时，控制器只要检测出车内温度高于设定值，就发出"压缩机启动释放"信号，并发出制冷循环指令。压缩机启动需在冷凝风扇正常启动之后且得到"压缩机运行启动"信号才能被允许启动。在下列条件下，压缩机是不允许启动的：压缩机高压供电无效；该压缩机启动在压缩机顺序启动延时范围内（避免过多压缩机同时启动的启动电流造成供电电源负荷过大）；压缩机高/低压压力开关动作；总线信号无效等。

当车内温度开始下降并且制冷需求减弱时，控制器将适时发出"压缩机停止"信号，以停止制冷运行。

一个压缩机启动后，必须经过最小的运行周期后才能断电。同样，一个压缩机停止后也必须经过最小运行周期后才能再启动。为了防止系统出现故障，压缩机每小时启动和停止是设有最高限度的，这可以通过控制器的最小运行和最小停止周期的限制来实现。

2）预冷模式

预冷模式是为了使客室温度快速达到控制器计算出的设定值要求的一种模式。在预冷模式下新风风门位置由于内、外温度不同而变化如下：

如果内部温度低于外部温度（客室温度＜外部空气温度），风门关闭，此时只用回风调节客室温度；如果内部温度高于外部温度（客室温度＞外部空气温度），风门打开，此时只用进风量调节客室温度。

3）测试模式

当列车空调被设置为测试模式时，空调控制器将控制空调机组的部件进行相应动作，以对空调机组的功能进行初步测试。例如，在测试模式下一般会进行紧急逆变器的自检、100%负荷的制冷运行等。

4）紧急通风

如果车辆失去交流电压供应，送风机供电将自动切换到紧急逆变器供电，机组在紧急通风模式下工作。当交流供电恢复后，送风机供电又从紧急逆变器供电自动切换到交流供电，机组转换为正常模式运行。紧急通风时采用的是全新风，因此，用于紧急逆变器启动的输出信号也用来关闭回风风门。

5）减少新风模式

如果空调机组工作在通风或制冷模式下，客室中回风的温度比温度设定值高时将启用减少新风模式。

在这种情况下，控制器控制风门动作，减少新风量，提高回风量，就能更快速地使客室温度达到设定值。

 操作训练

实训1：空调系统检修

实训目的： 掌握空调系统检修项目，能够熟知空调系统检修内容。

实训方法：见表 8-4-1。

表 8-4-1　空调系统检修项目与内容

实训内容	工作步骤	检验标准
检查机组壳体	用中性洗涤剂清洁空调机组壳体，并检查壳体是否腐蚀、变形，如有脱漆或腐蚀，需要在脱漆处防锈、补漆	检验机组壳体无腐蚀；检验机组壳体无变形
检查紧固件	目测检查紧固件，如有松动，则用扭力扳手按扭力要求更换新紧固件再紧固或重新紧固	检验紧固件扭力是否符合要求
检查机组保温材料	目测检查壳体上的隔热材料、密封条，无缺损、老化，性能良好，否则应给予更换	检验无缺损、老化
检查冷凝器	目测检查壳体上的隔热材料、密封条，无缺损、老化，性能良好，否则应给予更换。 用中性洗涤剂清洗冷凝器，目测检查翅片并矫正变形翅片。 注意：清洁时车顶面较滑，应小心操作，电气连接处应防止水滴渗入。 1. 将清洁泵的压力水压力调整在 35~40 bar。 2. 清洁冷凝器、蒸发器时，应使压力水由机组内侧向外侧方向冲洗。 3. 用带清洁剂的压力水冲洗室外空气格栅，保证格栅洁净。 4. 用压力水冲洗空气处理室里的积尘和排水孔。 5. 电气部件处的水滴应及时清除或拭抹干净。 6. 用抹布清除压缩空气传动件、送风机电动机侧的积尘。 7. 用抹布清除风道软接管回风侧的污迹	检验无缺损、老化
检查冷凝风扇的作业	1. 清洁并目测检查冷凝风扇网罩，如有脱焊需补焊加固。 2. 清洁并目测检查冷凝风扇风叶。 3. 转动测试冷凝风扇，叶片顺畅，无明显阻力；当冷凝风扇叶片擦框时，调整风机位置，必要时调整垫片位置和数量	检验无脱焊、风叶无损坏、垫片位置正确
检查空气压缩机的作业	1. 清洗空气压缩机的外壳，检查油位、吸入口连接管、接线端。 2. 接线盒的电线和保护单元连接牢固；压缩室的电气接线盒里的电气连接牢固、无误	检验油位正确、连接牢固

续表

实训内容	工作步骤	检验标准
检查制冷系统	1. 检查制冷系统的连接管路、接头和保温管道。 2. 若发现有油迹，对油迹处用电子检漏仪检漏。泄漏检测在下列位置进行：所有连接螺栓；所有焊接连接处确认泄漏部位，对松动的螺钉按有关扭力值进行紧固；紧固后，用电子检漏仪复检，保证未测到泄漏为止；用丙酮清洁油迹；检查其余螺钉有无松动，并重新紧固松动件	检验管路连接有无渗漏、螺钉有无松动
检查蒸发器	用中性清洗溶液清洁蒸发器，检查并矫正变形翅片	检验是否变形
检查储液筒	目测检查筒体、视镜，无破损	检验有无破损
检查视液器	检查液体管路视液镜中心的颜色，正常为紫色；若色纸颜色开始偏红，在有电功能检查完成后应予以复检；若发现色纸颜色已变为粉红色，则干燥过滤筒失效，需更换机组	检验观察视液镜中心颜色
检查电磁阀	目测和测试检查，通电后动作正常	检验通电后是否正常
检查新、回风风缸及挡板	清洗风缸；检查连接管及连接情况，挡板动作正常，并调整到适合的角度	检验是否连接正常
检查过渡连接软风道	清洁并目测检查	检验是否清洁
检查温度传感器	清洁传感器触头，测量电阻值	检验是否清洁，测量阻值
检查总成阀	清洁排气口，更换密封圈	检验是否清洁
检查驾驶室通风机	检查驾驶室通风机组的连接螺钉是否松动，如果松动则紧固	检验是否紧固
检查驾驶室出风调节口	清洁并目测检查，更换损坏件	检验是否损坏
检查空调机组电缆及接线盒	清洁箱体，目测检查，配线无老化、破损，线号清晰、排列整齐，绝缘良好，安装牢固	检验无老化、破损，线号清晰、排列整齐，绝缘良好，安装牢固
检查接地线	目测检查，无破损、无老化或裂纹，连接牢固；有损坏则更换损坏件	检验无破损、老化、裂纹；连接牢固

续表

实训内容	工作步骤	检验标准
检查主要部件功能	包括通风机、冷凝风机、压缩机、压力开关、电磁阀、热力膨胀阀等部件在内的检查，并记录相应的电流、温度、过热度和压力。具体操作步骤见空调机组测试工艺	检验风机、压缩机、通风机内部正常；电流、温度、过热度和压力正常

实训2：空调系统常见故障处理

实训目的：掌握空调系统常见故障处理方法。

实训方法：见表8-4-2。

表8-4-2 空调系统常见故障处理

实训内容	工作步骤	检验标准
检查制冷剂泄漏	制冷剂的检漏可采用以下方法检查： （1）外观检查。由于制冷剂泄漏会渗出冷冻油，因此一旦发现管路某处有油迹，可用白布擦拭或用手直接触摸检查，并做进一步确认。 （2）泡沫检漏。这是一种简便的方法，用混有清洁剂的水涂在预计可能发生泄漏之处，若该处有泄漏，将会出现气泡，从而可以确定确切的泄漏发生位置。 （3）电子检漏仪检漏。用电子检漏仪接近被检处，一旦检漏仪测到有泄漏，将发出异常的声音予以提示，此时应擦净触头，在该处再次测试确认	主要检验管路的焊接处、压缩机吸排气口的连接处、压力开关的引接处等
检查低压故障	当制冷剂出现泄漏时将导致低压故障的产生，低压故障的检查方法如下： （1）用复合式压力表连接到系统中，检查系统停机时的平衡压力，以及机组运行情况下的低压压力，低压压力应不低于（0.5±0.3）bar。 （2）模拟机组运行，判别机组低压压力开关是否动作。 压缩机低压压力过低的原因：制冷系统有泄漏；制冷剂不足；膨胀阀等低压处开启不足；外界温度过低；蒸发器入口堵塞	检验管路压力是否低于正常值
检查高压故障	制冷系统中真正导致压力过高的最大可能是系统中混入了空气，例如，空气在机组低压部分压力偏低时被压缩机吸入，或者是在维修中因操作不当而使空气混入系统。由于空气是不凝性气体，它在系统中的存在将直接产生如下不良后果：压缩机负荷增大，且温升异常，电机过热或烧损；冷凝压力上升，制冷量下降；高压压力开关动作，系统无法正常运行。一旦发现有空气混入系统，必须立即加以处理。 导致压缩机高压过高的原因还包括外界温度过高；冷凝器入口或出口有堵塞；冷凝器脏；制冷剂过多；冷凝风机不工作或工作异常	检验管路压力是否高于正常值

续表

实训内容	工作步骤	检验标准
电气系统故障	电气系统故障主要包括以下几种： （1）短路故障。该故障是电气设备的绝缘层因老化、变质、机械损坏或过电压击穿等原因被破坏而导致出现的故障。 （2）缺相故障。城市轨道车辆空调的压缩机、送风机和冷凝风机一般采用的是 380 V 交流电源供电，由于松脱或其他人为原因，导致 380 V 交流电有一相断开时就会出现缺相故障。部分压缩机设有缺相保护单元，可以自行检查该故障。 （3）反相故障。当压缩机、送风机和冷凝风机三相连接的顺序错误时将导致反相故障，此时压缩机、送风机和冷凝风机会反相运转，压缩机反相运转的噪声较大，且很快就导致压缩机烧损；送风机、冷凝风机反相运转时进风和出风方向刚好颠倒。 （4）过电流故障。该故障主要出现在城市轨道车辆空调机组的压缩机部件上，由于个别特殊原因（如吸气压力过高、堵塞等）导致压缩机运转负荷过大时，不断上升的供电电流将导致压缩机电机部件的烧损。 （5）压缩机高/低压压力开关动作。由于个别原因导致压缩机排气口压力过高或压缩机吸气口压力过低时，压缩机高/低压压力开关动作，该信号送给空调控制板，控制板控制空调机组立即停止制冷运行。 （6）温度传感器故障。温度传感器由于老化或接触不良而不能给出有效的信号给空调控制板时，就会出现温度传感器故障。 （7）继电器故障。控制空调机组各部件启停的继电器，由于老化或其他原因，会出现继电器卡滞或不能动作等故障	检验是否有老化、变质、缺相、烧损等现象

实训 3：空调制冷剂加注
实训目的：掌握空调制冷剂加注方法。
实训方法：见表 8 – 4 – 3。

表 8 – 4 – 3　空调制冷剂加注方法

实训内容	工作步骤	检验标准
制冷剂加注方法	制冷剂加注方法一般采用低压加注和静态加注。 （1）低压加注。启动空调机组制冷运行（通过使用应用软件强行启动制冷运行），从压缩机低压处加注，观察加注后的压力到达正常工作范围值（不同类型的制冷剂，该范围值不同）。当加到压缩机低压处的压力达到范围值时即停止，再观察空调的制冷效果。如果空调制冷效果良好，测试高压压力，其工作压力不能超过高压范围值。 （2）静态加注。停止空调机组运行，从加注口处加注制冷剂。当系统压力达到相应要求时为合适；再让空调运行制冷 30 min，然后做仔细的检查	检验低压加注、静态加注方法和时间是否正确

续表

实训内容	工作步骤	检验标准
制冷剂加注的检查方法	制冷剂加注是否合适的检查方法主要包括以下几种： （1）测压力。测低压压力，检查其低压工作压力是否在正常范围内。如果偏高，则加多了；如果偏少，则加少了。同时高压也不能超过相应的正常范围。 （2）听声音。如果声音过大，沉闷，可能是加多了制冷剂；如果声音过小，说明量不够。 （3）测温度。加注制冷剂至压缩机吸气管较凉，有结露产生；排气管温度达到80 ℃左右；冷凝器温度达到55 ℃左右；蒸发器的温度比环境温度低15 ℃左右，此时制冷剂已加注足够。 （4）测工作电流。总电流应接近额定电流，如果电流过大，则制冷剂加多了；如果电流过小，则制冷剂不够。这要求在系统和电路都正常的情况下进行测试，因为压缩机的工作电流跟压缩机的吸气压力有很大关系，吸气压力高，电流就大；吸气压力低，电流就小。如果系统堵了，那么压缩机的工作电流也会很低，且压缩机的声音不正常	检验压力、声音、温度、工作电流是否正常
制冷剂加注注意事项	空调机组加注制冷剂时应注意：加注时一定要慢慢来，加注一定量后让空调运行10 min左右，再测压力和电流，不够时再分次加注，不能以运行前的压力和电流作为标准。冬天加制冷剂时，可以人为地使室内温度传感器达到能够制冷的温度使空调制冷运行，或通过相关软件强行使空调制冷运行	检验压力、声音、温度、工作电流是否正常

任务 8.5　空调系统控制

8.5.1　空调系统的操作

列车空调系统必须在驾驶室激活端操作，使其运行或停机。通过按压设在副驾驶台的相关控制按钮来进行控制。

1. 打开 A 车空调

列车激活，在解锁驾驶台后，按压副驾驶台上的"A 车空调开"绿色指示灯按钮 06S04，才能打开相应的 A 车空调。当 A 车空调开启后，06S04 按钮上的绿灯指示点亮，当整列车的空调通过"列车空调开"按钮 06S03 打开时，该绿色指示灯也点亮。

2. 打开全列车空调

列车激活，在解锁驾驶台后，按压副驾驶台上的"列车空调开"绿色指示灯按钮 06S03，全列车（包括 A 车）的空调打开。当列车空调开启后，06S03 及 06S04 按钮上的绿色指示灯均点亮。

注意：在驾驶台锁闭前，若没有操作空调关闭按钮，空调开的最后控制状态将保持。

3. 关闭列车空调

只有在驾驶台解锁后,操作"列车空调关"红色指示灯按钮06S02,才能正确关闭所有正在运行的空调系统(包括 A 车的)。按钮上的红色指示灯指示空调被关闭。

4. 温度设定

每节车的电子柜内装有一个空调控制板和温度控制板,温度控制板可对单节车空调机组的运行模式和温度值进行设定;空调控制板控制了每节车的两台空调机组,并能完成故障的诊断和记录。

如图 8-5-1 所示,通过操作空调/温度控制开关06S01(旋转按钮)来控制单车温度,06S01 为 8 位旋转开关。

"试验"位用于检测单车空调设备的功能。

"关"位可将单车空调设备关掉。

"自动"位时,温度将自动选择,通常选择该位置,因为其能确保空调系统达到最佳运行的状态。

操作人员可以在 19~27 ℃之间以每挡 2 ℃的间隔来选择调节温度。每车可以单独选择温度。

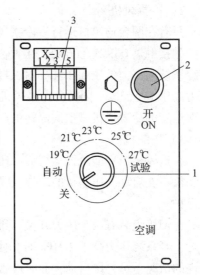

图 8-5-1 温度控制板
1—旋转按钮;2—LED 系统运行
显示灯;3—电气接线排

8.5.2 空调系统的控制

1. 空调系统的启动顺序

空调机组的启动顺序为送风机、冷凝风机、空调压缩机,并保证前级不启动,后级不允许启动。

正常情况下,当空调系统启动时,首先使全列车的送风机接触器(06K23、06K24、06K27、06K28)同时得电闭合,然后使全列车的冷凝风机接触器(06K21、06K22、06K25、06K26)同时得电闭合,最后使全列车空调压缩机接触器(06K11、06K12、06K15、06K16)同时得电闭合。

紧急情况时只启动送风机,即只闭合各节车的送风机接触器(06K31、06K32、06K33、06K34),并启动空调机组的辅助逆变器,实现紧急通风。

每节车空调控制板和温度控制板的开关由每节车的"AC 开"继电器06K08 控制。当全列车空调机组开时,全列车的"AC 开"继电器06K08 均要得电闭合。

2. 空调机组各设备的工作模式

1) 送风机

正常通风/制冷模式下,送风机为 Y 形运转,由辅助逆变器(ACM)供电,供电电压为三相 AC 380 V,50 Hz;紧急通风时,通过蓄电池 DC 110 V 电源供给空调紧急通风逆变器,由逆变器逆变后的电源提供给通风机,Y 形启动,延迟 1 s 后,转为 △形运转,供电电压为 AC 170 V,25 Hz。

2）冷凝风机

只有在两台通风机运行后冷凝风机才能运行，由控制板发出的指令使控制冷凝风机三相电源的接触器 06K21、06K22 控制空调单元 1，06K25、06K26 控制空调单元 2 闭合，当机组制冷系统的压力低于 0.8 MPa 时，即控制压力开关断开的情况下，仅一台冷凝风机运转；若压力高于 1.1 MPa，则两台冷凝风机运转。当单台冷凝风机运转时，两台风机交替运行，即该次运转的冷凝风机是上次停转的冷凝风机。

3）压缩机

在送风机、冷凝风机运行后，压缩机才启动。若前级的送风机、冷凝风机不能运行，则压缩机不能启动，压缩机的启停又受到温度的控制，并受系统压力及压缩机保护单元 INT69 的保护。

空调机组装有两个压力开关，用于空调机组的压力保护。压力开关 F1.1 具有自动复位功能，当系统压力高于 2 MPa 时，使压缩机停机，一旦系统压力低于 2 MPa，压缩机在条件允许的情况下可再次启动，此时应查找导致压力开关动作的原因，避免系统压力过高对设备造成损坏；另一压力开关 F1.2 为手动复位，其动作压力为 2.25 MPa，此压力开关动作后，即使压缩机停机后系统压力已降低，压力开关仍然不能自动复位，需要手动按 T 压力开关上的蓝色按钮进行手动复位后，系统才能恢复正常运行。

为了降低压缩机的启动电流，压缩机采用的是部分绕组启动方式，通过继电器延时 1 s 来完成压缩机 Y 形到 YY 形的启动控制。

本模块习题

1. 如何给每节车的空调系统提供电源？
2. 列车空调机组的启动顺序是怎样的？
3. 若列车是由 6 车组成，送风机 1.3 和送风机 2.3 的接触器是否由同一电源供电？
4. 如何开关列车的空调系统？
5. 全车空调开和 A 车空调开在电路控制上有什么区别？
6. 紧急送风时，哪些设备启动？
7. 开启空调时，A 车空调能正常打开，其余各车空调不能自动打开，可能的原因有哪些？
8. 在全列车空调开启的情况下，如何关闭其余车的空调系统而保留 A 车空调？

模块 9

列车信息控制系统

(1) 能够对城市轨道交通车辆信息控制系统进行全面检查。
(2) 能对车辆信息控制系统进行故障分析。
(3) 了解车辆总线的主要设备安装位置。
(4) 掌握车辆总线各模块的连接。

本模块导读

列车信息控制系统是将列车的各个子系统及相关外部控制电路的信息进行读取、编码、通信传递、数据逻辑运算及输出控制的一个计算机网络系统。该系统就好比人类的神经系统，能通过手和眼睛对自身所处的状态、外部环境进行感知和控制，并对不同情况作出一定反应。而在列车上，该系统则是对列车的供电状况、速度、列车运行模式等状态信息进行实时监控和识别，并根据读取到的列车驾驶人员发出的指令信息，对列车上各个子系统发出相关控制指令，进而使各子系统产生相应的调整控制，以符合设定的功能要求，实现对列车的有效控制。

任务 9.1 列车信息控制系统

9.1.1 列车信息控制系统结构

SZP1 列车为 6 辆编组，由两个完全相同的列车单元组成，对应于列车编组结构，其列车通信控制（TCC）系统也由两个完全相同的 3 车单元组成，如图 9-1-1 所示。每个单元控制 1 节拖车、2 节动车。在一个单元内，在拖车（A 车）设置一个列车控制单元（VTCU），两个单元的 VTCU 采用列车级数据总线（WTB）进行通信。在单元内部，则采用列车多功能总线（MVB）连接进行通信，该总线又分为两级，第一级为贯通 3 车单元的 MVB，即 Trafo MVB 总线，并直接与 VTCU 进行通信；第二级则为直接与单节车内各功能模块通信的 MVB，即 OPTO MVB 总线，连接的设备如各类输入输出单元（I/O）、制动控制单元（EBCU）、牵引控制单元（DCU）等子系统控制单元；而这两级 MVB 又通过总线耦合器进行信号的转换与传递。

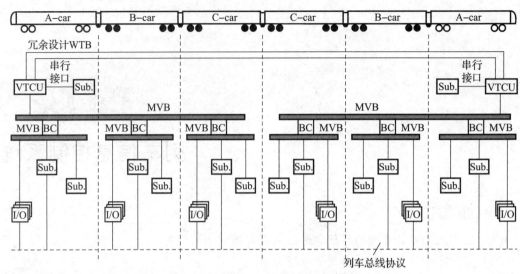

图 9-1-1 TCC 系统结构示意图

对于每个 3 车单元网络，由于每节车的设备不同，其网络结构也相应有所区别，A、B、C 车的详细连接结构如图 9-1-2、图 9-1-3、图 9-1-4 所示。

通过 A、B、C 车的网络结构图，可清晰地看到每个 3 车单元中的 TCC 系统主要部件及其连接方式，如 VTCU、BCT、COMC、AX、DX 以及各功能子系统控制单元等在网络中所处列车中的位置，其中 ATO/ATP 设备与 GW 板相连，列车显示屏 TMS-MMI 与 VTCU 板相连，VCUA 板与 A 车 BCT 相连。三节车 BCT 通过 Trafo MVB 相连，并通过 OPTO MVB 与每节车的各控制模块相连，共同构成列车 TCC 通信网络。

1. A 车通信网络结构

如图 9-1-2 所示，A 车的 Trafo MVB 网络总线连接了 ATO/ATP、VTCU、BCT 等设备，构成了单元级第一层次的通信网络。在 Trafo MVB 网络的下层，属于设备级通信，由两段 OPTO MVB 网络总线构成，一段 OPTO MVB 网络连接电子制动控制单元（EBCU）、空调控制单元，并连接到 BCT 的 X05 端；另一段 OPTO MVB 网络将 COMC、AX 和 9 个 DX 模块连接起来，并连接到 BCT 的 X06 端。两段 OPTO MVB 网络共同构成了第二层次的 A 车车辆级通信网络。BCT 起中继作用，把 Trafo MVB 与 OPTO MVB 之间的通信连接起来。

2. B 车通信网络结构

如图 9-1-3 所示，B 车的 Trafo MVB 网络连接了 BCT 模块，通过 BCT 将 A 车与 B 车之间的 MVB 通信连接起来，构成单元级的第一层次通信网络。设备级通信也是两段 OPTO MVB 总线，一段 OPTO MVB 连接到 BCT 的 X05 端，将 EBCU、MCM、DXB 和空调控制单元等控制设备连接起来，另一段 OPTO MVB 连接到 BCT 的 X06 端，把 B 车的 7 个 DX 模块连接起来，共同构成了第二层次的 B 车车辆级通信。

3. C 车通信网络结构

如图 9-1-4 所示，C 车的 Trafo MVB 网络连接了 BCT 模块，通过 BCT 将 B 车与 C 车的 MVB 通信连接起来，构成单元级第一层次的通信网络，即 OPTO MVB 连通 A、B、C 3 车单元，而每节车都有一个 BCT 模块作为中继；设备级通信也是两段 OPTO MVB 总线，一段 OPTO MVB 连接到 BCT 的 X05 端，该段连接了 EBCU、MCM、AUX、空调控制单元等控制

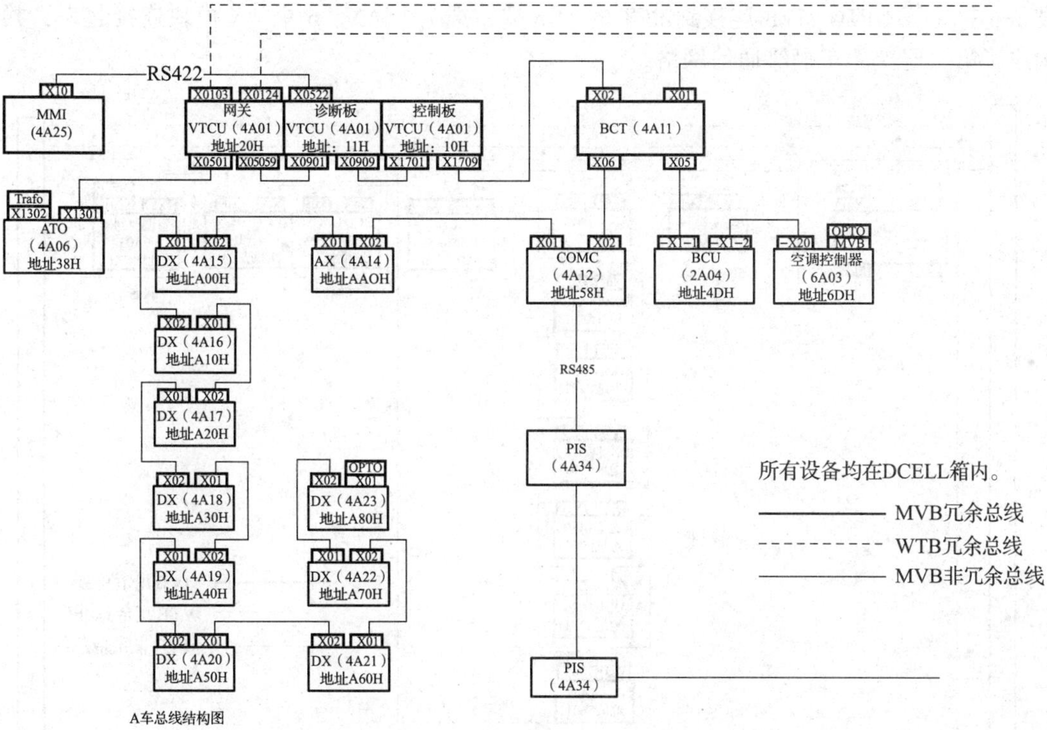

图 9-1-2 A 车通信网络结构示意图

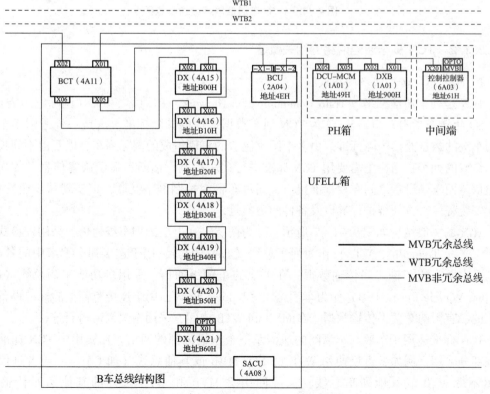

图 9-1-3 B 车通信网络结构示意图

设备；另一段 OPTO MVB 连接到 BCT 的 X06 端，把 1 个 AX、6 个 DX 模块连接起来，共同构成了第二层次的车辆级通信网络。

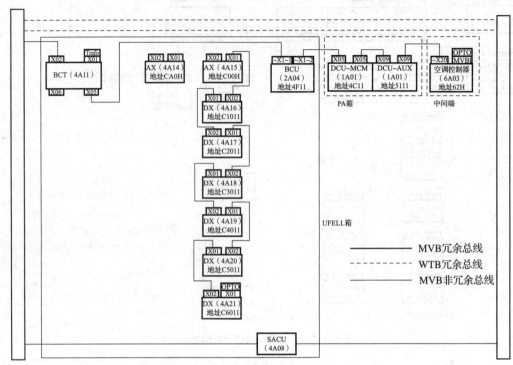

图 9-1-4 C 车通信网络结构示意图

9.1.2 TCN 列车通信网络的相关概念

1. TCN 列车通信网络的构成

TCN 是列车通信网络（Train Communication Network）的简称。IEC（国际电工委员会）在 1999 年颁布了 IEC 61375，作为 TCN 列车数据通信的国际标准。这是一个适用于车辆级和列车级的数据通信国际标准。由多个国家制造的车辆组成的国际列车，以及由不同长度的车辆组成的列车在运行中需要用 TCN 标准进行列车控制、诊断和显示旅客信息，实现列车级通信。而车辆设备之间需要标准接口，通过车辆级控制网络互联，以实现减少研发成本，简化安装程序，方便维护保养以及备件的更换等。

TCN 的一般结构如图 9-1-5 所示，分为两层。在上层的列车级通信，采用铰接式列车总线（Wire Train Bus，WTB）作为列车总线（Train Bus），用于连接列车编组中的各车辆，在列车中所有的车辆之间传输数据。在下层的车辆级通信，采用多功能车辆总线（Multi-function Vehicle Bus，MVB）作为车辆总线（Vehicle Bus），用于连接车辆上的标准设备，在固定的、有限的车辆上传输数据。在 MVB 和 WTB 之间，采用网关 GW 进行连接。

TCN 标准适用于车辆与车辆间的通信及一个车辆内部的通信，在实用中 TCN 标准可全部或部分采用，例如，可仅使用 WTB 而不带 MVB 或其他总线（如 CAN），或者是仅使用 MVB 不带 WTB 或其他列车总线，也可使用除 MVB 和 WTB 之外的其他实时传输协议（RTP）总线。

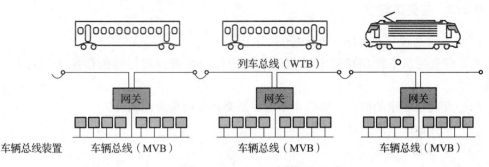

图 9-1-5 TCN 结构

对比图 9-1-5 及图 9-1-1 可知，SZP1 列车控制网络为一种典型的 TCN 列车通信网络结构，它具有两个 WTB 网络节点，在每个节点下，由 A、B、C 三车单元组成一个固定的 MVB 网络（Trafo 网络），而底层的 OPTO MVB 作为设备总线，用于具体设备的实时通信。这种结构可以方便地实施常规的六节编组运行、双列重联运行或者半列车运行。考虑到地铁列车通常在地铁建设阶段已经确定了列车编组方式，也有些地铁列车采用 MVB 作为列车总线，从而简化网络，降低成本。

2. 列车总线的特性

1）WTB 的连接

在车辆间用跨跃电缆或自动车钩连接；连接触头利用电压脉冲焊接来去掉氧化层；WTB 总线采用双线备份。

2）列车总线特性

主要应用场合：带有变化补偿的开放式列车；

可覆盖的最大距离：860 m；

最大网关个数：32 个；

传输速率：1 Mbit/s（屏蔽的双绞线）；

响应时间：25 ms。

3）WTB 网关的建立和初始化

（1）在 1 s 内自动选出主控制器和给对应网关赋值。

（2）所有网关都知道其在总线的位置并区分其左右。

（3）所有网关在运行前都被告知其他网关的特征，一旦主控制器故障，其他任一网关将接替其工作。

3. 车辆多功能总线的特性

多功能总线的作用：实现车辆内已经配置好的设备之间的过程数据和消息数据通信。

传输速率：1 Mbit/s；

最小的传输周期：1 ms；

传输介质：双绞线或光纤；

接口的个数：每段最多可连接 31 个可编程接口设备；使用中继器时，最大可连接 255 个可编程电气接口设备；最多可有 4 096 个地址单元。

9.1.3 主要功能

1. 列车信息控制系统传输的信息

列车信息控制系统在功能上类似于生物的神经系统,其传输的信息大致可分为以下三类:

(1) 车辆控制用的信息,如列车牵引控制类和车辆功能控制类。

(2) 列车故障诊断信息。

(3) 乘客服务信息。

2. 主要功能

列车信息控制系统可实现以下主要功能:

(1) 列车信息控制系统通过对驾驶员的控制指令进行读取和传输,并按照所获得指令信息进行相应的输出,以使列车各子系统按一定的要求正常运行,真正起到运输工具的效能。例如,当驾驶员推牵引/制动手柄至"牵引"位时,则列车控制单元 VTCU 通过 AX 模块和 DX 模块读取相关牵引指令信息,并判断其他安全相关回路是否正常,如正常,则将指令信息传递给牵引逆变器,进行动力输出,则列车可以实现牵引动车。

(2) 列车信息控制系统通过各种输入端口及相关故障诊断软件的运算,对列车各类子系统的实际运行状态进行监控和判断,如有异常情况发生,则实时地在人机界面 MMI 进行显示,相关数据也同时进行记录和存储,以便驾驶员和车辆维修人员及时观察到异常情况,并能做出应急处理措施,以保证列车运行安全。

(3) 向乘客发送如站名、提示等相关服务信息,以方便乘客的出行。

任务 9.2 车辆总线的安装与连接

9.2.1 TCC 系统的关键设备的结构及用途

1. 列车控制单元 (VTCU)

每个三车单元配备一台车辆控制计算机 (VTCU),装配于驾驶室驾驶台后面左侧的电子柜中。而对于一整列车来讲,位于激活驾驶室的 VTCU 为主控单元 (OWN),另一台则为从单元 (REMOTE)。VTCU 是列车信息控制系统的核心部件,相当于列车的大脑,直接负责列车的牵引制动相关控制运算,并对列车的实际运行状态进行监控,及时判定各子系统的状态,将异常部件的故障信息及时反馈到驾驶室的人机界面上,让驾驶员和技术维护人员迅速掌握列车的实际工作状态。VTCU 的装配图如图 9-2-1 所示。

图 9-2-1 中,从左至右各插件的功能分别是:

第一层为列车总线连接板,序号为 1,连接和管理两条 WTB 总线,进行串行数据的编码和解码,具备线路沉余和线路熔合的功能。该板还配备了状态指示灯,其所表示的含义如图 9-2-2 所示。

第二层为网关板,序号为 5,连接 MVB 总线,用于转换列车总线 WTB 和车辆总线 MVB 两个总线系统之间的数据。MVB 的电位隔离是通过 DC/DC 变换器实现的。

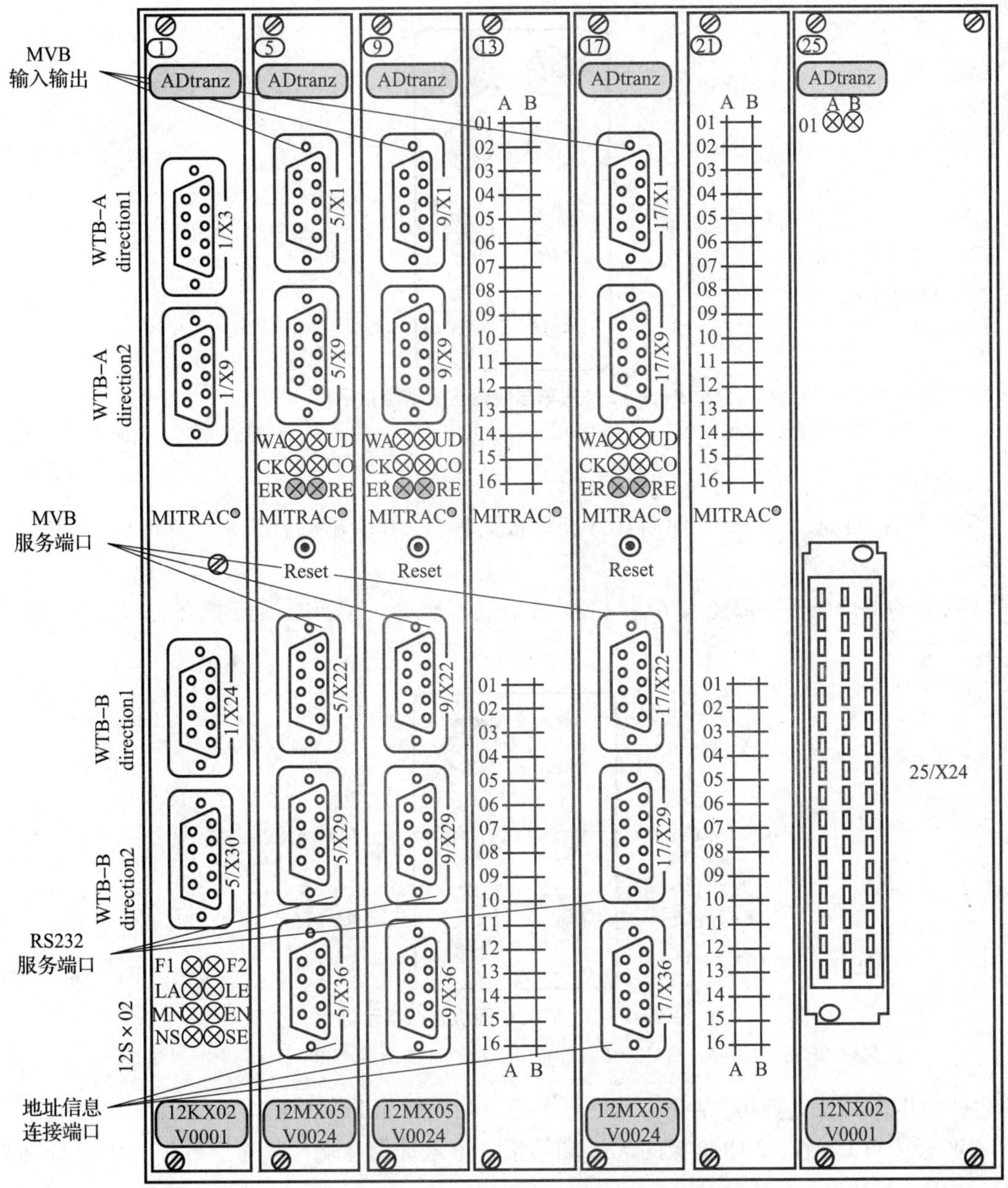

图 9-2-1 VTCU 接口结构图

第三层为 VCUT 板,序号为 9,连接 MVB 总线及 MMI 的串行接口 RS422\RS232,MVB 总线接口与网关板相同;串行接口通过光耦合器和 DC/DC 变换器实现电位隔离。其功能是进行列车故障诊断和故障信息数据记录,并与 MMI 进行通信,将故障信息在 MMI 上进行显示。

第四层空置。

第五层为 VCUA 板,序号为 17,连接 MVB 总线及串行接口 RS422\RS232,MVB 总线接口与网关板相同;串行接口通过光耦合器和 DC/DC 变换器实现电位隔离。该部分的功能是进行列车牵引制动等应用功能方面的运算和控制。

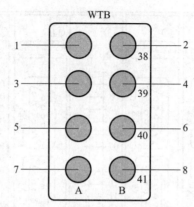

图 9-2-2 列车总线连接板状态指示灯

1、2—熔合方向；3—线 A OK；4—线 B OK；5—主接点；6—末端接点；7—接点状态；8—备用

第六层空置。

第七层为电源板，输入为 DC 110 V，该板上有 A、B 指示灯，正常工作时，A、B 灯均常亮。

VTCU 的每个面板中部还有 6 个 LED 指示灯，显示 VTCU 的当前状态，如图 9-2-3 所示。

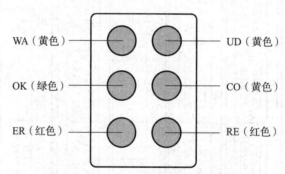

图 9-2-3 VTCU 面板状态指示灯

WA—警告；UD—用户定义；OK—系统 OK；CO—MVB 通信；ER—错误；RE—重置

其中 OK 灯闪亮，CO 灯常亮，其他灯不亮，则该部分工作正常。

GW 板、VCUA 板、VCUT 板的 X36 端均接一个地址信息端，其对应的地址编码分别为 20H、10H、11H。

2. BCT 模块

总线连接器 BCT 是列车控制网络中的一个网络设备，用于连接 EMD 介质和 ESD 介质，具有信号再生、超时传输和连续发送等功能。

列车信息控制系统的 MVB 总线根据应用的层次不同，采用了两种介质的数据传输方式。其中三车单元的单元级传输为 Trafo MVB 总线，即信号转换传输采用变压器电压隔离方式的数据总线；单节车内的设备通信总线为 OPTO MVB 总线，即信号转换传输采用光电耦合电压隔离方式的数据总线。而 BCT 模块的功能为实现这两种属性的数据信号转换、传递以及信号中继再生等功能，并在保持其他功能正常的情况下，及时切断故障段数据总线。其实际模块接口及内部电路示意图如图 9-2-4 所示。

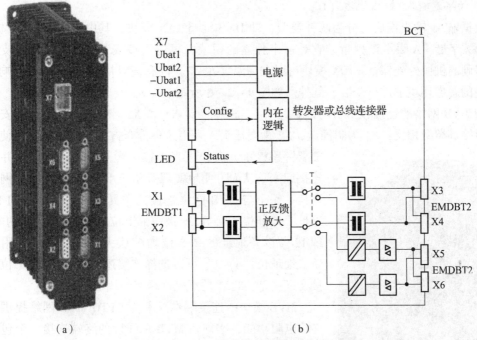

图 9-2-4 BCT 模块的外部接口及内部电路

(a) BCT 模块接口；(b) 外部接口与内部电路

在车辆实际应用中，单元级的 Trafo MVB 总线连接可分为三部分（与车载信号系统的连接除外）。从 VTCU 至 A 车 BCT 的 X2 端为第一段，A 车 BCT 的 X1 端到 B 车 BCT 的 X2 端为第二段，B 车 BCT 的 X1 端到 C 车 BCT 的 X2 端为第三段，而在 BCT 模块内部 X1 端至 X2 端是直接导线相连。这样，通过这三段 Trafo MVB 总线，分别将 VTCU 及三节车的 BCT 模块串联进而构成单元级数据信息传输通道。车辆级的 OPTO MVB 总线则分别通过每节车 BCT 模块的 X5 端和 X6 端连接，构成两条并联的数据信息传输通道，直接与车辆各子系统控制单元进行通信，其中 X6 端与 COMC、各类输入/输出模块相连，而 X5 端与 EBCU、DCU 等子系统控制单元相连，进而构成一个完整的列车通信控制网络。

当列车通过合 03S01 开关被激活后，通过 TCC 接通继电器 02K22 得电吸合，列车 DC 110 V 电直接输入到每节车 TCC 系统各模块，列车 TCC 系统即进入工作状态。按已设定的内部配置逻辑，BCT 控制其内部通道选择开关，使开关连通 X5 端和 X6 端，并使 Trafo MVB 总线与 OPTO MVB 总线建立正常的通信状态。同时将其工作状态信息反馈到面板的指示灯，正常时面板 4 个黄灯均为常量；在故障状态下，对应指示灯不亮，其具体表达的含义如图 9-2-5 所示。

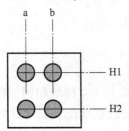

H1 a	亮黄	EMDBT2 or 02端至EMDBT1端方向数据传输正常
H1 b	亮黄	EMDBT1 端至EMDBT2 or 02端方向数据传输正常
H2 a	亮黄	内部电源DC 5 V正常
H2 b	亮黄	Trafo MVB总线驱动正常（没有因过温而关断）

图 9-2-5 BCT 状态表示灯及其含义

3. 数字量输入/输出模块（DX）

数据输入/输出模块可分为两种类型，即 DX 模块和 AX 模块，其中 X 表示输入/输出，D 表示数字量，A 表示模拟量。它是一个独立的模块，可以直接安装，不需要机架支持系统。坚硬的机械外壳保证了 DX 模块可以在高温（70 ℃，没有通风情况下）、EMI 影响和强烈振动的恶劣环境下进行安装。其外形如图 9-2-6 所示。

与 MVB 网络的连接包括了两个 9 针 D-sub 连接器 X1 和 X2。X1 和 X2 的针脚安排相同，但接口类型相反，X1 为阴插座，X2 为阳插头。采用这种分布方式的好处是，当使用中需要旁路该单元时，可将连接电缆从单元上拔下，并互相连接起来，从而方便地实现旁路而不影响整个 MVB 网络的通信。每个与 MVB 网络连接的单元都有一个唯一的 12 位地址，地址位"4-11"被内部上拉电阻强加 +5 V 的电压，即 12 位设备地址的高 8 位均默认为"1"。通过使用外部桥，地址位"4-7"可以选择连接逻辑地。"0-3"位总是接在逻辑地，也就是不允许跨接使用。

MVB 模块的连接端本身不为 OPTO MVB 网络提供任何终端电阻功能，必须在 MVB 总线段的终端连接一个包含终端电阻的外部连接器端，为网络提供 120 Ω 的线路阻抗匹配，终端电阻的外形如图 9-2-7 所示。

图 9-2-6 数字量输入/输出模块的外形

图 9-2-7 终端电阻外形

DX 模块的特性：

（1）最佳工作电压范围为 48~120 V 电池电压。

（2）10 个二进制数字输入（数字输入信号与连接器 X4 上的针相连接）。

（3）6 个二进制数字输出（连接器 X4 内部实现）。

（4）1 个报警终止继电器（输出与连接器 X3 的连接位置）。

其内部电路示意图如图 9-2-8 所示。

4. 模拟量输入/输出模块（AX）

AX 模块的外型与 DX 模块相同，其总线连接方式及插头结构均与 DX 模块相同，但其所对应的输入/输出变量为模拟量，输入/输出量可以是电压，也可以是电流，其具体特性如下：

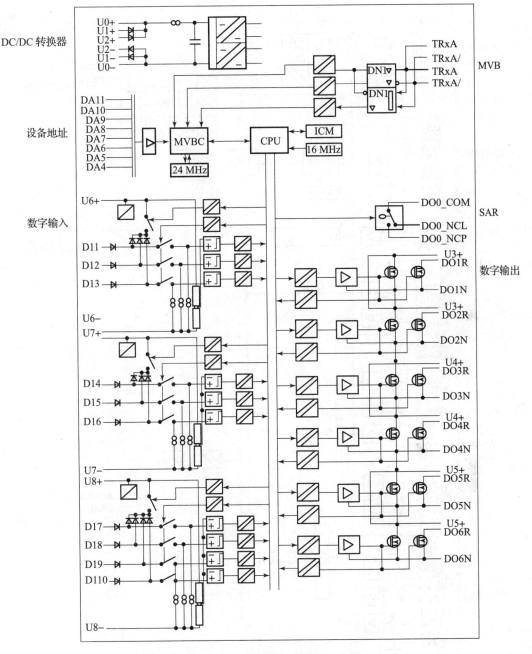

图 9-2-8 DX 模块内部电路示意图

(1) 12 位分辨率（1%~2% 的精度），4 个模拟输入（输入通常用来测量输入的 DC 信号，但是也可以用来测量频率在 16~50 Hz 的 AC 信号）。

(2) 2 个普通模拟输出（它们被连接到 X4 连接器的针上）。

(3) 1 个报警终止继电器（警告终止继电器，在故障状态下首先被使用。然而它有好几种用途。在故障状态下，SAR 用来切断电源输出与连接器 X3 的连接位置）。

AX 模块内部电路示意图如图 9-2-9 所示。

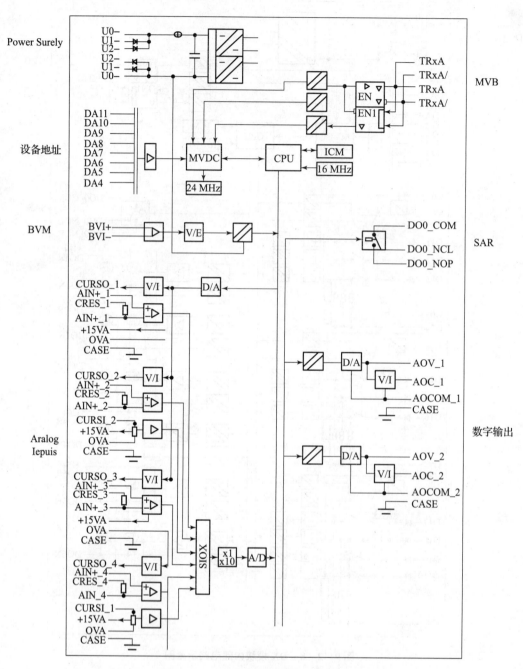

图 9-2-9 AX 模块内部电路示意图

5. 人机界面（MMI）

MMI 直接通过 RS422 接口连接到列车控制单元的 VTCU 板上。它提供了一个最直观的接口显示给列车驾驶员和维修人员，除了能够显示列车最基本的信息，如时间日期、车号、编组、网压、气制动缓解状态等，还能够把 VTCU 中的故障资料按故障分级显示出来，是驾驶员和维护人员了解车辆状态最直接的方式。MMI 系统的工作框图如图 9-2-10 所示。

智能显示单元(IDU) ⇄ 串行接口(RS422) ⇄ 列车控制单元(VTCU)的9/X22接口

图9-2-10　MMI系统的工作框图

IDU为全图接触模式彩色液晶显示屏，配备64 MCF存储卡，操作系统为OS/Linux。采用10.4 in[①]带触摸屏的VGA彩色液晶显示器，内置奔腾Ⅰ计算机，通过RS422接口连接VTCU，由车辆蓄电池直接供电，自然散热，具有自动背光控制。MMI的常用工作界面如图9-2-11所示。

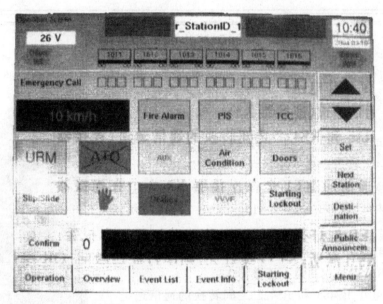

图9-2-11　MMI的驾驶模式界面

安装于驾驶室的MMI的显示方式分为驾驶模式和检修模式两种界面，可以选择中文或英文语言环境；在驾驶模式下进入"事件"清单菜单后，可以看到数据库里存储的故障信息：第一列为事件分类；第二列为日期；第三列为时间；第四列为简短说明。如单击"Activity"，则进入故障处理指南。

另外，图标不同的显示状态则表达不同的运行状况，通常是图标变成红色，表明对应的子系统发生故障。例如对应门的图标的颜色显示。

①灰蓝——正常，关门状态；②闪烁的灰蓝——正常，开门状态；③黄色——门切除状态；④红色——功能失效；⑤黑色——紧急开门。

对重大故障进行旁路操作时，必须输入密码，以确保安全性；进入检修模式也需输入密码。

MMI的外部接口端子如图9-2-12所示。

在X4与X10中间的盖板下为CF卡（对应图标为Compact Flash）插槽，CF卡配置容量为64 MB，其主要存储MMI所要显示的故障信息及相关控制软件。

---

① 1 in = 25.4 mm。

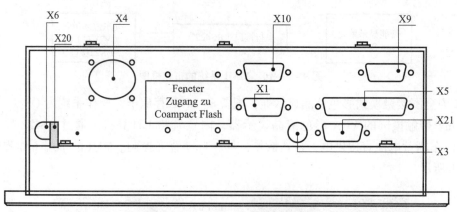

图 9-2-12　MMI 外部接口端子

X1—不用；X3—厂家维修用；X4—电源端子（6-pin 插针）；X5—不用；X6—厂家维修用；X9—蜂鸣器接口；X10—RS422 信号接口（连 VTCU 板 9-pol. DSUB, male）；X20—接地螺栓（M6）；X21—RS486 信号接口

6. 通信控制器（COMC）

通信控制器（COMC）是 MITRAC 牵引控制系统中的一个标准单元，可作为第三类设备与 MVB 的接口转换器；COMC 在列车中主要负责数据信息在不同制式接口之间的转换，也就是实现 MVB 通信协议和其他通信协议之间的转换。其外型及内部电路如图 9-2-13、图 9-2-14 所示，具体功能如下：

（1）DC 24~120 V 工作电压。

（2）2 条 RS485 通信通道（连接器 X3）。

（3）1 条可在 RS485 和 RS422 之间转换的通信通道（连接器 X3）。

（4）3 个 RS232 通信通道（1 个在连接器 X3，2 个在连接器 X4）。

（5）5 个状态灯：ER 红灯亮表示故障，WA 黄灯亮表示报警；MVB 绿灯不亮，则 MVB 激活；S-CO 绿灯灭，则串行通信激活；OK 绿灯亮，则系统在运行状态。

模块主要负责 MVB 总线与 PTS 系统控制单元的数据转换，即将总线数据信息转换到 X3 通道的 RS232 串行数据通信，直接输入到 PIS 系统控制单元。

图 9-2-13　COMC 外观及接口

9.2.2　车辆总线系统的连接

1. 输入/输出单元与 A 车各系统的接口关系

各子系统通过输入/输出单元连接到 MVB 网络，实现 VTCU 与各系统间的 TCC 通信，下面分述各个输入/输出单元的接口关系。

1）04A14（AX）模块

输入信号（模拟）：ATO 牵引/制动指令参考值，驾驶控制器牵引/制动指令参考值。

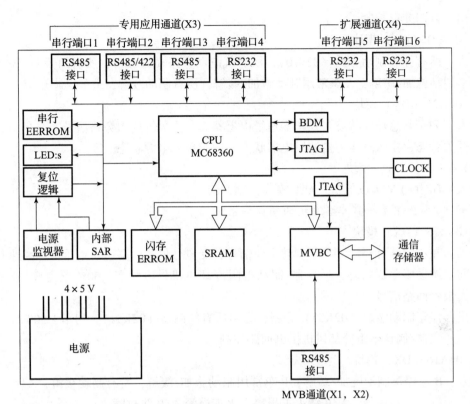

图9-2-14 通信控制器COMC模块端口及内部电路示意图

输出信号（模拟）：速度表控制。

2）04A15（DX）模块

输入：事件记录仪停止，运行方向，牵引、制动控制相关信号，警惕按钮报警信号，列车控制激活信号。

输出：列车牵引使能，驾驶室风扇控制，列车汽笛控制。

3）04A16（DX）模块

输入：ATP切除开关，紧急牵引，慢行模式，紧急停车按钮状态，折返模式，警惕按钮状态，灯测试，所有停放制动缓解，充电机工作状态。

输出：旁路所有停车制动，旁路所有气制动，02S03、02S04、02S16指示灯。

4）04A17（DX）模块

输入：紧急疏散门状态，左/右侧门关好，左/右侧开、关门按钮。

输出：02S01/2指示灯。

5）04A18（DX）模块

输入：A车10个门的门切除开关状态。

输出：04A34-X11/07端口输出。

6）04A19（DX）模块

输入：左侧5对门的门状态信号。

7）04A20（DX）模块

输入：右侧5对门的门状态信号。

输出：开门使能控制。

8) 04A21（DX）模块

输入：所有停放制动旁路（02S10），所有气制动旁路（02S14），所有门旁路（02S13），A车停车制动施加/缓解，A车常用制动施加/缓解，所有制动缓解，A车空调开。

9) 04A22（DX）模块

输入：列车紧急环线状态，列车零速继电器状态，主风缸压力旁路信号，A车制动储风缸压力开关状态，主风缸压力监测继电器状态，门控单元电源状态。

10) 04A23（DX）模块

输入：DC 110 V 欠压保护，ATP模式控制开门。

2. 输入/输出单元与B车各系统的接口关系

1) 04A15（DX）模块

输入：左/右开门信号，牵引/制动指令信号，受电弓位置，高速断路器合，高速断路器分，车间电源插座盖板状态，逆变器/制动电阻冷却风机供电状态，50% 紧急牵引/制动指令，火灾报警回路信号。

输出：停车制动缓解（02K55）旁路，旁路所有的制动（02K54），列车 1 500 V 环线开关控制，逆变器/制动电阻冷却风机供电回路控制。

2) 04A16（DX）模块

输入：B车停车制动施加/缓解，B车常用制动施加/缓解，所有制动缓解，ATP牵引安全信号，所有门关闭信号，A/B线火灾报警，火灾报警 A/B 线故障。

3) 04A17（DX）模块

输入：受电弓升弓信号，车间电源插座盖板状态，列车 1 500 V 环线开关控制状态，空调开信号，左/右侧门关好。

4) 04A18（DX）模块

输入：B车 10 个门的门切除开关状态信号。

5) 04A19（DX）模块

输入：左侧 5 个门的门故障诊断信号。

6) 04A20（DX）模块

输入：右侧 5 个门的门故障诊断信号。

输出：开门使能控制。

7) 04A21（DX）模块

输入：主风缸压力状态，门控单元电源状态。

8) DXB（DX）模块

输入：HSCB1/2 均状态，网压检测，Q1/Q2 位置，车间电源供电状态。

输出：HSCB1/2 闭合控制，HSCB1/2 合保持控制。

3. 输入/输出单元与C车各系统的接口关系

1) 04A14（AX）模块

输入：ATO 牵引/制动指令参考值，空压机主风缸压力值。

2) 04A15（DX）模块

输入：压缩机供电控制继电器03 K19、03K20 状态，空压机主风缸压力开关状态，列车

380 V 环线开关状态，半自动车钩连挂/解钩继电器状态，逆变器/制动电阻冷却风机/空压机供电状态，本单元绝缘塞位置。

输出：停车制动缓解旁路（02K55），旁路所有的制动（02K54），逆变器/制动电阻冷却风机/空压机供电回路控制。

3）04A16（DX）模块

输入：C 车停车制动施加/缓解，C 车常用制动施加/缓解，所有制动缓解，零速监控反馈，EBCU 故障事件反馈。

输出：零速监控控制，空压机启动控制。

4）04A17（DX）模块

输入：左/右侧门关好。

5）04A18（DX）模块

输入：C 车 10 个门的门切多层次的除开关状态信号。

6）04A19（DX）模块

输入：左侧 5 个门的门故障诊断信号。

7）04A20（DX）模块

输入：右侧 5 个门的门故障诊断信号。

输出：开门使能控制。

8）04A21（DX）模块

输入：主风缸压力状态，门控单元电源状态。

4. 列车信息控制系统与车载 ATO/ATP 系统的接口关系

列车信息控制系统与车载 ATO/ATP 系统通过 MVB 及相关硬连线进行控制信号的传递，其接口关系如下：

1）车辆发送给的车载 ATO/ATP 系统的控制信号（DC 110 V）

驾驶台钥匙开关，ATO 释放，紧急制动，门关闭，ATO 启动按钮，强行开门按钮，RM 模式按钮，紧急制动时继电器状态，自动折返，牵引，制动，ATO 模式（警惕按钮被短接），左/右开门按钮，折返运行，ATO 启动显示灯，自动折返灯。

2）车载 ATO/ATP 系统发送给车辆的控制信号（DC 110 V）

紧急制动，左/右开门使能，自动开门控制，ATO 牵引/制动指令（模拟信号 0~20 mA），ATP 安全信号，牵引使能。

3）车载 ATO/ATP 系统与车辆通过 MVB 传输电文的协议接口

（1）ATO/ATP→VTCU：时间，车次，起始站，终点站，下一站，停车区域，当前速度，下一次开门侧，到下一站的距离，列车速度限制。

（2）VTCU→ATO/ATP：列车质量，开/关门按钮信号，车辆防滑/防空转，列车编号，车轮直径。

本模块习题

1. 简述信息控制系统的组成及作用。
2. 信息系统的主要模块有哪些？

3. 简述列车总线和车辆总线的作用。
4. 信息系统是如何联系和控制列车运行的？
5. 信息控制系统的常见问题主要有哪些？
6. TCC 系统主要包括哪些模块？这些模块有何作用？
7. 车辆总线的连接线路需要注意哪些方面？

模块 10

旅客信息系统

学习目标

(1) 了解旅客信息系统的构成。
(2) 了解旅客信息系统的功能及使用方法。
(3) 掌握旅客信息控制系统的操作程序。

任务 10.1　认识旅客信息系统

10.1.1　旅客信息系统（PIS）构成

旅客信息系统由列车有线广播系统和乘客信息显示系统两个部分组成；乘客信息显示系统又由列车综合图文显示系统（WDS）和车站闪光地图系统（FSM）组成（在客室具体分布如图 10 – 1 – 1 所示）。

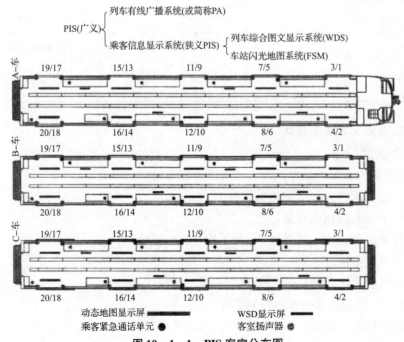

图 10 – 1 – 1　PIS 客室分布图

10.1.2 PIS 系统主要设备

PIS 系统设备清单见表 10-1-1。

表 10-1-1 PIS 系统设备清单

序号	设备名称	数量/列	安装位置 A	B	C	C	B	A	备注
1	列车车载显示与广播控制单元（ACSU）	2	√					√	包含 LCD 动态地图显示子系统模块
2	驾驶员语音控制单元（DACU）	2	√					√	
3	手持麦克风（MIC）	2	√					√	
4	乘客广播通信单元（PACU）	6	√	√	√	√	√	√	包含 LCD 动态地图显示子系统模块
5	乘客内部通信单元（PECU）	18	√	√	√	√	√		
6	客室扬声器（Saloon Speaker）	60	√	√	√	√	√		集成音频变压器（其中 18 个客室扬声器集成有 ANM）
7	驾驶室扬声器（Cab Speaker）	4	√					√	
8	LCD 显示器（LCD display）	60	√	√	√	√	√		集成 LCD DC 110/12 V 车载电源、集成视频信号接单元控制器

1. DACU 功能及其电气接口

1）DACU 功能

DACU 是驾驶室音频通信单元，它具有以下功能元件：

(1) 模式选择按钮，每个按钮都带有 LED。

(2) 所有 DACU 按钮的背景灯。

(3) 监控扬声器的放大器 – 额定 500 mW（1.5 W 输出）。

(4) 音量等级指示。

(5) 麦克风前置放大器。

(6) "模式"功能的微处理器控制系统。

(7) 冗余处理逻辑电路。

(8) 电源。

注意：DACU 可以操作 DACU 外部的一个远端扬声器。

2）DACU 电气接口

DACU 与 CACU 的"前面板接口"模块连接在一起，如图 10-1-2 所示。

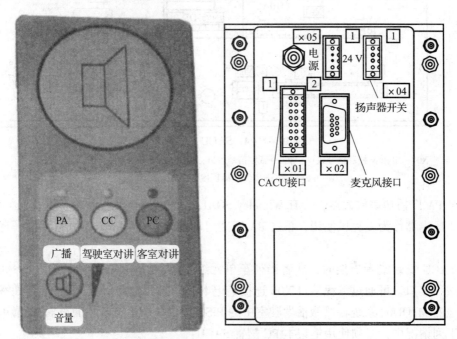

图 10-1-2　DACU 前面板及电气接口

2. 鹅颈麦克风功能

麦克风位于驾驶台上，通过 2 m 导线终端的一个 9 针 "D" 连接器连接到 DACU。麦克风具有安装支架和罩（遮进出孔），这样连接器就可通过孔连接到 DACU 上。

麦克风是动圈式、心形类型，其外形如图 10-1-3 所示，它有一个超心形平滑线响应，可以减少驾驶室噪声。PTT 开关线是独立的电压无触点类型，因此 DACU 可达到最大的可靠性能。麦克风信号在 DACU 内部局部放大。

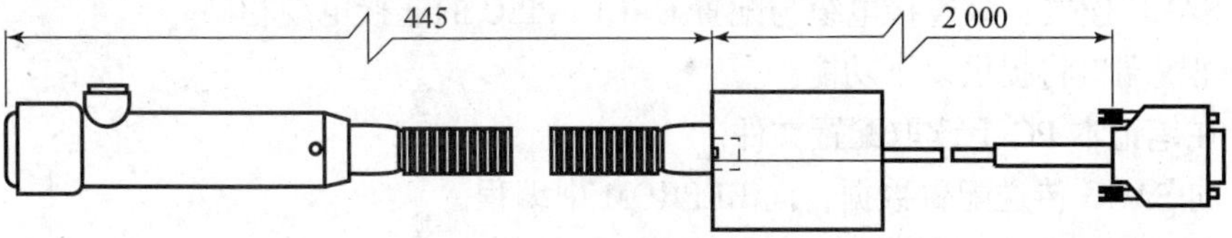

图 10-1-3　鹅颈麦克风

3. SACU 功能及其电气接口

1）SACU 电气接口

SACU 电气接口如图 10-1-4 所示。

2）SACU 功能

每辆车都安装有一个 SACU，受主控驾驶室里的 CACU 控制。SACU 包含：

（1）客室显示器的数据调制调解器。

（2）音频放大器，用于驱动 100 V 线路的扬声器。

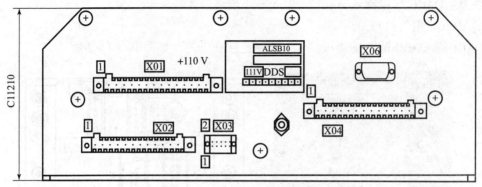

图 10-1-4 SACU 电气接口

X01—电源 & 控制信号接口；X02—音频信号接口；X03—列车 & 车辆数据总线信号接口；
X04—PECU 接口；X06—编程接口（9 针 D 形接口）

(3) PA 广播功率放大器，带有 Whiteley SOALAS（声控自动音量调节系统）：当 PA 不使用时，扬声器作为麦克风使用，根据 PA 广播启动前 3 s 内采样的环境噪声电平自动设定增益。

当 SACU 安装或者更换时，或者当列车单元组装时，SACU 必须重新编程。SACU 设有专门的编程接口，可通过编程接口 X06 连接笔记本 PC 进行编程操作。当一个驾驶室被激活时，本地的 MITRAC 系统将给激活驾驶室中的 PISC 提供一个运行顺序的车辆 ID 清单。

在下列情况中，必须使用笔记本 PC 配置 SACU：

(1) 当列车第一次组装时（在进行电气测试之前），键入车辆 ID。

(2) 在维修或者维护中，需要更换 SACU 时。

注意：由于 MITRAC 故障报告的需要，必须对 SACU 进行正确的编程并将车辆 ID 写入 SACU。

3) SACU 编程

可使配置 CACU、PISC 的同一台 PC 来配置 SACU，但需要使用不同的程序。

SACU 配置程序在 Windows 98 或者更高版本的 PC 上运行。使用带有 9 针 D 形插头的连接电缆与 SACU 连接，该连接电缆与配置 CACU/PISC 的连接电缆相同。

通过配置端口将提供以下功能：

(1) 在笔记本 PC 上读取配置文件。

(2) 向 SACU 传送配置数据，向 EEPROM 中编程。

(3) 通过笔记本 PC 键盘键入数字，设置列车 ID。

(4) 读取 SACU 内的 EEPROM 的存储数据。

(5) 配置 SOLAS。

(6) 设置图形平衡器。

(7) 手动编辑 EEPROM 的数据。

(8) 更新 SACU 软件。

4. PECU 功能

车内乘客可使用乘客紧急对讲单元（PECU）激活警报器，与驾驶员进行通话（然后由驾驶员控制）。每辆车客室设有 3 个 PECU。

PECU 外形如图 10-1-5 所示,包括一个扬声器/麦克风,用于在乘客与列车驾驶员之间进行半双向对讲,PECU 由 SACU 供电。

5. 扬声器（含 100 V 线路滤波器）功能

每辆车客室有 10 个扬声器。扬声器可独立地在轴线上 1 m 以外处产生 90 dB（A）的音响。扬声器的信号由 CACU 发出,DACU 载荷线阻抗为 10 kΩ。扬声器安装了 100 V 的线性变压器,并有一个印刷电路板,带有接线端,用于连接输入和输出的屏蔽双绞线,这些双绞线实现所有的扬声器与 SACU 连接。另外,扬声器配有一个防火棉防尘袋,保护扬声器声音线圈进入灰尘。长时间列车架修通常需要更换真空防尘袋。外观及尺寸如图 10-1-6 所示。

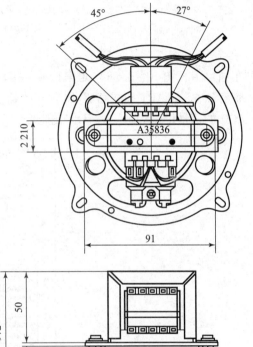

图 10-1-5　PECU 外形　　图 10-1-6　扬声器（含 100 V 线路滤波器）外观

6. CACU 构架（带有 PISC 模块）功能及其电气接口

广播系统控制单元 CACU 可以被称为整个系统的大脑,可以通过它设置各种广播状态的音量、更换广播内容、测试和实时查看系统内部的数据交换。CACU/PISC 设备结构如图 10-1-7 所示。CACU 模块装在一个 Euro-板的框架中,安装在一个密封箱内。模块的前部面板用于提供外接接口和显示各种线路状态。CACU 模块与 PISC 模块分享框架内的空间,但是两个系统相对独立,仅通过一个串行端口连接。PISC 和 CACU 使用一个共同的主电源,但各自使用单独的供电电缆。因此当 PISC 的供电电缆出现短路时,不会影响 CACU 的功能。CACU 框架里也包括 A 车的空调单元控制面板,如图 10-1-7 所示。

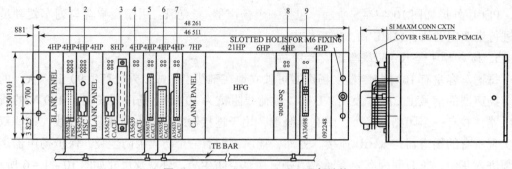

图 10-1-7 CACU/PISC 设备结构

1—列车通信卡；2—乘客信息系统控制卡；3—CACU 中央处理器卡；4—音频控制矩阵卡；5—模拟列车配线接口卡；6—前部面板通信卡；7—数字列车配线接口卡；8—内部电源卡；9—电源接口模块

7. 列车通信卡

列车通信卡（图 10-1-8）是串行通信接口，由 CACU 和 PISC 使用。串行接口被单独使用，带有独立的 UART 和线路驱动器/接收器。列车通信卡外部有 4 组 8 个 LED 指示灯，显示 CACU 的信号传输状态，其显示功能见表 10-1-2。

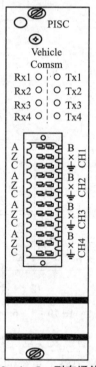

图 10-1-8 列车通信卡

表 10-1-2 CACU 信号传输状态

LED 标签	颜色	功能
Rx1	黄色	MITRAC 串行接口，当从 MITRAC 上接收到数据时，这个 LED 每秒闪动 2 次
Tx1	黄色	MITRAC 串行接口，当向 ITRAC 上发出数据时，这个 LED 每秒闪动 2 次
Rx2	黄色	备用端口—不动作

续表

LED 标签	颜色	功能
Tx2	黄色	备用端口—不动作
Rx3	黄色	备用端口—不动作
Tx3	黄色	备用端口—不动作
Rx4	黄色	PA&PIS 列车数据总线。当 SACU 和远处 CACU 响应数据查询时，这个 LED 有规律地闪动
Tx4	黄色	PA&PIS 列车数据总线。当主控驾驶室的 CACU 查询 PA8/PIS 设备时，这个 LED 有规律闪动

8. 乘客信息系统控制卡

乘客信息系统控制卡（图 10 - 1 - 9）是 PIS 系统的核心，包括了给所有 PIS 通信设备的通信控制软件。它的主要功能是存储路线数据库，其中带有音频系统动态广播和显示器可视信息的参考。这些信息在专用触发点上以控制方式发放，由卫星通信卡或者来自于系统控制器的串行输入来决定。

1）前部面板指示灯

（1）PSU LED 指示从母板输入卡内 +5 V。

（2）LED 标记的 STO ~ ST4 是一般状态的指示灯。

（3）RXO 和 TXO LED 监控 PISC 维护终端上的串行数据，为了参考，其标识为 CHO（通道 0）。

2）内部电路说明

这个 4 层 Euro - 接线板包含处理器、存储器、直接的 CPU 串行端口和控制端口。PISC 维护终端位于这个 PCB 的前面，是一个 9 路孔型 D 形接头。

一般逻辑信号通过母板（通过一个 DIN 41612 接头）连接数字列车配线接口卡。

Inter 80386ex step C 处理器安装在 PISC 的中央位置，连接一个 128 字节 I^2C EEPROM 存储单元，用于配置数据（如单元标识），系统由 I^2C RTC - C（实时时钟芯片）提供系统时钟。处理器通过看门狗装置保护，在低压供电或者重置条件下，停止内存读/写。

（1）一个用于软件的 256 KB 闪存装置。

（2）一个 512 KB 静态 RAM。

（3）256 KB 存储区。

处理器与外部电子设备（如列车通信卡）通过位于地址和数据总线上的八进制缓冲器相连接。外部 IRQ 线路和芯片选择也被缓冲用于车辆通信卡。

两个 RS232C 串行接口，一个是通过前部面板连接笔记本 PC 应用 Whiteley 的电子维护终端，同时另外一个用来诊断检查。

9. CACU 中央处理器卡（CACU_CPU）- A35627

此卡是 CACU 的中枢部件，安装在卡上的处理器控制 CACU 全部功能，如图 10 - 1 - 10 所示。此卡设计使用线形 PCMCIA 卡（有时简称 PC 卡），插入模块的前面。PCMCIA 卡存储

广播数据和 CACU 的应用软件。PCMCIA 卡重新编辑需要把它插入维护用的笔记本 PC 的"型号 2"插槽中。PCMCIA 存储量是 8 MB；自动广播装置数据率是 64 KB/s，还有 0.5 MB 的其他编辑存储空间。广播信息的总时间是 938 s，包括了打点报时/车门打开声音信号。CACU 中央处理器卡前端共有 7 点 LED 显示灯，显示意义见表 10 - 1 - 3。

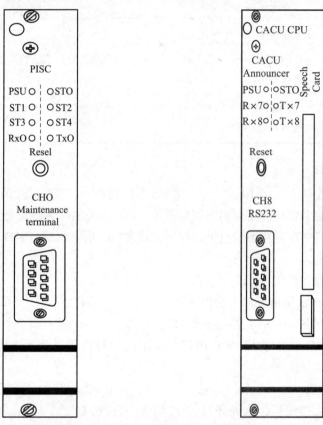

图 10 - 1 - 9 乘客信息系统控制卡   图 10 - 1 - 10 CACU 中央处理器卡

表 10 - 1 - 3 CACU 中央处理器卡各指示灯功能

LED 标签	颜色	功能
PSU LED	绿色	从母板上传来的 +5 V（CACU）是 OK
STO	绿色	指示 CACU 卡状态，绿色 = OK
R×7	黄色	从 PISC 接收数据，LED 应有规律的动作
T×7	黄色	向 PISC 发出数据，LED 应有规律的动作
R×8	黄色	维护终端接口（前部面板接口）
T×8	黄色	维护终端接口（前部面板接口）

10. 音频控制矩阵卡（CACU_ACM）- A35629

音频控制矩阵卡是 CACU 的中枢部分，它负责转换和发送所有的音频信号，如图 10 - 1 - 11 所示。通过 CACU CPU，转换功能由一个模拟交叉点矩阵控制，使系统能够将输入的信号源和输出的目的地相连接。音频控制矩阵卡有 4 个 LED 显示灯，功能见表 10 - 1 - 4。

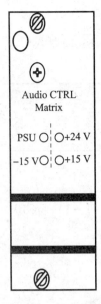

表 10-1-4 音频控制矩阵卡各指示灯功能

LED标签	颜色	功能
PSU LED	绿色	从母板上传来的 +5 V（CACU）是 OK
STO	绿色	卡上产生的 -5 V OK
R×7	绿色	从母板传来的 +15 V（CACU）OK
T×7	绿色	从母板传来的 +15 V（CACU）OK

图 10-1-11 音频控制矩阵卡

11. 模拟列车配线接口卡（AN_TWIFACE）-A35631

这张卡的主要外部接口用于 CACU 输出或输入 CACU 的信号，如图 10-1-12、表 10-1-5 所示。它包括音频线路驱动器和接收器。

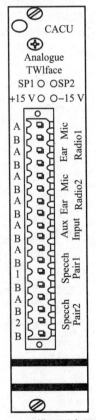

表 10-1-5 模拟列车配线接口卡各指示灯功能

LED标签	颜色	功能
+15 V	绿色	从母板传来的 +15 V（CACU）OK
-15 V	绿色	从母板传来的 -15 V（CACU）OK
SP1	黄色	从 CACU 上激活广播双绞线放大器
SP2	黄色	备用

图 10-1-12 模拟列车配线接口卡

12. 前部面板通信卡（FP_COMMS）- A35635

前部面板通信卡（FP_COMMS）- A35635 接口卡如图 10-1-13 所示。

注：前部面板指示灯（面板指的是 DACU）。

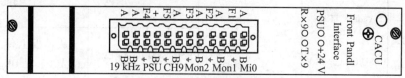

图 10-1-13 前部面板通信卡

13. 数字列车配线接口卡（DIG_TWIFACE）- A35633

数字列车配线接口卡（DIG_TWIFACE）- A35633 如图 10-1-14、表 10-1-6 所示。

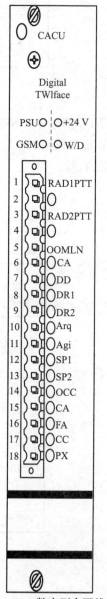

图 10-1-14 数字列车配线接口卡

表 10-1-6 数字列车配线接口卡指示灯功能

标识	颜色	说明
PSU	绿色	指示给卡输入一个安全的 +5 V 电压
+24 V	绿色	指示给卡一个安全的 +24 V 绝缘电源
FB	红色	指示处理器出现故障和 CACU 正在冗余模式下操作
WD	绿色	指示一个安全的看门狗
R1_PTT	绿色	连接器针 1 和 2 之间指示一个关闭触点条件。这是用于无线电#1 的 PTT 输出
R2_PTT	绿色	连接器针 3 和 4 之间指示一个关闭触点条件。这是用于无线电#2 的 PTT 输出
CAB	绿色	指示副机架是一个激活的驾驶室（用来决定副机架是否为主控的）
DOOR	绿色	在连接器针 7 上指示车门打开信号已经被激活
DR1	绿色	在连接器针 8 上指示激活车门开关释放#1 信号
DR2	绿色	在连接器针 9 上指示激活车门开关释放#2 信号
ARQ	绿色	在连接器针 10 上指示激活辅助音频通道请求信号
AEN	绿色	在连接器针 11 上指示辅助音频通道已经被激活
SP1	绿色	备用输入#1。不分配
SP2	绿色	备用输入#2。不分配
OCC	绿色	在连接器针 14 上指示 OCC 通道已经被激活
ALM	绿色	在连接器针 15 上指示报警激活信号已经被激活
PA_ON	绿色	指示 PA 模式被激活
C-C_ON	绿色	指示 C-C 模式已经被激活
PC_ON	绿色	指示乘客通信模式已经被激活

14. 内部电源卡 - A35637

内部电源卡 - A35637 外形及各指示灯功能如图 10-1-15、表 10-1-7 所示。

此卡用 Melcher Q 系列主电源稳定的 24 V 输出产生多路供电通道。通过专用的 DC/DC 变换器把每条多路通道绝缘，它装有 +5 V CACU 电源通道、+5 V PISC 电源通道、±15 V 电源通道（提供给 CACU 里的模拟电路）转换器。

15. 电源接口模块（PSU_MOD）- A35639

这个块板通过支架里的前部面板引入 +110 V 信号电源，如图 10-1-16 所示。它提供反向连接保护，并对电源进行过滤以供放大器使用，各指示灯功能见表 10-1-8。

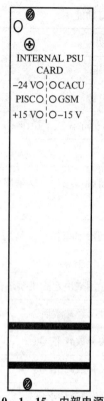

图 10-1-15 内部电源卡

表 10-1-7 内部电源卡各指示灯功能

标识	颜色	说明
+24 V	绿色	指示卡的输入有 +24 V 的可用电源
CACU	绿色	指示卡已经为 CACU 电路产生 +5 V 电源
PISC	绿色	指示卡已经为 PISC CPU 和列车通信产生 +5 V 电源
GSM	绿色	指示卡上已经为 PISC GSM/GPS 通信产生 +5 V 电源
+15 V	绿色	指示卡上已经产生 +15 V 电源
-15 V	绿色	指示卡上已经产生 -15 V 电源

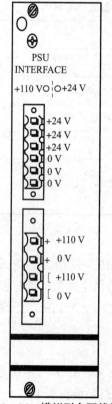

图 10-1-16 模拟列车配线接口卡

表 10-1-8 电源接口模块各指示灯功能

标识	颜色	说明
+110 V	绿色	指示在卡上的输入
+24 V	绿色	指示 Q 系列电源模板产生一个 +24 V 电源

已过滤的+110 V电压通过Q系列电源产生+24 V绝缘电源。在流入给内部副支架的内部电源板之前,+24 V绝缘电源通过电源接口卡流回,提供附加的过滤。

+24 V也连接到电源接口板的前部面板上,用于与外部系统或绝缘的+24 V电源相连接。

10.1.3 PIS系统功能

1. 列车有线广播系统功能

1) 列车有线广播系统的基本功能及优先级

(1) 列车有线广播系统的基本功能。

地铁车辆有线广播系统可以实现以下功能:

①驾驶室对客室的广播(PA广播——带有提示音)。

②后端驾驶室对客室的广播(PA广播——带有提示音)。

③OCC客室的无线广播:通过车载无线电系统来实现(PA广播——没有提示音)。

④自动触发数字化广播(自动报站):已激活的驾驶室的PISC自动激活驾驶室的数字化广播,与乘客信息显示系统一起工作。

⑤驾驶员人工触发数字化广播(手动报站及紧急广播):通过激活的驾驶室的PISC/MITRAC来激活数字化广播,与乘客信息显示系统一起工作。

⑥乘客报警与通信(P-C):驾驶员与乘客紧急通信。

⑦驾驶室之间对讲(C-C):任一驾驶室到所有其他驾驶室(包括联挂的列车)。

⑧关闭车门提示声音信号。

广播系统能提供多种语言报站,如深圳地铁车辆有线广播系统能实现普通话、广东话、英语三种语言报站,并且可以存储100个站名和20条信息,每条时间为30 s。

(2) 广播各功能的优先级别。广播各功能的优先级别,由高至低如下:关闭车门提示声音信号、乘客紧急报警与通信(PC模式)、对客室的无线广播、驾驶室对客室的人工广播(PA模式)、自动触发的数字化广播、驾驶室之间对讲(C-C模式)。

2) 列车有线广播系统的一般用户接口

(1) DACU(驾驶台音频控制单元)的一般用户接口。DACU提供了3个逆光按钮,通过选择可以进入以下主要的通信模式。当设备停顿时间超过待机时间时,每个模式将自动取消。驾驶室之间的对讲待机时间为60 s,其他模式的待机时间为30 s。

①PA(公共广播)。这是一个黄色的逆光按钮,当选择PA模式时按钮发亮。当第二次按下PA按钮时,或选择另一种模式,或待机30 s,均能取消PA模式。

②C-C(驾驶室之间的对话)。这是一个蓝色的逆光按钮,当选择C-C模式时按钮发亮。当按钮的时间超过0.5 s时,要再产生一个提示音,通常要再次按按钮1~2 s,当时取消这个声音就要简短地按(少于0.5 s)。主叫用户清除C-C模式,或待机时间超过60 s,均能取消C-C模式。

③PC(乘客紧急通信)。这是一个红色逆光按钮,当激活一个乘客报警时,这个按钮的红色LED闪烁,同时监听扬声器产生一个高声报警信号。当按下这个按钮时,应该确认乘客报警(或者是多个乘客报警中的第一个乘客报警),该按钮将变亮,同时激活PC通信模式。再次按下PC按钮可以清除第一次呼叫。如果有多个乘客报警,在清除第一次呼叫后,

扬声器将产生一个高声报警信号,且按钮将继续闪烁。确认第二次呼叫的操作同上。每个乘客报警都按照它们被激活的顺序进行处理。一旦通信开始,就不可能返回相同的呼叫(除非重新设定 PECU)。如果一个新的驾驶室被激活,或者被激活的驾驶室掉电,所有保持激活状态的 PECU 将被再次报警,但报警的顺序是随机的。

④音量控制。当 CACU 系统通电时,驾驶室监听扬声器的音量将被设置为最小位置(下方绿色 LED 亮起)。每次按下音响控制按钮将改变音量 LED。如下:低—中—高—中—低—中—高等。

(2) PECU(乘客紧急通信单元)的一般用户接口。PECU 提供乘客向驾驶员的报警,并且由驾驶员判断,与驾驶员进行通信。PECU 前部是一个大的红色按钮。当被按下时,该按钮机械向内插入 5 mm。使用列车正方形钥匙在按钮的中心旋转才可以进行复位。当按钮被按下并锁定时,红色按钮的周围会出现黄色的边,并且"报警"二字将被红灯照亮。当驾驶员操作 PC 模式时(未按住麦克风 PTT),"讲话"二字将被红灯照亮;当驾驶员按住 PTT 时,"讲话"二字再次变为无色。在任何时候,最多只有一个 PECU 上的"讲话"被照亮。

2. 乘客信息显示系统的功能介绍

1) 车站闪光地图(FSM)基本功能

(1) 列车驶向站的 LED 闪烁,颜色为黄色。

(2) 当停在站台上时,该站 LED 将变为不闪烁的红色。

(3) 显示;方向的"珍珠串"不经过标志列车已通过的红色部分,方向采用 3 个以每秒 10 个 LED 的速度移动的"黑色"LED 来指示。

(4) 开门侧箭头闪烁频率为 1 Hz,在开门指示箭头区域有文字。

(5) 当开往换乘站时,整条换乘线以频率为 1 Hz 的速度闪烁,颜色为黄色。当停止在该站时,线路变为固定的黄色。

(6) 动态闪光地图面板上的车站位置为"镜相"。

(7) 箭头闪烁速度设定为可变的 0.5 s、1 s、1.5 s。

2) 综合图文显示系统(WDS)的基本功能

可以显示各种彩色的文字新闻、广告、公益信息等。

3) 乘客信息显示系统显示屏的自检功能

供电时,动态地图显示器及 WDS 启动时将进行一个简单的图形测试,以确认其功能正常。当驾驶室被激活时,主控 PISC 给所有的显示器发送"清除显示"信息时,自检信息将被清除。如果没有收到"清除"信息,自检信息在 90 s 内自动消失。

3. 数字化报站的控制源简介

1) 手动报站的控制源

列车驾驶台激活后,PIS 系统经 90 s 自检后工作正常。此时驾驶员可以通过 MMI 设置目的站、起始站/到达站,则相关的["广播号码(VCU_AnNo)"]将通过 TCC 的 VTCU 和 ComC 发送到 PIS,触发相关的数字化广播和 WDS 的文字报站;动态地图相关的编码数据经 DMC 解码在动态地图显示器上显示。

2) 自动报站控制源

列车运行时经过轨旁电路时,ATS 的报站信号(即目的站、起始站/到达站的信号)将通过轨旁电路以报文方式传送到车载 ATP/ATO，再经过 TCC 转换成相关的［"广播号码（VCU - AnNo）"］，传送到 PIS 进行报站。

自动报站的信号流向：ATS 系统→轨旁电路→车载 ATO/ATP→车辆 TCC→PIS。

任务 10.2 旅客信息系统操作

10.2.1 系统初始化与优先级

1. 系统初始化操作

系统上电后即进入工作状态。系统首先进行系统内部设备自检。

2. 系统优先级

操作优先级按照重要次序在表 10 - 2 - 1 中列出，1 为最重要，依次次之。优先次序可以在软件/硬件程序或通过 PA manager 软件修改。

表 10 - 2 - 1　旅客信息系统操作优先级

优先级	操作	操作和标准	备注
1	OCC 对乘客广播	通过无线电的 OCC 广播控制信号发起或结束	在结束操作后，系统返回到空闲状态。高优先级操作将中止低优先级操作，例如：如果驾驶员对乘客的广播被 OCC 对乘客的广播打断，在 OCC 广播结束后，系统将不能返回到驾驶员对乘客的广播
2	驾驶室对讲	按一下"驾驶员对讲"按钮发起或应答呼叫；按一下"复位"按钮复位，驾驶室与驾驶室间的通话即结束	
3	乘客紧急对讲	乘客按一下 PECU 上的"紧急呼叫"按钮发起呼叫；驾驶员按一下"紧急对讲"按钮应答呼叫，按一下"复位"按钮结束通话	
4	驾驶员对乘客人工广播	驾驶员按一下"广播"按钮发起人工广播；驾驶员按一下"复位"按钮结束人工广播	
5	数字广播	从 TCMS（来自 ATC 或 HMI 操作）接收广播触发信号	

10.2.2 操作与监控

1. 驾驶室之间对讲

驾驶室之间对讲顺序如表 10 - 2 - 2 所示。

2. 驾驶员对乘客人工广播

驾驶员对乘客广播顺序如表 10 - 2 - 3 所示。

表10-2-2 司机室之间对讲顺序

次序	操作	备注
1	驾驶员按一下DACU上的"驾驶员对讲"按钮发起呼叫	
2	发起方ACSU与被呼叫方ACSU通过CAN总线通信	被呼叫方未应答前,系统将不会进入下一个操作
3	被呼叫方按一下DACU上的"驾驶员对讲"按钮应答呼叫	
4	发起方ACSU与被呼叫方ACSU通过CAN总线通信	
5	双方可以通过手持式麦克风上的PTT和驾驶室扬声器开始半双工语音通话	语音信号通过列车总线的Audio2传递
6	驾驶员按一下"复位"按钮结束通话	

注:当两列车联挂时,驾驶室间也可实现驾驶员对讲,发起方与最先应答的驾驶室之间进行对讲。

表10-2-3 驾驶员对乘客广播顺序

次序	操作	备注
1	驾驶员按一下DACU上的"广播"按钮发起人工广播	
2	ACSU通过CAN总线发送指令到各个PACU,驾驶员对乘客广播即建立	语音通过Audio 1列车总线从ACSU传递到各个PACU
3	驾驶员按下麦克风的PTT进行人工广播	
4	驾驶员按一下DACU上的"复位"按钮进行复位	
5	ACSU通过CAN总线发送指令到各个PACU,驾驶员对乘客广播即结束	

注:当两列车联挂时,也可实现驾驶员对乘客的人工广播。

3. 乘客紧急对讲

乘客紧急对讲顺序见表10-2-4。

表10-2-4 乘客紧急对讲顺序

次序	操作	备注
1	乘客按一下PECU上的"紧急呼叫"按钮	CALL(呼叫)指示灯闪烁,提示乘客呼叫已注册,但驾驶员还未应答
2	PACU检测到有PECU呼叫,即通过CAN总线将信息传递给ACSU	

续表

次序	操作	备注
3	ACSU 发送信号给 DACU，DACU 上的"紧急对讲"按钮指示灯闪烁	在驾驶员应答呼叫前，将不进行下一操作次序
4	驾驶员按一下 DACU 上的"紧急对讲"按钮应答 PECU 呼叫	"紧急对讲"按钮指示灯由闪烁转为常亮
5	DACU 将驾驶员应答信号传递给 ACSU	ACSU 将开启驾驶员与乘客间对话的录音功能
6	ACSU 通知 PACU 呼叫已应答	
7	PACU 通知 PECU 呼叫已应答，可以进行通话，驾驶员通过安装在驾驶室的扬声器监听乘客讲话	语音信号通过 Audio 2 列车总线传递 CALL（呼叫）指示灯由闪烁转为常亮，告诉乘客呼叫已应答；Speak（讲）指示灯亮起，提示乘客讲话
8	驾驶员按下麦克风上的 PTT 按键向乘客讲话	Listen（听）指示灯亮起，提示乘客听，此时不能讲，Speak（讲）指示灯处于熄灭状态
9	按一下"复位"按钮结束通话	ACSU 结束录音；PECU 上的 3 个指示灯均熄灭；DACU 上的"紧急对讲"按钮指示灯熄灭
10	乘客紧急对讲结束	

注：a. ACSU 将 PECU 通话语音存储在 CF 卡中；
b. 系统将被触发的 PECU 地址和状态传送给 TCMS，并通过列车 HMI 显示 PECU 具体位置和状态；
c. 系统自动记录紧急报警触发时间和结束时间；
d. 系统遵循"先到先通"原则，逐一处理 PECU 呼叫。

4. 数字自动广播

数字语音广播可采用中文、英文和广东话三种语言，通过安装在客室的扬声器广播，数字自动广播顺序见表 10-2-5。

表 10-2-5　数字自动广播顺序

次序	操作	备注
1	来自 ATC/HMI 操作经 TCMS 触发 ACSU 开始数字广播	信号通过 MVB 网络传递
2	ACSU 通过 CAN 总线发送指令给各个 PACU	从 ACSU 到各个 PACU 之间的语音通过 Audio 1 列车总线传递
3	当数字广播结束时，ACSU 通过 CAN 总线发送结束数字广播指令	
4	数字广播结束	
5	来自 ATC 或 HMI 操作经 TCMS 触发 ACSU 开始数字广播	

数字自动广播通过 HMI/ATC 经 TCMS 触发所有站名代码，ACSU 通过 MVB 接口与 TCMS 连接，并可与车辆的 MMI 共同实现自动广播、半自动广播和人工广播功能。车载广播语音文件采用 MP3 格式，存储在 1 GB 的 CF 卡中，存储能力远远大于 100 个站名，每站至少 90 s 的容量。ACSU 机箱上设置 CF 卡接口，无须打开机箱即可取出 CF 卡。用户可使用提供的车载广播管理软件进行修改、增加或删除广播内容，方便用户使用。

乘客信息系统的语音广播与列车 LCD 动态地图显示子系统保持同步。车载广播系统可根据 TCMS/ATC 信息对站名信息播报两次，即离站和到站广播。系统可根据运行交路和上、下行的不同，播报不同的内容。用户可根据运营需要增加或删除广播内容。

5. OCC 对乘客广播

OCC 通过 ACSU 上的无线电接口向乘客广播，无须驾驶员干预。当呼叫建立完成，OCC 广播将同时接入驾驶室扬声器和客室扬声器。OCC 对乘客广播顺序见表 10 - 2 - 6。

表 10 - 2 - 6 OCC 对乘客广播顺序

次序	操作	备注
1	OCC 通过车载无线电设备控制接口向 ACSU 发送 OCC 广播请求	ACSU 提供开关量信号接口
2	ACSU 通过与车载无线电设备之间的语音接口接收来自 OCC 的广播	从 ACSU 到各个 PACU 之间的语音通过 Audio 1 列车总线传递
3	ACSU 通过与车载无线电设备之间的控制接口检测到 OCC 广播结束	
4	系统结束 OCC 广播	

6. 音量控制

1）驾驶室音量调节功能

在 DACU 面板上设置有音量调节旋钮，允许驾驶员调节驾驶室扬声器音量。

2）数字广播监听静音功能

在 DACU 面板上设置有数字广播监听静音功能，允许驾驶员选择是否监听数字广播。

3）客室扬声器音量调节功能

通过 PTU 软件，可以集中调节客室广播扬声器音量，并可单独对某一或多个 PACU 静音操作。客室 PACU 面板上也设置有音量调节旋钮，供用户单独调节本节车厢广播音量。同时，客室安装有噪声传感器，实时采集客室噪声，自动调节本节车厢的广播音量。

通过客室 PACU 面板上的集控/自动转换开关，方便客户选择音量集中控制还是根据本车厢噪声情况自动增益。

7. 驾驶操作台设置

驾驶室的驾驶员通过语音控制按钮实现各种通信操作。通过这些按钮，驾驶员可以控制和监控所有语音通信模式。

车载广播系统将在驾驶员操作台提供下面的人机接口（MMI）。

①操作指示灯（集成在按钮上）。
② "人工广播"按钮：用于驾驶员对客室的人工广播。
③ "驾驶员对讲"按钮：用于两个驾驶员之间的对讲发起或应答。
④ "紧急对讲"按钮：用于乘客与驾驶员之间的紧急对讲应答。
⑤ "复位"按钮：用于复位紧急呼叫、人工广播和驾驶员对讲。
⑥ "静音"按钮：用于数字广播监听静音。
⑦ "音量"旋钮：用于调节驾驶室扬声器音量。

驾驶员操作面板如图 10 – 2 – 1 所示。

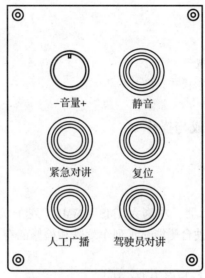

图 10 – 2 – 1　驾驶员操作面板

8. 系统冗余

在每个驾驶室内都有一台列车车载显示与广播控制器 ACSU。列车运行时，激活端驾驶室 ACSU 为主控端，另一端驾驶室 ACSU 为副控端。当主控端控制器发生故障时，系统会自动激活副控端控制器，将其升级为临时主控，确保列车正常自动报站。此时，列车主控驾驶室的人工广播和自动广播仍然有效。

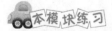

1. 简述乘客信息系统的基本使用方法。
2. 乘客信息系统使用需要注意哪些方面？
3. 简述乘客信息系统的组成。
4. 简述乘客信息系统的主要功能。

模块 11
MMI 操作

(1) 了解 MMI 系统的构成。
(2) 掌握 MMI 系统的基本操作。

任务　MMI 的构成与操作

一、彩色显示屏的组成

驾驶台上有两个彩色显示器，左侧为 TMS – MMI（列车状态显示屏），右侧为 ATC – MMI（监控屏），在激活的驾驶台侧能显示列车驾驶和检修的有关信息。

MMI 的主要组成和特性：

(1) 低功率的奔腾 I，运行频率为 166 Hz。
(2) 10.4 VGA 显示器分辨率为 640 像素 ×480 像素。
(3) 带有触摸屏的彩色 LCD。
(4) 64 MB 压缩的闪存作为数据媒介。
(5) 温度监控。
(6) Linux 操作系统。
(7) RS422 串行连接车辆控制单元（VCU）。
(8) 额定电压 110 V。
(9) 符合标准 EN50155 和 ENV 50121 – 3 – 2。
(10) 存储温度 – 25 ~ 70 ℃。

二、TMS – MMI（车辆屏）

TMS – MMI 彩色显示屏是一个基于个人电脑的智能显示单元（IDU），驾驶员或维护人员可通过 MMI 监视列车的状态。

1. 运行屏

运行屏如图 11 – 1 – 1 所示（可选择中文或英文显示），运行屏是列车运行时在牵引模式下唯一能看见的显示屏。此屏幕提供所有牵引所需的信息。

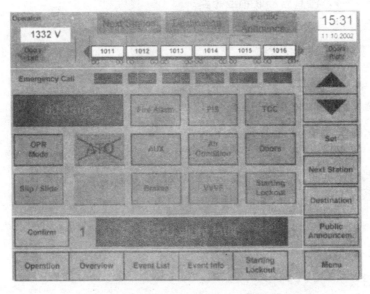

图 11-1-1 TMS-MMI 显示屏（运行屏）

运行屏除提供屏幕标题、下一站、广播、日期、时间、电网电压、运动方向、头/尾控制、列车编组、受电弓状态等背景信息外，还提供以下信息：

1）指示灯

（1）紧急呼叫：红闪信号，紧急呼叫；红色信号，正在紧急通信；空白，无紧急呼叫。

（2）速度限制：在人工操作运行时最大允许速度等级以灰色箱子中的红色数字显示（例如 3 km/h、10 km/h、25 km/h、60 km/h、70 km/h、80 km/h）。

（3）操作模式：可进行下列 6 个操作模式。它们用同样的颜色信号，但标志不同。

①监控人工模式"SM"（最大速度 80 km/h）。

②限制模式"RM"（最大速度 25 km/h）。

③慢行模式"CM"（最大速度 3 km/h）。

④列车自动运行模式"ATO"。

⑤列车自动保护（ATP）备用模式"URM"（最大速度 80 km/h）。

⑥列车通信和控制（TCC）限制备用模式"TRB"。

（4）列车自动运行（ATO）故障：列车自动运行故障（ATO）以彩色符号来显示。

（5）空转/滑行：如果列车中的一辆或几辆车空转或滑行，符号将以闪烁形式显示。

（6）紧急制动：紧急制动的施加应以彩色符号显示。

2）报警指示灯（火警信号）

每个列车的火警系统的状态以彩色符号显示。

（1）蓝色信号：无火警。

（2）闪烁的红色信号：火警并且驾驶员没确认。

（3）一直为红色信号：火警并且驾驶员已确认。

3）启动联锁

启动联锁状态以彩色符号显示。

(1) 灰蓝色符号：没有启动联锁或旁路。

(2) 黄色符号：一个系统被旁路。

(3) 红色闪烁符号：启动联锁。

(4) 一直为红色信号：启动联锁并且驾驶员已确认。

4) 故障提示

下列整车的子系统的故障状态应该用彩色符号显示，驾驶员应正确地触摸符号以确认故障，VTCU 发出信号"确认"。

(1) 乘客信息系统。

(2) 列车通信与控制（TCC）。

(3) 辅助系统（AUX）。

(4) 空调。

(5) 车门。

(6) 制动。

(7) 牵引逆变器（VVVF）。

上述故障状态按以下颜色表示。

(1) 灰蓝色符号：无故障（无严重错误）。

(2) 红色闪烁符号：至少一个子系统故障（严重）并且驾驶员没确认。

(3) 一直红色符号：至少一个子系统故障（严重）并且驾驶员已确认。

5) 下站侧部指示灯

指示下一站哪侧车门将被打开，将被打开侧的车门指示灯变成黄色。

6) 选择、设定按钮

在运行屏的右侧有一个上翻按钮、一个下翻按钮和一个设定按钮，用于选择运行线路、起始站和紧急广播等。

7) 广播按钮

此按钮可以激活广播列表。在屏幕顶端的"Public Announcement"区域将高亮，在屏幕顶端的"下一站"区域文字暗淡下来。VTCU 通过发送正确的代码来定义区域"Public Announcement"内容。

通过以下方法启动广播：

(1) 按下按钮"广播"。

(2) 按下箭头键选择广播。

(3) 按下按钮"设置"，广播将启动。

2. 纵览屏

纵览屏如图 11-1-2 所示，该屏提供所有装备设施的纵览，为矩阵形结构。列对应车辆，行对应子系统。在交接点用带有颜色的符号显示故障类别，详细显示下列设备的故障：

(1) DC/AC 逆变器。

(2) DC/DC 变换器。

(3) VVVF 逆变器。

(4) 制动系统。

(5) 列车通信和控制（TCC，每三车单元）。

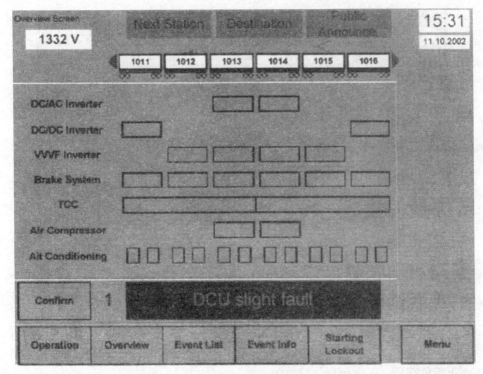

图 11-1-2　TMS-MMI 显示屏（纵览屏）

(6) 空调。

符号的颜色代表故障类别：

(1) 红色：故障。

(2) 黄色：空调预调节。

(3) 淡蓝色：正常。

(4) 无：关闭。

3. 启动联锁屏

如图 11-1-3 所示，此屏提供关于车辆启动联锁各种原因概述以及允许的启动联锁旁路。一列启动联锁原因将以彩色符号显示：

(1) 显示每辆车的"停放制动"。

(2) 显示每辆车的"空气制动"。

(3) 显示每个半列车单元的"空气压力"。

(4) 显示每个半列车单元的"车间电源"（电动或气动的）。

(5) 显示整列车的"车门环路"。

符号的颜色代表子系统的状态：

(1) 红色符号：启动联锁。

(2) 黄色符号：旁路启动联锁。

(3) 灰蓝色符号：无联锁或无旁路。

门状态，每个乘客门都可以通过一个相关切除开关来旁路。列车的每个门的状态显示（除了紧急通道）应详细说明。因此需要更多的颜色来表示：

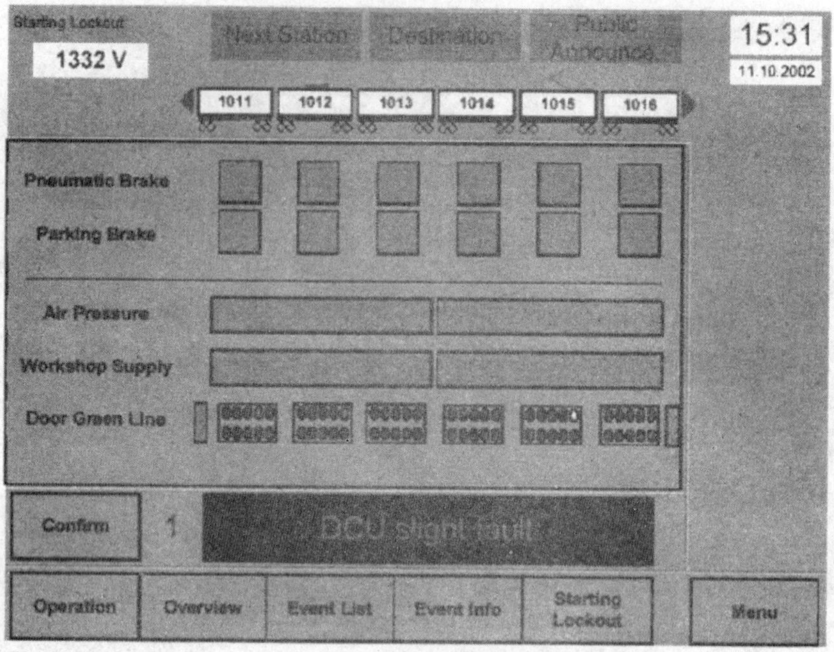

图 11 - 1 - 3　TMS - MMI 显示屏（启动联锁屏）

（1）灰蓝色符号：正常运行，门关闭。

（2）闪烁的灰蓝色符号：正常运行，门不在关闭状态。

（3）黄色符号：门切除。

（4）红色符号：故障。

（5）黑色符号：紧急开门。

驾驶员只可以在 MMI（信号在分隔线上）上旁路每辆车的"停放制动"或"气制动"。旁路必须有口令。驾驶员必须选择正确的符号触摸来旁路启动联锁。"旁路屏"将出现。

系统被旁路后，符号将变为黄色。这对系统的硬线旁路适用。

三、ATC - MMI（信号屏）

ATC - MMI 是车载 ATP 设备的人机界面，为驾驶员提供列车实际/建议速度、目标距离/目标速度、运行状态等提示。在 SM、RM 模式下，当列车的实际速度高于列车建议速度时，装置会发出音响长报警。在停车的情况下可输入目的码、车次和驾驶员代码。列车 ATP 切除后，该显示屏无显示。ATC - MMI 显示界面及意义如图 11 - 1 - 4 所示。

1. 驾驶状态

ATC - MMI 驾驶状态显示符号及意义见表 11 - 1 - 1。

2. 运行模式

ATC - MMI 运行状态显示符号及意义见表 11 - 1 - 2。

3. 列车折返运行

ATC - MMI 折返运行的符号及显示意义见表 11 - 1 - 3。

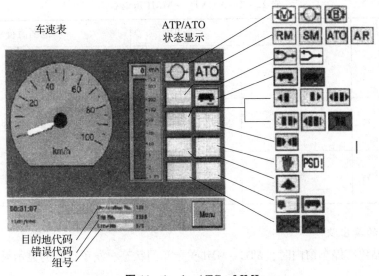

图 11 – 1 – 4　ATC – MMI

表 11 – 1 – 1　ATC – MMI 驾驶状态

状态	符号颜色	背景颜色	范围值符号	
Passive	空	蓝色		
牵引（列车加速）	黑色	蓝色		字母 M 表示在电机符号内
惰行（列车惰行）	黑色	蓝色		空电机符号
制动（列车加速/停车）	黑色	蓝色		字母 B 表示在制动符号内

表 11 – 1 – 2　ATC – MMI 运行状态

状态	符号颜色	背景颜色	范围值符号	
Passive	空	蓝色		
限制模式（RM）	黑色	蓝色		"RM"
监视模式（SM）	黑色	蓝色		"SM"
自动驾驶（ATO）	黑色	蓝色		"ATO"

表 11-1-3　ATC-MMI 折返状态

状态	符号颜色	背景颜色	范围值符号	
Passive	空	蓝色		
自动列车折返运行	黑色	蓝色	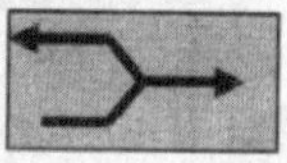	符号"自动折返"
在驾驶员确认之后	黑色	黄色	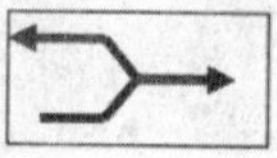	符号"自动折返"

4. 停站时的输出状态

列车在车站停在停车窗内时，ATC-MMI 关于车门状态、发车状态的显示见表 11-1-4。

表 11-1-4　ATC-MMI 在车站停车窗内时的输出状态

状态	符号颜色	背景颜色	范围值符号	
Passive	空	蓝色		
关车门	黑色	蓝色		左右车门符号，箭头向内
开车门	黑色	蓝色		左右车门符号，箭头向外
发车	黑色	黄色		宽箭表示运行方向

5. 紧急制动显示

ATP 车载设备触发紧急制动时 ATC-MMI 的紧急制动状态显示见表 11-1-5。

表 11-1-5　ATP 车载设备触发的紧急制动状态

状态	符号颜色	背景颜色	范围值符号	
Passive	空	蓝色		
紧急制动	红色	蓝色		手符号

6. 信号故障显示

ATC-MMI 在 ATP、ATO 故障时显示见表 11-1-6。

表 11-1-6 故障显示

状态	符号颜色	背景颜色	范围值符号	
Passive	空	蓝色		
ATP 连接故障	黑色	红色		"ATP" 故障
ATO 连接故障	黑色	红色		"ATO" 故障

7. 在 LZB 末端的显示

ATC-MMI 在 LZB 末端的状态显示及意义见表 11-1-7。

表 11-1-7 LZB 末端

状态	符号颜色	背景颜色	范围值符号	
Passive	空	蓝色		
列车已到达 LZB 末端区域	黑色	蓝色		半个在开口盒
列车在车辆区域内	黑色	蓝色		车辆在闭合的盒中

四、MMI 的启动与关闭操作

1. 启动和关闭

当 TCC 电源接通时，两个驾驶室的 VTCU 和 MMI 同时开启。没有被激活的驾驶室其 MMI 将显示为黑屏。

当电源接通时，MMI 将启动。整个启动时间不超过 1 min。此时，MMI 将显示启动状态的相应信息。

如果驾驶控制器锁闭，同时高压母线没有电，VTCU 和 MMI 将关闭。如果驾驶控制器锁闭但高压母线仍然有电（即受电弓未降下），VTCU 和 MMI 将继续工作。

2. 特别说明

（1）驾驶室解锁（激活驾驶室）时显示选择菜单。

（2）驾驶室没解锁（不激活驾驶室）显示一个黑屏。

（3）如果两侧的驾驶室处于解锁状态，当母线电压是有效的时候，两侧的人机接口都显示一个黑屏。

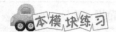 本模块练习

1. 说明 MMI 的基本组成。
2. 说明 MMI 各部分显示的符号及意义。
3. 如何启动和关闭 MMI？

模块 12

城市轨道交通车辆电气典型故障案例

(1) 掌握各种电气故障发生的原因及故障判断的方法。
(2) 掌握各种电气故障的应急处理和维修处理措施。
(3) 了解牵引与制动控制系统的主要故障及产生故障的主要原因。
(4) 掌握牵引与制动控制系统故障的判断方法及处理方法。
(5) 了解列车信息控制系统的主要故障及产生故障的主要原因。
(6) 掌握列车信息控制系统故障的判断方法及处理方法。
(7) 了解乘客信息系统的主要故障及产生故障的主要原因。
(8) 掌握乘客信息系统故障的判断方法及处理方法。

任务 12.1　主电路系统故障案例

12.1.1　牵引逆变器故障（逆变器门驱单元故障）

1. 发生经过

某车辆 3 车的牵引逆变器故障，上述故障造成正线换车 1 车次。

2. 故障原因

GDU（逆变器门驱单元）故障将 MCM 模块内部 24 V 电源拉低，导致 MCM 模块 DCU 电源故障及引起 24 V 内部冷却风扇工作异常。

3. 判断要点

(1) 观察高速断路器合灯是否亮，以确认高速断路器是否均在闭合状态。
(2) 查看 TMS - MMI（车辆司机台显示器）是否有牵引逆变器闪红/DCU 严重故障等信息。
(3) 查看 TMS - MMI 的事件清单是否有"接地故障"。

4. 应急处理

继续运行，在终点站使用 03S01 重新激活车辆，无论故障消除与否继续运营。

5. 维修处理

(1) 车辆回库后，分析故障信息，发现在相应时间点发生过牵引控制单元超时故障，牵引安全车辆线故障。

（2）针对性地检查了 MVB（多功能列车总线）电缆、DCU 的 MVB 接口及 MCM 低压控制电源开关 02F21，进一步检查 MCM 模块，发现 MCM 显示电源故障，24 V 内部冷却风扇抖动明显，MCM 模块更换后恢复正常。

12.1.2 一个牵引逆变器故障（制动电阻风扇电机保护开关跳闸）

1. 发生经过

某车辆 2 车牵引逆变器故障，上述故障造成正线换车 1 次。

2. 故障原因

制动电阻风扇电机保护断路器跳闸导致制动电阻冷却风扇不工作，进一步导致制动力低，反映到 MMI 上为 MCM 故障。

3. 判断要点

（1）观察高速断路器合灯是否亮，以确认高速断路器是否均在闭合状态。
（2）查看 TMS‑MMI（车辆司机台显示器）是否有牵引逆变器闪红/DCU 严重故障。
（3）查看 TMS‑MMI 的事件清单是否有"接地故障"。

4. 应急处理

（1）一节车发生牵引逆变器严重故障，继续运营。
（2）有接地故障记录时，禁止人为合自动跳开的高速断路器。

5. 维修处理

（1）车辆回库后检查 MMI 故障信息情况，发现在 2 车多次出现"制动电阻风扇故障"，并伴随有"制动力低"故障信息，通过复位 03S01 后车辆故障现象暂时消失。
（2）经检查 2 车 PH 箱，发现制动电阻风扇电机交流 380 V 保护断路器跳闸，复位后在试车线运行 2 h 仍未发生故障。

12.1.3 一个牵引逆变器和辅助逆变器故障（外部风扇接触器单元故障）

1. 发生经过

某车辆 MMI 显示 4 车牵引逆变器和辅助逆变器各有一个中级故障。到终点驾驶员重启车辆，故障仍然存在。上述故障造成正线换车 1 次。

2. 故障原因

（1）外部风扇接触器单元的全速继电器机械卡位导致外部风扇相间短路烧损。
（2）外部风扇接触器单元的半速继电器机械作用不良。

3. 判断要点

（1）观察高速断路器合灯是否亮，以确认高速断路器是否均在闭合状态。
（2）查看 TMS‑MMI（车辆司机台显示器）是否有牵引逆变器闪红/DCU 严重故障、辅助逆变器是否为红色。
（3）查看 TMS‑MMI 的事件清单是否有"接地故障"。
（4）注意观察空调工作状态以及车辆牵引力、制动力变化情况。
（5）网压显示是否正常。

4. 应急处理

(1) 一节车发生牵引逆变器严重故障,继续运营。

(2) 有接地故障记录时,禁止人为合自动跳开的高速断路器。

(3) 一个辅助逆变器严重故障,维持运行到终点站后将 03S01 断合一次,重新激活列车,若故障消失继续运营,否则退出服务。注意本端辅助逆变器严重故障时有时会出现 MMI 显示网压为零的现象,但不会影响牵引。

5. 维修处理

(1) 当日下午车辆回库,检查 MMI 显示多次牵引逆变器和辅助逆变器的散热器过热的故障,检查测量外部风扇电机绕组,发现电机绕组相间电阻阻值有差异,更换了外部风扇,更换后试验风扇能转动。

(2) 到晚上又发现 4 车牵引逆变器和辅助逆变器故障。检查发现外部风扇电机绕组烧损,测量接触器单元的全速继电器的常开联锁导通,进一步检查发现为继电器机械卡位所致。随后更换了外部风扇和接触器单元,试验正常。

12.1.4 两个受电弓均降下,且无法再次升弓

1. 发生经过

某车辆在库内两个受电弓自动降下,且无法再次升弓,经检查,车辆风压正常,两端驾驶室紧急停车按钮未被按下,电气柜开关未跳闸。

2. 故障原因

该车辆 5 车 PH 箱的行程开关接触不良,导致 07K04 不吸合,从而引起车辆两个受电弓均降下,且无法再次升弓。

3. 判断要点

(1) 查看 TMS–MMI(车辆显示屏)受电弓状态及网压显示。

(2) 检查车辆激活端 02F01 及紧急按钮的状态。

(3) 是否产生紧急制动。

4. 应急处理

(1) 检查车辆操纵端 02F01 的状态,若跳闸,复位微型断路器。

(2) 检查紧急按钮是否按下,若按下则进行复位。

(3) 如上述检查后确认微型断路器均正常,再次尝试升弓,如受电弓工作正常,运行到终点站退出服务,如受电弓不能升起则请求救援。

(4) 如产生紧急,需要先将列车激活端的 03S01S 合一次。

说明:操纵端 02F01 跳闸同时会导致 MMI 黑屏;紧急按钮按下后出现"启动联锁"的故障条目。

5. 维修处理

(1) 上车后首先进行试升弓,但双弓依然没有升起,同时 MMI 报 5 车受电弓控制继电器故障,推方向手柄紧急制动可以缓解。

(2) 检查每个 B 车的 02F22,开关位置均正常。打开 5 车设备柜发现 02K46 吸合,而 07K04 不吸合,马上断定故障是由于 PH 箱的行程开关引起的,然后打开 PH 箱,用手操作

该行程开关，07K04 得电，随后调整该行程开关，经过几次试验后受电弓均正常，故障得以排除。

12.1.5 一个 DCU（牵引控制单元）严重故障

1. 发生经过

某车辆以 ATO（列车自动驾驶）模式进站时，车辆未减速，驾驶员采取措施后仍然越过停车标一个车门，同时 2 车高速断路器无法合上且显示一个 DCU（牵引控制单元）严重故障。

2. 故障原因

两车 MCM（牵引逆变器）模块 U 相 IGBT（绝缘门双极晶体管）烧损并通过 IGBT 固定螺丝与散热器接地。

3. 判断要点

（1）观察高速断路器合灯是否亮，以确认高速断路器是否均在闭合状态。

（2）查看 TMS - MMI（车辆驾驶台显示器）是否有牵引逆变器闪红/DCU 严重故障。

（3）查看 TMS - MMI 的事件清单是否有"接地故障"。

4. 应急处理

（1）一节车发生牵引逆变器严重故障，继续运营。

（2）有接地故障记录时，禁止人为合自动跳开的高速断路器。

5. 维修处理

（1）回库检查 MMI，显示 2 车 MCM 有接地故障，拆下 MCM 后发现 U 相 IGBT 已烧损，并通过 IGBT 固定螺丝与散热器接地。

（2）更换 MCM 后故障消失，高低压试验正常。

12.1.6 一个 DCU 严重故障，高速断路器跳开

1. 发生经过

某列车 2 车 DCU 严重故障，高速断路器跳开。HSCI3 分、合灯均不亮，重新分后仍然合不上。

2. 故障原因

GDU 故障将 MCM 的电源模块输出电压拉低，由于 DCU 未得电，出现超时故障，同时 DCU 未得电也使 MCM LINE TRIP 继电器不能吸合，HSCB 保持继电器不能得电，HSCB 无法闭合。

3. 判断要点

（1）观察高速断路器合灯是否亮，以确认高速断路器是否均在闭合状态。

（2）查看 TMS - MMI（车辆驾驶台显示器）是否有牵引逆变器闪红/DCU 严重故障。

（3）查看 TMS - MMI 的事件清单是否有"接地故障"。

4. 应急处理

（1）在站内重新合 HSCB，如故障消除继续运行。

（2）如故障仍未消除维持运行到终点站，检查相应 B 车 02F04、02F05 的状态，如有跳闸则复位。

（3）在复位无效的情况下，如一个 HSCB 无法闭合，继续运营，如超过一个 HSCB 无法闭合，则退出服务。

说明：①HSCB 断开后在纵览屏中相应牵引逆变器闪红。

②如在 ATO 状态下出现停不准的情况，使用 SM 模式对标。

5. 维修处理

（1）回库后，检查 MMI 屏故障信息，显示 DCU 超时故障和牵引安全列车线故障。

（2）合 HSCB 对分、合灯均不亮，查看 MMI 信息显示 1102 车的 HSCB 未合上。

（3）检查 2 车 MCM，发现 DCU 主板无电源供应，DCU 上所有指示灯均不亮，而且内部冷却风扇有振动现象，但不能旋转，表明有很低的电压。

（4）尝试将电源模块输出的 +24 V GDU 电源线（024、025）甩开后，DCU 主板恢复了供电，内部冷却风扇也正常运转，证实为 GDU 损坏。

（5）更换 MCM 后车辆故障消失。

12.1.7　一个 MCM 故障（牵引电动机温度反馈故障）

1. 发生经过

某列车 TMS - MMI 显示一个牵引逆变器中级故障，重启列车后该故障仍然存在。上述故障造成正线换车 1 次。

2. 故障原因

2 车牵引电动机 2 温度反馈故障引起 MCM 模块故障。

3. 判断要点

（1）观察高速断路器合灯是否亮，以确认高速断路器是否均在闭合状态。

（2）查看 TMS - MMI（车辆司机台显示器）是否有牵引逆变器闪红/DCU 严重故障。

（3）查看 TMS - MMI 的事件清单是否有"接地故障"。

4. 应急处理

（1）如故障仍未消除，维持运行到终点站，检查相应 B 车 02F04、02F05 的状态，如有跳闸则复位。

（2）在复位无效的情况下，如一个 HSCB 无法闭合，继续运营，如超过一个 HSCB 无法闭合，则退出服务。

说明：①HSCB 断开后在纵览屏中相应牵引逆变器闪红。

②如在 ATO 状态下出现停不准的情况，使用 SM 模式对标。

5. 维修处理

（1）103 列车入库，检查 MMI 上显示 1032 车牵引电动机 2 温度高，牵引逆变器故障。

（2）用 DCUTERM 软件检查发现 2 车无牵引电动机 2 温度反馈信号。

（3）拆开 PH 箱 X6 插头测量其输出线 20412 阻值，呈开路状态。

（4）进一步检查布线，发现从 X6 插头到车体 1BIB2 - XK 插座的 20412 线呈非连通状态，有 19 Ω 阻值。

（5）分别拆开 X6 插头与 1BIB2 - XK 插座检查未发现明显异常，恢复后再次用 DCUTERM 软件检查牵引电动机 2 温度反馈正常，MCM 恢复。

12.1.8 一个 DCU 故障（DCU 主板故障）

1. 发生经过

某列车 4 车 DCU 严重故障，C 车通信故障，高速断路器分合灯不亮并合不上，重启列车无效。上述故障造成下线 1 列。

2. 故障原因

4 车 DCU 主板故障将电源模块输出电压拉低，牵引逆变器超时，同时也导致 C 车通信故障和 4 车的高速断路器合不上。

3. 判断要点

（1）观察高速断路器合灯是否亮，以确认高速断路器是否均在闭合状态。
（2）查看 TMS-MMI（车辆驾驶台显示器）是否有牵引逆变器闪红/DCU 严重故障。
（3）查看 TMS-MMI 的事件清单是否有"接地故障"。

4. 应急处理

（1）如故障仍未消除，维持运行到终点站，检查相应 B 车 02F04、02F05 的状态，如有跳闸则复位。
（2）在复位无效的情况下，如一个 HSCB 无法闭合，继续运营，如超过一个 HSCB 无法闭合，退出服务。

说明：①HSCB 断开后在纵览屏中相应牵引逆变器闪红。
②如在 ATO 状态下出现停不准情况，使用 SM 模式对标。

5. 维修处理

（1）列车入库，检查 MMI 显示 4 车牵引逆变器超时和牵引安全信号故障。
（2）检查发现 4 车牵引逆变器 DCU 板上的指示灯全灭，外部风扇抖动明显，GDU 指示灯红闪，判断为电源模块输出故障。根据以往的维修经验，这种现象多为 GDU 故障造成。
（3）测量电源模块的 24 V 输出只有 5 V 左右，甩掉 24 号、25 号线后故障现象依旧，排除了 GDU 故障将电源模块输出拉低的可能。
（4）更换电源模块后故障依旧，排除了电源模块本身故障的可能。
（5）考虑到电源模块也给 DCU 板提供 24 V 电源，因此更换了 DCU 板，至此故障排除。

任务 12.2　牵引与制动控制系统故障案例

12.2.1　列车发生启动联锁，但没有任何故障信息

1. 发生经过

某列车发生启动联锁，但没有任何故障信息，无法动车。

2. 故障原因

6 车设备柜内的 02K14 继电器常开触点 33-34 松动导致方向手柄置"向前"位时，警惕继电器 02K09 不能得电，无法动车。

3. 判断要点

（1）当该类故障发生时，推牵引手柄至"牵引"位时，检查操纵端 02K09 继电器是否

吸合。

（2）推牵引手柄至"牵引"位，查看列车制动能否缓解。

（3）TMS – MMI（车辆显示屏）是否有故障提示或记录。

（4）换端操纵，观察故障是否消失。

（5）如果制动不能缓解或刚启动又失去牵引力，又有启动联锁图框红闪，而其他系统没有相应故障信息提示为可能是牵引控制回路硬件故障，列车应退出服务。

4. 应急处理

清客后退行或换端操纵进入就近存车线退出服务。

5. 维修处理

检查发现将方向手柄置"向后"位时，制动可以缓解，牵引功能正常，而方向手柄置"向前"位时，故障现象依旧。重点检查发现02K14继电器的常开触点33接线松动，紧固后故障消失。

12.2.2 列车牵引力不足

1. 发生经过

某列车发车后ATO启动较慢，速度上不去，推手柄时速度也上不去，且还出现ATO进站对标不准情况，列车停稳后，气制动缓解灯亮。4、5车无牵引力，但可以制动。

2. 故障原因

5车受电弓与接触网的接触状态不稳定。

3. 判断要点

（1）查看受电弓是否均在升起位。

（2）查看高速断路器是否均闭合。

（3）检查气制动缓解灯是否亮。

4. 应急处理

运营到终点站，在终点站使用03S01重新激活列车，如故障消除，继续运营；如不能恢复，退出服务。

5. 维修处理

检查发现5车接触压力偏离标准值较多，调整受电弓升降弓时间及接触压力后故障未再发生。

任务12.3 辅助系统故障案例

12.3.1 MMI显示两个DC/DC为红色（无高压输入及PGU单元无工作电压）

1. 发生经过

某列车MMI显示两个DC/DC为红色，每个车厢的照明转为紧急照明。

2. 故障原因

蓄电池充电机输出变压器绕组绝缘破坏，导致变压器接地过流，并进而引起充电模块GVG1500烧损和蓄电池充电机熔断器烧损。

3. 判断要点

(1) 查看 TMS - MMI（车辆显示屏）是否有 DC/DC 图标闪红或故障记录。

(2) 维修人员查看相应 A 车蓄电池充电机 RE144 板显示屏显示代码，有高压时应为 9999，无高压时应为 - - 1。

4. 应急处理

一个 DC/DC 充电机严重故障，继续运营，到达终点站后检查相应车 03F22 是否跳闸，若跳闸则复位，无论故障消除与否继续运营；两个 DC/DC 充电机严重故障，维持运行到终点站将 03S01 断合一次，重新激活列车，若故障消失继续运营，否则退出服务。

5. 维修处理

(1) 检查发现 1 车蓄电池充电机故障代码为 - - 1，为无高压电输入，按线路查找发现 1042 车 PH 箱中蓄电池充电机熔断器烧损，判断充电机存在接地或过流。

(2) 对整个 1 车蓄电池充电机的充电线路进行检查，发现蓄电池充电机输出变压器 E3A3 绕组绝缘很低，决定更换变压器。

(3) 在更换变压器的同时，发现蓄电池充电模块 GVG1500 上过压保护电路个别元件有烧熔迹象，考虑到蓄电池充电机输出变压器过流接地会对开关元件造成一定的损坏，于是更换 GVG1500 模块。

(4) 但更换完成后 1 车蓄电池充电机仍不能正常工作，判断变压器故障引发蓄电池充电机其他部分故障，因无法确定具体故障位置，更换整个 1 车蓄电池充电机，工作正常。

12.3.2 蓄电池充电机严重故障（代码为 - - ln）

1. 发生经过

某列车 MMI 显示 6 车 DC/DC 严重故障，此故障造成下线 1 列。

2. 故障原因

充电机模块（GVG1500 - 2）内部 15 V 电源故障导致蓄电池充电机故障。

3. 判断要点

(1) 查看 TMS - MMI（车辆显示屏）是否有 DC/DC 图标闪红或故障记录。

(2) 维修人员查看相应 A 车蓄电池充电机 RE144 板显示屏显示代码。

4. 应急处理

一个 DC/DC 充电机严重故障，继续运营，到达终点站后检查相应车 03F22 是否跳闸，若跳闸则复位，无论故障消除与否继续运营；两个 DC/DC 充电机严重故障，维持运行到终点站将 03S01 断合一次，重新激活列车，若故障消失继续运营，否则退出服务。

5. 维修处理

(1) 列车入库后，检查 6 车蓄电池充电机故障代码为 1（含义为缺少 15 V 电压）。

(2) 根据故障现象针对性更换 SV74 电子板，故障不能消除。

(3) 更换了一个充电机模块（GVG1500 - 2），蓄电池充电机恢复正常工作。

12.3.3 一个辅助逆变器严重故障

1. 发生经过

某列车 MMI 上显示 3 车辅助逆变器严重故障，列车一空调机组不能工作，此故障造成列车正线换车1列。

2. 故障原因

ACM（辅助逆变器）外部风扇全速接线接反，造成全速状态下风机反转，散热器通风量不足，温度持续升高，导致ACM隔离。

3. 判断要点

（1）查看TMS–MMI（车辆显示屏）辅助逆变器是否为红色。

（2）注意观察空调工作状态以及列车牵引力、制动力变化情况。

（3）网压显示是否正常。

4. 应急处理

一个辅助逆变器严重故障，维持运行到终点站后将03S01断合一次，重新激活列车，若故障消失继续运营，否则退出服务。注意本端辅助逆变器严重故障时有时会出现MMI显示网压为零的现象，但不会影响牵引。

5. 维修处理

（1）检查MMI显示3车ACM散热器过热，ACM隔离。

（2）检查ACM散热器温度传感器阻值正常，各连接端连接良好；打开PA箱下底板检查ACM散热器风道无堵塞现象。

（3）检查3车ACM外部风扇输入/输出信号反馈良好，随后做高压试验比较3、4两节车ACM散热器温度，发现3车ACM外部风扇已进入全速状态，但散热器温度仍上升很快。

（4）进一步检查发现全速状态下出风口通风量很小，最终确认外部风扇全速接线接反造成全速状态下风机反转，调整接线后恢复正常。

12.3.4 蓄电池充电机严重故障（故障代码–14）

1. 发生经过

某列车6车DC/DC严重故障，此故障造成列车正线换车1列。

2. 故障原因

蓄电池温度传感器反馈支路不良，导致蓄电池充电机短时隔离。

3. 判断要点

（1）查看TMS–MMI（车辆显示屏）是否有DC/DC图标闪红或故障记录。

（2）维修人员查看相应A车蓄电池充电机RE144板显示屏显示代码。

4. 应急处理

一个DC/DC充电机严重故障，继续运营，到达终点站后检查相应车03F22是否跳闸，若跳闸则复位，无论故障消除与否继续运营；两个DC/DC充电机严重故障，维持运行到终点站将03S01断合一次，重新激活列车，若故障消失继续运营，否则退出服务。

5. 维修处理

（1）列车回库后，检查6车蓄电池充电机工作已恢复正常。

（2）检查MMI记录，6车出现过5次"蓄电池充电机故障"信息。

（3）检查蓄电池充电机RE144板，故障代码为–14（含义为蓄电池温度达最大值）。

（4）检查蓄电池温度传感器阻值为110Ω，在正常范围。

（5）检查蓄电池温度传感器连线30420与30425，未发现有明显的接触不良点。

(6) 针对性更换蓄电池温度传感器，之后在库内长时间高压试验，6 车蓄电池充电机工作正常，正线运行状况良好。

12.3.5 一个辅助逆变器故障（网压显示正常）

1. 发生经过

某列车 3 车辅助逆变器严重故障，重启列车，列车故障仍然无法消失，此故障造成下线 1 列。

2. 故障原因

端子排地线虚接，隔离接触器有时动作，有时不动作，充电接触器反复动作，系统报充电电阻过热。

3. 判断要点

(1) 查看 TMS－MMI（车辆显示屏）辅助逆变器是否为红色。
(2) 注意观察空调工作状态以及列车牵引力、制动力变化情况。
(3) 网压显示是否正常。

4. 应急处理

一个辅助逆变器严重故障，维持运行到终点站后将 03S01 断合一次，重新激活列车，若故障消失继续运营，否则退出服务。注意本端辅助逆变器严重故障时有时会出现 MMI 显示网压为零的现象，但不会影响牵引。

5. 维修处理

(1) 车辆入库，检查 MMI，显示 3 车辅助逆变器故障，充电电阻过热。
(2) 检查接触器动作情况，隔离接触器有时动作，有时不动作。
(3) 进一步检查发现 X23 插座旁端子排地线虚接，重新安装后良好。

12.3.6 一个辅助逆变器故障（输出三相不平衡）

1. 发生经过

某列车 4 车辅助逆变器红闪，每节车厢只有一个空调机工作。

2. 故障原因

(1) ACM 电流传感器故障，感应的电流失真。
(2) DCU/A 故障。

3. 判断要点

(1) 查看 TMS－MMI（车辆显示屏）辅助逆变器是否为红色。
(2) 注意观察空调工作状态以及列车牵引力、制动力变化情况。
(3) 网压显示是否正常。

4. 应急处理

一个辅助逆变器严重故障，维持运行到终点站后将 03S01 断合一次，重新激活列车，若故障消失继续运营，否则退出服务。注意本端辅助逆变器严重故障时有时会出现 MMI 显示网压为零的现象，但不会影响牵引。

5. 维修处理

(1) 回库后，检查 MMI 屏故障信息，显示 4 车"三相不平衡"故障。

（2）检查4车详细的故障记录，"三相不平衡"故障出现3次，ACM隔离1次，重启列车后故障消失。

（3）在库内做负载试验，在空调负载启动过程中，当ACM的IPH电流值达到85 A左右时，出现"三相不平衡"故障，ACM执行软关闭后软启动，此时故障消失，ACM工作正常，负载启动正常。负载试验共做4次，其中2次出现此类故障，2次启动工作正常，但ACM的IPH电流值仅为85 A左右。比较另一单元的ACM的IPH电流值为112 A，其他车的ACM的IPH电流值约为110 A。

（4）切断部分空调负载后，故障没有出现，检查380 V电路线路，无异常。

（5）更换ACM模块后故障消失。

12.3.7　一个辅助逆变器严重故障，MMI显示网压为零

1. 发生经过

某列车4车辅助逆变器严重故障，重启列车无效，故障仍然存在，MMI显示网压不断下降，最低至80 V以上。此故障造成晚点1列、下线1列。

2. 故障原因

GDU单元故障导致辅助逆变器被隔离。

3. 判断要点

（1）查看TMS-MMI（车辆显示屏）辅助逆变器是否为红色。

（2）注意观察空调工作状态以及列车牵引力、制动力变化情况。

（3）网压显示是否正常。

4. 应急处理

一个辅助逆变器严重故障，维持运行到终点站后将03S01断合一次，重新激活列车，若故障消失继续运营，否则退出服务。注意本端辅助逆变器严重故障时有时会出现MMI显示网压为零的现象，但不会影响牵引。

5. 维修处理

（1）MMI显示辅助逆变器IGBT1、IGBT3、IGBT4、IGBT5、IGBT6反馈故障，辅助逆变器被隔离，故障不能复位。此类故障为IGBT、GDU单元故障或与其连接不良引起的。

（2）车辆回库后更换了4车的辅助逆变器模块，故障消失，辅助逆变器工作正常。

❈ 任务12.4　列车信息控制系统案例

12.4.1　列车通信系统故障，显示DX模块超时

1. 发生经过

某列车ATO按钮灯亮，按压ATO无法动车，SM模式也无法动车，重新激活列车后以RM启动列车能缓解但不能动车，启动联锁屏显示2车空气制动、停放制动"?"号，浏览屏显示DX模块超时，火警报警红色的故障信息。此故障造成下线1列。

2. 故障原因

由于04A16模块的X4插头中Z排的一插针铆线接触不良，在插座外留有一裸露铜丝，

该铜丝接触到插头外壳而接地，并导致该模块与 VTCU 的通信中断。

3. 判断要点

（1）查看 TMS – MMI（车辆显示屏）是否有列车信息控制系统、制动系统、火灾等多个系统的图框红闪报警。

（2）在列车状态屏及启动联锁屏有图标红色，如是则为列车通信系统某个部件故障，应先启动 TRB 模式维持进站。

4. 应急处理

（1）维持运行至前方站内，将操纵端 A 车 04F01 断合一次，如故障消除，继续运营，否则退出服务。

（2）如无法牵引，合 02S18 紧急牵引开关，启动紧急牵引模式，维持到下一站退出服务。

5. 维修处理

（1）车辆回库后故障消失，通过驾驶室 MMI 检查发现，2 车 04A16 模块有通信超时和火灾报警的故障记录。

（2）为进一步验证，在库内进行短距离动车试验，确认牵引控制系统无故障，但在 MM1 上则有火灾报警故障的提示。

（3）随后对 2 车电子箱的 04A16 模块进行针对性检查，其所连接的 X1、X2、X3、X4 均无电缆连接松动的现象；拆开该模块的 X3 和 X4 插头进行检查，未发现安装及插接不良的现象。

（4）在重新安装上 X3 和 X4 后，正线发生的故障则重新出现。于是再次打开 X3 和 X4 插头，用万用表逐一对每根线的通断情况进行检查，没有发现有异常情况。

（5）为排除由于 DX 模块本身原因引起的可能性，将 04A16 模块与 04A15 模块、全新的 DX 模块对调安装后进行了试验，故障仍然以相同的形式存在。

（6）再次拆开 X3、X4 端进行校线，未发现异常。在准备将两插头以裸线的形式与 DX 连接以便带电测试是否是某个插针接触不良的过程中，故障突然消失，但当把插头恢复原样插上后，故障又出现，通过几次试验，发现只有在 X4 端的外壳装上时才会有故障，确定为该插头连线方面存在问题，随即着重检查该插头的接线，未发现有绝缘破损，于是决定更换插头，在更换的过程中发现一插针的铆接处有一铜丝外露，在去掉该铜丝后车辆恢复正常。

12.4.2 TMS – MMI 黑屏

1. 发生经过

某车辆 TMS – MMI 黑屏（此前列车折返失败），2 次分合 04F01 后未能恢复正常。此故障造成晚点 1 列。

2. 故障原因

MMI 黑屏故障，应与列车自动折返失败有关，也存在列车软件运行出错的可能；另外，分合驾驶台钥匙操作不当有可能导致 ATP 失败。正常情况下，TMS – MMI 黑屏的故障，只要断 04F01 开关 15 s 后再打开，均可以排除此类故障。导致 2 次分合 04F01 均未能恢复正常的原因应为分合 04F01 的间隔时间不足 15 s，也有可能为 ATP 在折返失败后一直给出错误的信息而使 TMS – MMI 不能显示。

3. 判断要点

（1）列车是否折返失败。

（2）检查对应单元 A 车 04F01、02F14、02F01 是否跳闸。

4. 应急处理

（1）在激活端驾驶室检查对应单元 A 车 04F01、02F14 是否跳闸，如果跳闸则复位。

（2）如未跳闸，先确认折返指示灯显示是否正常，并同时将 04F01 及 ATO/ATP 系统均断电复位 1 次，如复位后 MMI 恢复正常，确认列车各系统状态，如正常则继续运营。

（3）如无法牵引，则合 02S18 紧急牵引开关，启动紧急牵引模式，维持运行至下一站退出服务。

5. 维修处理

（1）回库后，检查一切正常，故障已消失，MMI 显示有"列车网关故障"的记录。

（2）检查 VTCU 以及 MMI 接线正常。

12.4.3 TC 严重故障

1. 发生经过

某列车 5 车报 TC 严重故障，重启列车后 MMI 只显示一半列车，4~6 车无显示，重合 6 车 04F01 后 MMI 恢复正常显示。此故障造成晚点 1 列。

2. 故障原因

5 车报 TC 严重故障，并没有伴随相应功能模块闪红，应为瞬态的假故障。在重启列车过程中 6 端 04F01 跳闸，导致 1 车 MMI 只显示一半列车。

3. 判断要点

（1）查看 TMS - MMI（车辆显示屏）是否出现列车控制系统等多个子系统的图框红闪报警，对应系统图框红色提示及故障信息记录。

（2）检查对应故障车的 04F01 是否跳闸，如只显示半组车，还需检查不能显示单元车的 A 车的 04F01 状态。

4. 应急处理

检查两个 C 车 04F01 及非操纵端 A 车 04F01 状态，如果跳闸则复位，如复位无效，退出服务。在运行期间，注意监视驾驶台上气制动施加灯、气制动缓解灯和关门指示灯状态。

说明：

（1）检查时若发现任一微型断路器跳闸，则无须进行其他微型断路器的检查。

（2）本单元 C 车 04F01 跳闸后会同时伴随"列车控制、辅助逆变器、牵引逆变器、门系统"等故障显示。

（3）非激活端 A 车 04F01 跳闸后只显示本单元车。

（4）C 车任一 04F01 跳闸后，只显示本单元三节车图标的现象将在故障发生 5 s 后消失，会出现大量故障信息。

5. 维修处理

（1）检查列车 VTCU 记录数据，无 5 车 TC 严重故障相关记录信息。

（2）检查 5 车通信控制系统相关部件如 DX、BCT 等均正常且接线状态良好。

12.4.4 一个受电弓降下，MMI 显示单元车为问号，同时显示启动连锁

1. 发生经过

某列车 5 车受电弓降下，MMI 显示该单元车为问号，同时显示启动连锁，列车无牵引力，列车重启后恢复正常。此故障造成晚点 1 列。

2. 故障原因

5 车受电弓保持，继电器 02K33 有时不吸合导致升弓失败。

3. 判断要点

（1）确认受电弓是否均在升起位。
（2）确认网压是否正常。
（3）检查相应车是否显示问号。

4. 应急处理

重启列车恢复正常后继续运营。

5. 维修处理

列车回库后，检查 5 车受电弓，仍保持继电器 02K33 有时不吸合，更换后经试验降弓故障排除。

12.4.5 车辆 MMI 显示启动联锁，同时多系统报故障，且车辆 MMI 反复出现黑屏现象

1. 发生经过

某列车在距停车位约一挡屏蔽门时自动停车，车辆 MMI 显示启动联锁、高速断路器分合灯不亮、车门系统严重故障、乘客信息系统故障、受电弓打 "?"、受电弓升降指示灯不亮、气制动施加灯不亮，接着车辆 MMI 数次出现黑屏后又恢复并闪烁的现象，无法动车。重启列车后故障依然存在，不能动车。

2. 故障原因

1 车 BCT 内部电路故障导致 2、3 车的 Trafo 列车总线数据及 1 车 OPTO 总线数据与 VTCU 数据通信中断，致使 VTCU 不能对 1 车车门、制动系统和各输入/输出模块等关联系统进行正常通信和监控，则直接导致 TMS-MMI 黑屏、受电弓为问号、02S16 指示灯亮红等现象。

3. 判断要点

（1）检查操纵端 04F01、02F14 是否跳闸。
（2）查看 TMS-MMI（车辆显示屏）是否黑屏，同时副驾驶台受电弓、HSBC 等指示灯是否处于灭的状态；如是则为 A 车列车信息控制系统故障；如只有 TMS-MMI 黑屏，则可能是 MMI 显示故障；如 TMS-MMI 能显示，则检查是否有多个子系统同时报通信故障及列车控制等图标红闪的信息。

4. 应急处理

（1）运行至前方站内，检查对应单元 A 车 04F01、02F14 是否跳闸，如果跳闸则复位，如未跳闸将 04F01 断合 1 次，如复位后 MMI 显示恢复正常，继续运营。
（2）如无法牵引则合 02S18 紧急牵引开关，启动紧急牵引模式，维持运行至下一站退出服务。

说明：①MMI（TMS）显示异常包括列车图标全部变红色、车辆号不正确、轮对标志消失、受电弓图标消失等。

②如列车距终点站只有一站时，可继续运营至终点站。

5. 维修处理

（1）上车检查，MMI 处于黑屏状态，驾驶室电气柜的空气开关及旁路开关均处于正常状态，02S16 指示灯亮红，打开电子柜检查发现 BCT 模块 H1a 状态指示灯不亮。在 6 车 MMI 则显示 1～3 车各功能模块通信超时、2 车受电弓问号、检修界面下 1～3 车各控制模块的软件版本信息为问号。综合上述现象，初步断定为 TCC 系统通信故障，发生的故障点为 1 车的 BCT。

（2）对该模块的总线连接端子检查，未发现异常，并对连接插头进行适度的位置调整，BCT 指示灯显示不能恢复正常状态，排除了接触不良的可能。

（3）重启 04F01，BCT 指示灯又显示正常，列车 TMS – MMI 显示也恢复正常，但大致在 20 min 左右，故障再次发生，MMI 黑屏，H1a 状态指示灯不亮，02S16 自动亮红，此后反复重启 04F01，BCT 的 H1a、H2a 灯显示均不正常，而 2 车和 3 车 BCT 工作均正常，认定为 BCT 内部电路故障。

（4）更换 1 车 BCT 模块后故障彻底消失。

12.4.6　列车 TMS – MMI 显示出现大量故障信息，只显示半节车

1. 发生经过

某列车 MIVII 出现大量故障信息，只显示半节车，且半节车无牵引力。

2. 故障原因

1 车总线连接器 BCT 的 X01 端接触不良。

3. 判断要点

查看 TMS – MMI（车辆显示屏）是否同一时间点有大量故障信息，并确认故障车号。

4. 应急处理

（1）如能牵引，维持运行至前方站，在站内检查两个 C 车 04F01 及非操纵端 A 车 04F01 状态，如果跳闸则复位；如复位无效，退出服务。

（2）如不能牵引，合 02S18 紧急牵引开关，启动紧急牵引模式，维持运行至前方站退出服务，如紧急牵引无效则请求救援。

在运行期间，监视驾驶台上气制动施加灯、气制动缓解灯和关门指示灯状态。

5. 维修处理

检查 1 车总线连接器 BCT 的 X01 端，发现接触不良，更换该线插后故障不再发生。

12.4.7　TMS – MMI 显示"B 车通信严重故障"

1. 发生经过

某列车信号屏显示列车超速（未产生紧急制动），同时显示"B 车通信严重故障"；受电弓升弓灯灭（2 个受电弓降下），重启列车后升弓成功。此故障造成晚点 1 列。

2. 故障原因

5 车数字输入/输出模块（DX）故障。

3. 判断要点

查看 TMS – MMI（车辆显示屏）是否有输入/输出模块通信故障提示或记录，受电弓的控制功能是否正常。

4. 应急处理

（1）先进行升弓测试，观察高压牵引部件功能正常，如能牵引，维持运行至终点站后用 03S01 重新启动列车，如故障消除，继续运营，否则退出服务。

（2）如不能正常牵引，合 02S18 紧急牵引开关，启动紧急牵引模式，维持运行至前方站退出服务，如紧急牵引无效则请求救援。

在运行期间，监视驾驶台上气制动施加灯、气制动缓解灯和关门指示灯状态。

5. 维修处理

（1）检查列车故障信息发现有 5 车数字输入/输出模块（DX）故障的记录。

（2）检查 5 车数字输入/输出模块（DX）接线状态良好。

（3）根据故障信息，更换 5 车数字输入/输出模块（DX）后故障未再发生。

12.4.8 TMS – MMI 黑屏，记录 A 车多个 DX 模块超时故障

1. 发生经过

某列车 ATO 进站时 MMI 黑屏，升降弓指示灯及高速断路器分合灯均不亮，牵引力下降但能牵引，重启列车后恢复正常。此故障造成加开空车 2 列。

2. 故障原因

由于 04A14 模块的 X1 插座与插头接触不良，导致该模块之后的 DX 模块与 VTCU 的通信中断而出现超时故障。TMS – MMI 黑屏是由于 DX 模块 04A15 与 VTCU 的通信中断，驾驶台激活信号无法传至 VTCU 造成。升降弓指示灯及高速断路器分合灯均不亮则是由于 DX 模块 04A16、04A17 与 VTCU 的通信中断造成。

3. 判断要点

查看 TMS – MMI（车辆显示屏）是否记录有多个模块超时现象。

4. 应急处理

（1）维持运行至前方站内，将操纵端 A 车 04F01 断合 1 次，如故障消除，继续运营，否则退出服务。

（2）如无法牵引，合 02S18 紧急牵引开关，启动紧急牵引模式，维持到下一站退出服务。

5. 维修处理

（1）车辆回库后故障消失，检查 MMI 显示 1 车 DX 模块 04A16 超时、DX 模块 04A20 超时、DX 模块 04A22 超时、DX 模块 04A23 超时、DX 模块 04A17 超时、DX 模块 04A15 超时、DX 模块 04A18 超时、DX 模块 04A21 超时、DX 模块 04A19 超时故障记录，同时伴随有与这些模块相关的故障。而其他 5 节车没有任何故障。

（2）根据 VTCU 数据记录可以判断，在 MMI 黑屏时 VTCU 仍然工作，故可排除为 04F01 跳闸或 VTCU 电源板故障，判断故障点应在 04A14 及 04A15 之间的 MVB 连接端上。

（3）对 04A14 及 04A15 之间的 MVB 连接端进行检查，发现 04A14 的 X1 插座内孔较宽松，导致与插头接触不良。

（4）更换 AX 模块 04A14 后上试车线试验正常。

12.4.9　DXB 模块超时故障

1. 发生经过

某列车 MMI 显示 2 车受电弓打"?"号，网压有时显示为 0，有时显示正常，高速断路器分合灯不亮，受电弓分合灯不亮。

2. 故障原因

2 车的 DXB 模块的 X1 插座与插头松动接触不良，导致该模块与 VTCU 的通信中断而出现超时故障。

3. 判断要点

查看 TMS – MMI（车辆显示屏）是否记录有模块超时现象。

4. 应急处理

（1）维持运行至前方站内，将操纵端 A 车 04F01 断合 1 次，如故障消除，继续运营，否则退出服务。

（2）如无法牵引，合 02S18 紧急牵引开关，启动紧急牵引模式，维持到下一站退出服务。

5. 维修处理

（1）车辆回库后故障未消失，通过驾驶室 MMI 检查发现，DX 模块 DXB 超时及 DX 模块 DXB 输入故障各 4 次。

（2）根据 VTCU 数据记录及故障现象，对 DX 模块 DXB 及其连接端进行检查，发现 DX 模块 DXB 的 X1 插座与插头连接松动，紧固后故障排除。

12.4.10　列车收不到速度码，气制动无法缓解

1. 发生经过

某列车收不到速度码，ATO 和 SM 模式均无法动车（无任何故障信息显示），列车气制动无法缓解；先后重启列车和打气制动旁路后均无法动车。

2. 故障原因

A 车 04A15 DX 模块故障。

3. 判断要点

检查操纵端 04F01、02F14 是否跳闸。

4. 应急处理

将操纵端 04F01 打下后以 TRB（紧急牵引）模式退出服务或换端。

5. 维修处理

（1）尝试 6 端操作牵引列车，列车能正常牵引。

（2）从 1 端操作列车牵引无效，无任何故障信息显示，在牵引时观察相关继电器动作情况，发现 1 端 02K30 继电器常吸合，造成列车使能牵引电路中断，因而从 1 端操作时列车不能正常牵引。02K30 使能牵引继电器是由 VTCU 通过 04A15 DX 模块直接控制的，如果 VTCU 发出指令封锁使能牵引，通常会伴随启动联锁信息，启动联锁图标会闪红，但本次故障无任何启动联锁故障信息显示，因而可以排除 VTCU 发出指令的情况。

(3) 检查 02K30 无卡滞情况存在。针对可能其他电路窜电导致 02K30 继电器常吸合的问题，通过模拟切断 04A15 DX 模块给 02K30 继电器供电的电源线 21912，发现 02K30 继电器随之失电，排除了电路窜电的可能性。

(4) 通过试验确认为给 02K30 供电的 04A15 DX 模块故障，更换一个新的 DX 模块后故障排除。

任务 12.5　乘客信息系统

列车自动及人工广播无效：

1. 发生经过

某列车 2 车 PIS 故障，车厢内无自动广播和人工广播的提示音，检查发现为 04F02 跳闸，经过多次闭合均无法将 04F02 合上。

2. 故障原因

2 车 SACU 内部功放板烧损，导致内部电源电路接地，引起 2 车 04F02 跳闸无法闭合。

3. 判断要点

(1) 查看 TMS – MMI（车辆显示屏）是否记录有乘客信息系统相关故障提示。

(2) 查看相应车 04F02 是否跳闸。

4. 应急处理

断开相应车 04F02 后重新合闸，若故障消失继续运营，若故障仍然存在，可根据实际情况决定列车是否退出服务。

5. 维修处理

(1) 检查发现 2 车 SACU 内部功放板烧损，引起 2 车 04F02 跳闸无法闭合。

(2) 对 2 车 SACU 进行更换后，重新检测 2 车列车广播系统功能正常。

附录 1
地铁专业术语

缩写	英文/中文名称
ACC	AFC Clearing Center 地铁线网清分中心
AFC	Automatic Fare Collection 自动售检票系统
TVM	Ticket Vending Machine 自动售票机
BOM	Booking Office Machine 半自动售票机
AGM	Automatic Gate Machine 自动检票机
TCM	Ticket Checking Machine 自动验票及查询机
TSM	Ticket Sale Machine 自动充值机
LCC	Line Central Computer 线路中心计算机
SC	Station Computer 车站计算机
PVU	Portable Verifying Unit 便携式验票机
SJT	Sing Journey Ticket 单程票
SVT	Store Value Ticket 储值票

续表

缩写	英文/中文名称
VEM	Vending Machine 自动售货机
ATM	Automatic Teller Machine 自动取款机
BFE	Barrier-free Elevators 无障碍电梯
OCC	Operation Control Centre 运营控制中心
BOCC	Back-up OCC 备用OCC
CO	Central Operator 中央调度员
TOD	Train Operator Display 驾驶显示器
CPS	Central Processing System 中央计算机系统
SPS	Station Processing System 车站计算机系统
PIN	Personal Identification Number 个人身份号码
ATP	Automatic Train Protection 列车自动防护系统
ATPM	ATP Manual Mode ATP 防护下的人工列车驾驶模式
ATO	Automatic Train Operation 列车自动驾驶系统
RM	Restricted Manual Driving Mode 限速性人工驾驶模式
NRM	NORestricted Manual Driving Mode 非限制人工驾驶模式
RMF	Restricted Manual Driving Mode Forward 向前限制性人工驾驶

续表

缩写	英文/中文名称
RMR	Restricted Manual Driving Mode Reverse 向后限制性人工驾驶
TC	Trailer Car 带司机室拖车
T	Trailer 不带驾驶室拖车
Mp	Motor Car with Pantograph 带受电弓的动车
ATS	Automatic Train Supervision 列车自动监控系统
CBTC	Communication Based Train Control 基于无线通信的移动闭塞列车控制系统
ATC	Automatic Train Control 列车自动控制系统
CC	Carborne Controller 车载控制器
CDV	Circuit de Vole（TC = Track – Circuit） 轨道电路
ACB	Axle Counter Block 计轴区段
ACS	Axle Counter System 计轴系统
ACE	Axle Counter Evaluator 计轴评估器
AM	Automatic Driving Mode 自动驾驶模式
AP	Access Point 接入点
AS	Access Switch 接入交换机
BS	Backbone Switch 骨干交换机

续表

缩写	英文/中文名称
CBI	Computer Based Interlocking 微机联锁系统
DCS	Data Communication System 数据通信系统
DCS	Data Communication Subsystem 数据通信子系统
DSU	Database Storage Unit 数据库存储单元
MDF	Multiplex Distribution Frame 综合配线架
TBS	TETRA Base Station 基站
PABX	Private Automatic Branch Exchange 专用自动小交换机
DDF	Digital Distribution Frame 数字光配线架
ODF	Optical Distribution Frame 光纤配线架
VDF	Audio Distribution Frame 光配线架
DxTiP	Digital Exchange for TETRA 音频配线架
ISDN	Integrated Services Digital Network TETRA 数字交换机
PCM	Pulse Code Modulation 脉冲编码调制
TDM	Time Division Multiplexing 时分复用
PSTN	Public Switched Telephone Network 公用电话交换网

续表

缩写	英文/中文名称
CDD	Configuration and Data Distribution Server 配置及数字分配服务器
EB	Emergency Braking 紧急制动
EH	Emergency Handle 紧急手柄
ILC	Interlocking Controller 联锁控制器
LCD	Liquid Crystal Displayer 液晶显示器
LED	Light Emitting Diode 发光二极管
MAL	Movement Authority Limit 移动授权
MR	Mobile Radio 车载无线台
ACS	Access Control System 门禁系统
BAS	Building Automation System 环境与设备监控系统
FAS	Fire Alarm System 火灾报警系统
ISCS	Integrated Supervision Control System 综合监控系统
PIS	Passenger Information System 乘客信息系统
SIG	Signaling 信号系统
CCTV	Close Circuit Television 闭路监控
PA	Public Address 广播

续表

缩写	英文/中文名称
COM	Telecommunication 通信系统
SER	Signalling Equipment Room 信号设备用房
DCC	Depot Control Center 停车场控制中心
DDU	Driver Display Unit 驾驶员显示单元
EED	Emergency Escape Doors 紧急逃生门
PS	Power Supply 电力供应
PSD	Platform Screen Doors 站台屏蔽门
PEED	Platform Emergency Escape Door 站台紧急逃生门
MSS	Maintenance Support System 维修辅助系统
MTBF	Mean Time Between Failures 平均故障时间
MTTR	Mean Time To Repair 平均维修时间
UPS	Uninterruptible Power Supply 不间断电源
PED	PSD Platform End Doors 站台端头门
IBP	Integrated Backup Panel 综合后备盘
PCU	PSD Control Unit 屏蔽门控制单元
PLC	Programmable Logic Controler 可编程逻辑控制器

续表

缩写	英文/中文名称
PCP	PSD Platform Control Panel 屏蔽门站台控制面板
FDG	Flood Gate 防淹门
HMI	Human Machine Interface 人机接口
RST	Rolling Stock 车辆
TMS	Train Management System 列车管理系统
TDMS	Train Data Management System 列车数据管理系统
VPI	Visual Passenger Information 可视乘客信息
VVVF	Variable Voltage Variable Frequency 变压变频
TFDS	隧道感温探测系统
ACS	门禁系统
AFD	防淹门
ISO9001	质量安全体系标准
ISO14000	环境管理体系标准
OHSAS18001	职业健康安全管理体系
PSL	屏蔽门就地端头控制盘 半高屏蔽门（英文：Automatic Platform Gate，简称APG）是一种铁路运输的月台设备，它的装配目的与全高屏蔽门一样是为了防止候车中的乘客无意堕下路轨受伤的安全设施，但前者一般只有后者的一半高度，所以前者价格亦较低
PSA	车控室操作指示盘
DCU	门机控制器
PSC	主控机
LCB	屏蔽门就地控制盒

续表

缩写	英文/中文名称
ASD	滑动门
FIX	固定门
EED	应急门
MSD	端头门
CLK	时钟系统
PCA	便携式验票机
ATS/LCW	ATS 车站工作站/现地控制工作站
DTI	发车时间显示器（倒计时器）
PSCADA	电力监控系统
ESB	站台紧急停车按钮
AW0	空载
AW1	每位乘客都有座位
AW2	每平方米 6 人
AW3	每平方米 9 人
Block	闭塞
FixBlock	固定闭塞
MovingBlock	移动闭塞
EnG	进站检票机
ExG	出站检票机
RG	双向检票机
GATE	闸机
OPS	大屏幕显示系统
iATP	点式列车自动防护
ATB	列车自动折返
非 CBTC	没有信号车载设备或不在 CBTC 控制模式下的列车
A 型车	按电客车车辆的外观尺寸区分，长 22.8 m，宽 3 m
B 型车	按电客车车辆的外观尺寸区分，长 19 m，宽 2.8 m
C 型车	按电客车车辆的外观尺寸区分，长 19 m，宽 2.6 m

附录 2
地铁车辆名称、主要部件含义

工况类型

1. AW0：表示地铁车辆空载。
2. AW1：表示地铁车辆座客载荷。
3. AW2：表示地铁车辆定员载荷（6 人/m²）。
4. AW3：表示地铁车辆超员载荷（9 人/m²）。

车辆的主要尺寸

1. 车辆长度：车辆处于自由状态，车钩呈锁闭状态时，两端车钩连接面之间的距离。
2. 车辆最大宽度：指车体横断面上最宽部分的尺寸。
3. 最大高度：指车辆顶部最高点与轨顶面之间的距离。
4. 车辆定距：同一车辆的两转向架回转中心之间的距离。
5. 固定轴距：同一转向架的两车轴中心线之间的距离。
6. 车钩中心线距离轨面高度：简称车钩高，指车钩连接面中心点至轨面的高度。
7. 地板面高度：车辆地板面与钢轨顶面之间的距离。

车辆的主要性能参数

1. 自重：指车辆整备状态下的本身结构及设备组成的全部质量。
2. 载重：指正常情况下车辆允许的最大装载质量。
3. 最高运行速度：指车辆设计时按照安全及结构强度等条件所决定的车辆最高行驶速度；并要求连续以该速度运行时车辆具有足够良好的运行性能。
4. 轴重：指按车轴形式及在某个运行速度范围内，车辆允许负担（包括轮对自身的质量）的最大质量。
5. 通过最小曲线半径：指配用某种形式转向架的车辆在站场或厂、段内调车时所能安全通过的最小曲线半径。
6. 轴配置或轴列式：用数字或字母表示车辆走行部结构特点的方式。
7. 制动形式：指车辆获得制动力的方式。
8. 启动平均加速度：是指在平直线路上，列车载荷为额定定员，自牵引电动机取得电流开始，至启动过程结束，该速度值被全过程经历的时间所除的商。
9. 制动平均减速度：是指在平直线路上，列车载荷为额定定员，自制动指令发出至列车完全停止的全过程，相应的制动初始速度（一般取最高运行速度）被全过程经历的时间所除得的商。

10. 冲击率：由于工况改变引起的列车中各车辆所受到的纵向冲击。在城市轨道车辆中，主要用于说明车辆本身电气及制动系统所应达到的冲动限制。

11. 列车平稳性指标：是评定旅客舒适程度的主要依据，反映了车辆振动对人体感受的影响，因此评定平稳性的方法主要以人的感觉疲劳程度为依据，通常以平稳性指标 W 表示。W 值越大，说明车辆的平稳性越差，一般地铁车辆运行的平稳性指标应小于 2.5。

地铁车辆主要部件

1. VVVF：交流调压变频主逆变器。
2. DCU：牵引控制单元。
3. SIV：辅助逆变器。
4. IVS：辅助电源开关。
5. SPS：车间电源插座。
6. HTB：高压供电箱。
7. TMS 或 TCMS：列车监控系统。
8. MS/DS：隔离开关。
9. EXB：扩展供电箱。
10. PIS：无线通信设备。
11. LED：电子显示屏。
12. LCD：液晶显示屏。
13. EMC：电磁兼容。

地铁列车控制系统

1. 列车自动驾驶系统（ATO）：执行除"启动"外的列车自动运行（自动调速、自动停车、定点停车）。
2. 列车自动防护系统（ATP）：执行列车安全速度和列车安全间隔的功能，当潜在的不安全条件产生时，ATP 将施加紧急制动。
3. 列车自动监控系统（ATS）：制定列车运行计划图，并执行自动转换道岔、自动排列进路。

地铁车辆中使用的标准

1. GB：中华人民共和国国家标准。
2. IEC：国际电工委员会标准。
3. UIC：国际铁路联盟。
4. ISO：国际标准化组织。
5. DIN：德国标准。
6. JIS：日本标准。
7. EN：欧洲标准。
8. BS：英国标准。

地铁车辆中各种标准分类

1. 列车振动与冲击的测量标准：ISO2631、UIC513 及 IEC61373 – 1999。
2. 车辆限界标准：GB146.1 – 83。
3. 车辆噪声标准：ISO3381 和 ISO3095。

4. 车辆防火标准：DIN5510 或 BS6853。

5. 车辆防水标准：IEC61133。

6. 车辆防尘标准：IEC60529。

7. 列车通信网络标准：IEC61375 及 TB/T3035－2002。

8. 国际质量认证标准：ISO9001：2000。

9. 车辆电气设备的外部配线的防火性能标准：TB－T1484.1－2001。

10. 电磁兼容标准：EN50121。

11. VVVF 牵引逆变器振动和冲击标准：IEC60077 和/或 IEC60571/61373。

12. VVVF 牵引逆变器标准：IEC61287－1。

13. DCU 通信接口标准：IEC61375 及 TB/T3035－2002。

14. 牵引电动机各项性能标准：IEC349－2。

15. 牵引和制动系统中信号系统、无线通信系统与车辆谐波电流干扰的电磁兼容性：IEC61000 和 IEC62236－3。

16. 车辆总线系统元件试验标准：EN50121 或 EN50155。

17. 列车总线控制系统所使用的控制软件及应用软件标准：EN 50128。

18. 列车监控系统标准：IEC60571、ISO/IEC2382－9。

19. 列车风缸标准：EN286T4A。

20. 不锈钢车体材料标准：EN10088。

21. 底架耐候钢材料标准：EN10155。

22. 车体结构设计标准：EN12663：2000 "铁道车辆车体结构要求"。

23. 不锈钢焊接标准：EN15085。

24. 采暖装置表面温度标准：GB/T7928－2003。

25. 车轮降噪标准：TB/T2817－1997。

26. 车轮踏面形状标准：TB/T449－2003。

27. 车轴标准：TB/T1027－19。

附录 3
地铁设计规范术语大全

1. 地铁　metro（underground railway、subway）
在城市中修建的快速、大运量、长距离用电力牵引的轨道交通。列车在平面全封闭的线路上运行，位于中心城区的线路基本设在地下隧道内，中心城区以外的线路一般设在高架桥或地面上。

2. 设计使用年限　designed lifetime
在一般维护条件下，保证工程正常使用的最低时限。

3. 主体结构　main structure
车站与区间保障列车安全运营和结构体系稳定的主要受力结构。

4. 旅行速度　operation speed
正常运营情况下，列车从起点站发车至终点站停车的平均运行速度。

5. 最高运行速度　maximum running speed
列车在正常运营状态下所达到的最高速度。

6. 限界　gauge
限定车辆运行及轨道区周围构筑物超越的轮廓线，分车辆限界、设备限界和建筑限界。

7. 车辆轮廓线　vehicle profile
设定车辆所有横断面的包络线。

8. 车辆限界　vehicle gauge
车辆在平直线上正常运行状态下所形成的最大动态包络线，用以控制车辆制造，以及制定站台和站台门的定位尺寸。

9. 设备限界　equipment gauge
车辆在故障运行状态下所形成的最大动态包络线，用以限制行车区的设备安装。

10. 建筑限界　structure gauge
在设备限界基础上，满足设备和管线安装尺寸后的最小有效断面。

11. 正线　main line
载客列车运营的贯穿全程的线路。

12. 配线　sidings
地铁线路中除正线外，在运行过程中为列车提供收发车、折返、联络、安全保障、临时停车等功能服务，通过道岔与正线或相互联络的轨道线路，包括折返线、渡线、联络线、临时停车线、出入线、安全线等。

13. 试车线　testing line

专门用于车辆动态性能试验的线路。

14. 轨道结构　track structure

路基面或结构面以上的线路部分，由钢轨、扣件、轨枕、道床等组成。

15. 无缝线路　seamless track

钢轨连续焊接或胶结超过两个伸缩区长度的轨道。

16. 伸缩调节器　expansion joint

调节钢轨伸缩量大于构造轨缝的装置。

17. 基床　subgrade bed

路基上部承受轨道、列车动力作用，并受水文、气候变化影响而具有一定厚度的土工结构，并有表层与底层之分。

18. 车站公共区　public zone of station

车站公共区为车站内供乘客进行售检票、通行和乘降的区域。

19. 无缝线路纵向水平力　longitudinal horizontal force of seamless track

指无缝线路伸缩力和挠曲力产生的纵向水平力。

20. 无缝线路断轨力　broken rail force of seamless track

因长钢轨折断引起桥梁与长钢轨相对位移而产生的纵向力。

21. 明挖法　cut and cover method

由地面挖开的基坑中修筑地下结构的方法，包括明挖、盖挖顺作和盖挖逆作等工法。

22. 盖挖顺作法　cover and cut – bottom up method

作业顺序为在地面修筑维持地面交通的临时路面及其支撑后，自上而下开挖土方至坑底设计标高，再自下而上修筑结构。

23. 盖挖逆作法　cover and cut – top down method

作业顺序与传统的明挖法相反，开挖地面修筑结构顶板及其竖向支撑结构后，在顶板的下面自上而下分层开挖土方分层修筑结构。

24. 矿山法　mining method

修筑隧道的暗挖施工方法。传统的矿山法指用钻眼爆破的施工方法，又称钻爆法，现代矿山法包括软土地层浅埋暗挖法及由其衍生的其他暗挖方法。

25. 盾构法　shield method

用盾构机修筑隧道的暗挖施工方法，为在盾构钢壳体的保护下进行开挖、推进、衬砌和注浆等作业的方法。

26. 防水等级　grade of waterproof

根据工程对防水的要求确定的结构允许渗漏水量的等级标准。

27. 开式运行　open mode operation

地铁隧道通风与空调系统运行模式之一。开式运行时，隧道内部空气通过风机、风道、风亭等设施与外界大气进行空气交换。

28. 闭式运行　close mode operation

地铁隧道通风与空调系统运行模式之一。闭式运行时，隧道内部基本上与外界大气隔断，仅供给满足乘客所需的新鲜空气量。

29. 合流制排放　combined sewer system

除厕所污水以外的消防及冲洗废水、雨水等废水合流排放的方式。

30. 集中式供电　centralized power supply mode

由本线或其他线路的主变电所为本线牵引变电所及降压变电所供电的外部供电方式。

31. 分散式供电　distributed power supply mode

由沿线引入城市中压电源为牵引变电所及降压变电所供电的外部供电方式。

32. 混合式供电　combined power supply mode

由主变电所和城市中压电源共同为牵引变电所及降压变电所供电的外部供电方式。

33. 大双边供电　over bi-traction power supply

当某一中间牵引变电所退出运行，由两侧相邻牵引变电所对接触网构成双边供电的方式。

34. 力监控系统　power supervisory control and data acquisition system（SCADA）

电力数据采集与监视控制系统，包括遥控、遥测、遥信和遥调功能。

35. 传输系统　transmission system

为专用通信系统中的各系统、信号、电力监控、防灾、环境与设备监控和自动售检票等系统提供控制中心、车站、车辆基地等地之间信息传输系统。

36. 视频监视系统　image monitoring system

为控制中心调度员、各车站值班员、列车驾驶员等提供有关列车运行、防灾、救灾及乘客疏导等方面视觉信息的设备总称，又称闭路电视系统。

37. 列车自动控制　automatic train control（ATC）

信号系统自动实现列车监控、安全防护和运行控制技术的总称。

38. 列车自动监控　automatic train supervision（ATS）

根据列车时刻表为列车运行自动设定进路，指挥行车，实施列车运行管理等技术的总称。

39. 列车自动防护　automatic train protection（ATP）

自动实现列车运行安全间隔、超速防护、进路安全和车门等监控技术的总称。

40. 列车自动运行　automatic train operation（ATO）

自动实行列车加速、调速、停车和车门开闭、提示等控制技术的总称。

41. 列车无人驾驶　driverless train operation

以信号技术为基础，实现列车运行管理无驾驶员操控列车技术的总称。

42. 自动售检票系统　automatic fare collection system（AFC）

基于计算机、通信网络、自动控制、自动识别、精密机械和传动等技术，实现地铁售票、检票、计费、收费、统计、清分、管理等全过程的机电一体化、自动化和信息化系统。

43. 清分系统　central clearing system

用于发行和管理地铁车票，对不同线路的票、款进行结算，并具有与城市其他公共交通卡进行清算功能的系统。

44. 火灾自动报警系统　automatic fire alarm system（FAS）

用于及早发现和通报火灾，以便及时采取措施控制和扑灭火灾而设置在建筑物中或其他场所的一种自动消防报警设施。

45. 综合监控系统　integrated supervisory and control system（ISCS）

基于大型的监控软件平台，通过专用的接口设备与若干子系统接口，采集各子系统的数据，实现在同一监控工作站上监控多个专业，调度、协调和联动多系统的集成系统。

46. 运营控制中心　operation control center（OCC）

调度人员通过使用通信、信号、综合监控（电力监控、环境与设备监控、火灾自动报警）、自动售检票等中央级系统操作终端设备，对地铁全线（多线或全线网）列车、车站、区间、车辆基地及其他设备的运行情况进行集中监视、控制、协调、指挥、调度和管理的工作场所，简称控制中心。

47. 门禁系统　access control system（ACS）

集计算机、网络、自动识别、控制等技术和现代安全管理措施为一体的自动化安全管理控制系统，又称人员出入口安全管理控制系统。

48. 环境与设备监控系统　building automatic system（BAS）

对地铁建筑物内的环境与空气调节、通风、给排水、照明、乘客导向、自动扶梯及电梯、站台门、防淹门等建筑设备和系统进行集中监视、控制和管理的系统。

49. 乘客信息系统　passenger information system（PIS）

为站内和列车内的乘客提供有关安全、运营及服务等综合信息显示的系统设备总称。

50. 轮椅升降机　platform lift for straight stairway

一种设置在楼梯旁用于运送坐轮椅车的乘客上下楼梯的设备。

51. 站台门　platform edge door

安装在车站站台边缘，将行车的轨道区与站台候车区隔开，设有与列车门相对应、可多极控制开启与关闭滑动门的连续屏障。站台门分为高站台门（原称屏蔽门）和低站台门（原称安全门）。高站台门门体高度大于等于2 m，其中将轨道区与站台候车区封闭隔离的称封闭式高站台门；门体高度大于2 m但未将轨道区与站台候车区封闭隔离的称非封闭式高站台门，门体高度小于2 m的称低站台门。

52. 应急门　emergency escape door

站台门设施上的应急装置，紧急情况下，当乘客无法正常从滑动门进出时，供乘客由车内向站台疏散的门。

53. 车辆基地　base for the vehicle

地铁系统的车辆停修和后勤保障基地，通常包括车辆段、综合维修中心、物资总库、培训中心等部分，以及相关的生活设施。

54. 车辆段　depot

停放车辆，以及承担车辆的运用管理、整备保养、检查工作和承担定修或架修车辆检修任务的基本生产单位。

55. 停车场　parking lot，stabling yard

停放配属车辆，以及承担车辆的运用管理、整备保养、检查工作的基本生产单位。

56. 联络通道　connecting bypass

连接同一线路区间上下行的两个行车隧道的通道或门洞，在列车于区间遇火灾等灾害、事故停运时，供乘客由事故隧道向无事故隧道安全疏散使用。

57. 防淹门　flood gate

防止外部洪水涌入地下车站与区间隧道的密闭设施。

58. 噪声敏感目标　noise sensitive target

指学校、医院、卫生院、居民住宅、敬老院、幼儿园等对噪声敏感的建筑物或区域。

附录 4
地铁术语

盾构始发：盾构始发是指盾构从组装调试，到盾构完全进入区间隧道并完成试掘进为止的施工过程。这也比较好理解，就是地下蛟龙盾构机开始上班了！

区间贯通：顾名思义，就是某一段盾构区间贯通。每一条地铁线路的施工都将分为 N 个盾构区间，每个区间都分为左线和右线，即两个不同的方向，而区间贯通就是双线都贯通了。

桥通：地铁高架区间孔箱梁架设完成，标志该段高架区间全桥贯通，即"桥通"。

洞通：地铁隧道掘进是一项系统工程，最后一个区间贯通即全线贯通，这就是"洞通"。也就是说，沿着地下隧道从起点站步行到终点站已经完全可以实现。

轨通：所谓"轨通"，分为"短轨通"和"长轨通"。所谓"不积跬步无以至千里"，地铁的轨道，需要一节节的"短轨条"来搭建起地铁电客车行驶的"专用道"。短轨条长度较短，短轨条最后一节钢轨铺设顺利完成，就是"短轨通"。长轨则是要把短轨无缝焊接起来，最后一节短轨焊接完毕，则代表实现了"长轨通"。

全线车站封顶：这个也比较好理解，就是该线所有车站的主体结构封顶，站后工程由此而始。

电通：对地铁建设而言是重要一环。"电通"分为环网电通和接触网电通。环网电通后车站的设备就有电了，便可以开始进行调试工作；而接触网是地铁车辆的电力主动脉，接触网电通就可以进行热滑和动车调试了。因此，电通可以简单理解为接触网带电了。"电通"之后，电客车就有条件在轨道上行驶，所有的设备调试、信号调试也可以开始了。"电通"标志着地铁建设由建设阶段全面转入调试阶段。

冷滑、热滑：地铁接触网的冷滑是指在接触网不受电的情况下，通过在工程车装设受电弓进行滑行，冷滑是对接触网进行动态试验检查，确认实际参数是否满足设计和验收标准。接触网热滑则反之，就是指的在接触网受电的情况下来进行热滑试验。热滑试验是对线路变电所设备、接触网系统、轨道、屏蔽门、通信系统、限界及车辆等相关线路设备稳定性进行综合检测，确认车辆与接触网系统之间配合是否具备列车运行条件。同时还能验证接触网施工质量、弓网关系是否满足列车高速运行的要求，并检验限界情况。

总之，经历过冷滑、热滑两个试验，我们的地铁就能正常"跑车"啦！

车站系统联调：顾名思义，就是车站系统设备的调试。地铁车站系统联调工作目的是充分验证各系统设备的各项功能，保障新线试运营的顺利开展。

综合联调联试：地铁建设是一个包含多专业的巨系统工程，在必要的车站隧道等土建工程完成后，还需要进行系统建设：自动售检票设备、电扶梯、屏蔽门、车辆以及保障车辆运行和车站运转的动力来源——电力等，还有乘客看不到但却与整个地铁运营息息相关的通信信号、综合监控、通风空调，这些系统设备的建成、调试与正常运行是新线开通后安全运营的坚实基础，其重要性不言而喻。

综合联调启动，标志着各设备系统开始从安装、单体调试阶段逐步进入系统间相互磨合和整体运转阶段。

试运行：也就是我们平时称的"空载试运行"，在地铁工程冷、热滑试验成功，系统调试结束后，通过不载客列车运行，对运营地铁组织管理和设施设备系统的可用性、安全性和可靠性进行检验。其间不对外售票载客。

车站亮相：这个想来不必解释啦，就是向大家公布装修好的主题艺术车站。